Hundekrankheiten

Mit 355 Fotos und 23 Zeichnungen

Edward C. Straiton

Hundekrankheiten

erkennen, behandeln, vermeiden

Dritte, überarbeitete Auflage

BLV Verlagsgesellschaft
München Wien Zürich

CIP-Kurztitelaufnahme der Deutschen Bibliothek

Straiton, Edward C.:
Hundekrankheiten erkennen, behandeln, vermeiden /
Edward C. Straiton. [Aus d. Engl. von Renate
Ross-Rahte]. – 3., überarb. Aufl. / bearb. von Odward Geisel. –
München; Wien; Zürich: BLV Verl.-Ges., 1987.
    Einheitssacht.: The TV vet dog book <dt.>
    ISBN 3-405-13518-4

NE: Geisel, Odward [Bearb.]

Überarbeitung der 3. Auflage:
Dr. Odward Geisel

Titel der englischen Originalausgabe
The TV Vet Dog Book –
Recognition and Treatment
of Common Dog Ailments
© Framing Press Ltd., Ipswich, 1974

Aus dem Englischen von Dr. Renate Ross-Rahte.

Satz und Druck: Wagner GmbH, Nördlingen
Bindung: Urban Meister, Conzella, München

Printed in Germany · ISBN 3-405-13518-4

Inhalt

Geleitwort

Warum fällt es uns so leicht, Hunde gern zu haben? Warum können sie uns aufmuntern oder traurig machen, und warum empört es uns so, wenn sie vernachlässigt werden?

Ich habe viel über diese Fragen nachgedacht und bin zu der Überzeugung gekommen, daß es hier um mehr geht als ihre Gabe, Freundlichkeit und Liebe so uneingeschränkt und ohne Vorbehalt zu verschenken. Ich glaube, der Schlüssel zum Verständnis ist die Abhängigkeit der Hunde von uns. Sie sind vollkommen auf uns angewiesen. In unserer Hand liegt es, sie glücklich oder unglücklich zu machen. Nur ein passionierter Hundebesitzer weiß, wie schön es ist, seinen Hund glücklich und zufrieden zu wissen.

Liebe allein genügt nur nicht, um einen Hund glücklich zu machen. Wissen um seine Bedürfnisse gehört auch dazu. Und im hier vorliegenden Buch werden in leicht lesbarer und leicht faßlicher Form die nötigen Kenntnisse vermittelt.

Der Verfasser ist mein lebenslanger und geschätzter Freund. Er hat dieses Buch nach mehr als vierzig Jahren praktischer Tätigkeit als Tierarzt geschrieben. Seine Ansichten und Ratschläge stammen nicht aus Büchern, sondern aus eigenen Erfahrungen und Erlebnissen. Aber hier schreibt nicht nur ein Tierarzt, sondern auch ein begeisterter Hundebesitzer, der seine eigenen Tiere über alles liebt. Diese Tierliebe ist ein Teil seines Wesens, sie hat seinen beruflichen Werdegang bestimmt und ist auf jeder Seite zu spüren. Ich könnte mir niemanden vorstellen, der besser geeignet wäre, über die Betreuung von Hunden zu schreiben.

Im Lauf meines eigenen Berufslebens haben ungezählte Leute mir erzählt, wie gerne sie auch Tierarzt geworden wären. Es muß Millionen von verhinderten Tierärzten geben, und das hier ist das richtige Buch für sie. Es wird sie zwar nicht zu geschulten Veterinären machen, ihnen aber helfen, ihre Tiere verständnisvoller zu betreuen und Krankheiten rascher zu erkennen. Wie immer erklärt der Autor auch hier alles einfach und klar, ohne die verwirrende Fachsprache eines üblichen Lehrbuchs. Seine leichtverständlichen Ausführungen werden durch die hervorragenden Illustrationen anschaulich ergänzt.

Diesem Buch wünsche ich von Herzen alles Gute, und ich hoffe, es wird von möglichst vielen Menschen immer wieder zur Hand genommen. Ich bin überzeugt, daß es dann nicht nur mehr glückliche Hundebesitzer, sondern auch mehr glückliche Hunde geben wird.

James Herriot

Vorwort des Verfassers

Immer wieder sind mir im Laufe der Jahre von ratlosen Besitzern meiner Patienten dieselben Fragen gestellt worden. Dieses Buch soll sie möglichst klar und einfach beantworten. Zu meinem Bedauern war es nicht möglich, Farbabbildungen zu verwenden. Mein Fotograf Tony Boydon und ich haben jedoch unser Möglichstes getan, die Illustrationen auch in schwarzweiß anschaulich zu gestalten. Das war gar nicht einfach, denn Hunde sind schwieriger zu fotografieren als Pferde, Rinder, Schafe oder Schweine.

Der Text ist der Ausfluß schwer erarbeiteter Erfahrungen aus über zweiundvierzig Praxisjahren. Während dieser Zeit habe ich mit großer Genugtuung, mit Vergnügen und auch ein bißchen Stolz die Fortschritte der Veterinärmedizin verfolgt. Ohne Zweifel wird heute mancher Hund, verglichen mit vielen Menschen, mindestens ebenso gut, wenn nicht besser medizinisch betreut.

Das Ziel dieses Buches ist, bei Hundebesitzern Verständnis für die Gesunderhaltung ihrer Lieblinge zu wecken. Nur so können Besitzer und Tierärzte erfolgreich zusammenarbeiten, um Krankheiten vorzubeugen oder sie rechtzeitig zu behandeln. Gleichzeitig soll dies Buch jungen Veterinären als Nachschlagewerk dienen. Neben meinem Fotografen Tony Boydon, der alle Aufnahmen gemacht hat, möchte ich Richard Perry für die Zeichnungen sowie allen meinen Mitarbeitern für ihre Unterstützung danken.

1 Allgemeine Ratschäge

Anatomie des Hundes

Weiblicher Hund
Linke Lunge entfernt, um den Inhalt
des Brustkorbs zu zeigen

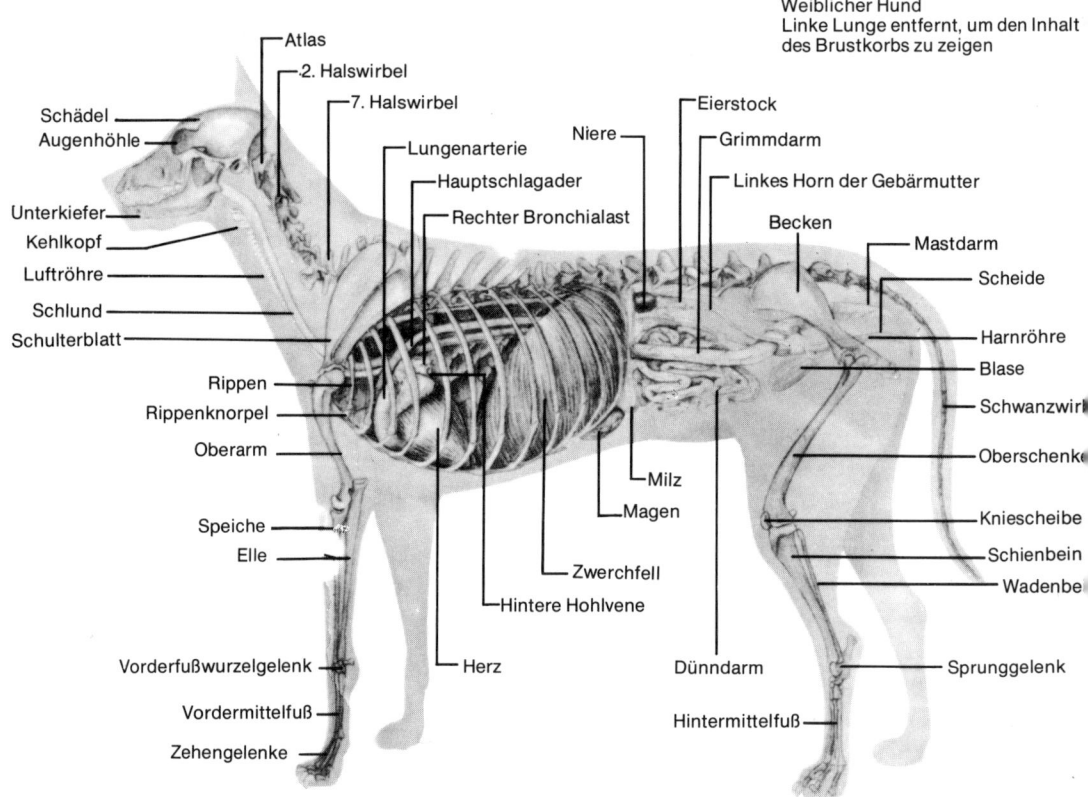

Atlas
2. Halswirbel
7. Halswirbel
Schädel
Augenhöhle
Niere
Eierstock
Grimmdarm
Lungenarterie
Hauptschlagader
Linkes Horn der Gebärmutter
Unterkiefer
Kehlkopf
Rechter Bronchialast
Becken
Mastdarm
Luftröhre
Scheide
Schlund
Schulterblatt
Harnröhre
Blase
Rippen
Schwanzwirbel
Rippenknorpel
Oberarm
Oberschenkel
Milz
Magen
Speiche
Kniescheibe
Elle
Schienbein
Wadenbein
Zwerchfell
Hintere Hohlvene
Vorderfußwurzelgelenk
Herz
Dünndarm
Sprunggelenk
Vordermittelfuß
Zehengelenke
Hintermittelfuß

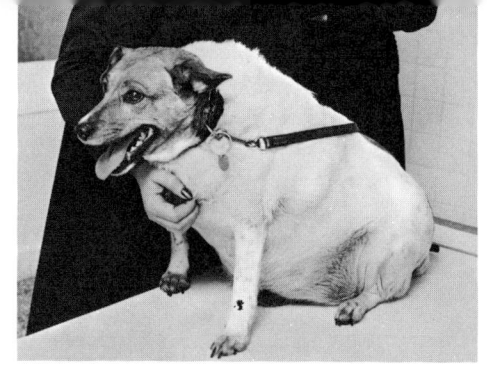

1

Fütterung

Falsche Fütterung führt nicht nur zu Übergewicht (Abb. 1), sondern verursacht oft auch Hautkrankheiten, Nervenstörungen, Muskelschwund und andere Leiden. Hunde sind von Natur aus Fleischfresser (Abb. 2). Als Wildtiere würden sie sich vom Fleisch und den Knochen, aber auch vom Panseninhalt ihrer Beute ernähren. Gelegentlich werden ein paar Gräser oder Kräuter aufgenommen.

Das ideale Hundefutter ist rohes Fleisch, mit rohem Gemüse vermischt (Abb. 3). Einmal wöchentlich gibt man einen großen rohen Knochen (Abb. 4).

Wegen der Gefahr einer Übertragung von Krankheitserregern, z. B. Fleischvergiftern (sogenannten Salmonellen), soll das Fleisch besser in gut durchgekochtem Zustand verfüttert werden. Dies gilt insbesondere für Schweinefleisch wegen einer

3

Infektionsgefahr mit den Viren der Aujeszkyschen Krankheit (Pseudowut).

Gehackte Knochen und kleine Wirbel und Rippen vermeidet man, Hunde könnten solche Knochen im ganzen abschlucken. Wenn sie in der Speiseröhre oder den Därmen steckenbleiben, wird eine tierärztliche Behandlung oder sogar eine Operation notwendig.

Sogenannte Spiel- oder Kauknochen sind ebenfalls abzulehnen. Es gibt Hinweise,

2   4

daß manche von diesen Ersatzknochen die Steinbildung in den Harnwegen fördern.

Neben Fleisch vom Rind oder Pferd eignet sich auch Geflügel- oder Kaninchenfleisch. Letzteres muß stets gekocht verfüttert werden! Aber es muß nicht immer Fleisch sein, der Eiweißbedarf kann auch mit Quark oder Topfen, Eiern, Magermilchpulver oder Sojaschrot zumindest teilweise gedeckt werden. Fisch ist ebenfalls gesund, aber ohne Gräten. Ein gutes und billiges Hundefutter sind Schlachtabfälle, vor allem Rinderpansen, auch Kutteln, Kaldaunen oder Voressen genannt. Von den sonst sehr geeigneten Innereien sollen Milz, und vor allem Leber, nicht unbeschränkt verfüttert werden. Sie können, ebenso wie rohes Pferdefleisch, zu Durchfall führen. Alle nicht tierärztlich beschauten Innereien, sowie alles vom Schaf, Hasen, Kaninchen und Wild sollten immer gekocht werden. Grundsätzlich muß beim ausgewachsenen Hund mindestens die Hälfte, und beim jungen Hund mindestens 2/3 der Nahrung, aus Fleisch oder einem entsprechenden Eiweißträger bestehen.

Im Gegensatz zur landläufigen Anschauung ist Fett für Hunde nicht schädlich. Für ein schönes Fell ist bei sonst magerem Futter ein kleiner Löffel pflanzliches Öl sogar angebracht. Bei gesunden und nicht zu Fettansatz neigenden Hunden kann Fett bis zu einem Viertel der Gesamtmenge des Kalorienbedarfs gegeben werden. Vor allem größere Hunde werden schon mit Rücksicht auf die Brieftasche ihrer Besitzer einen Anteil von Stärke im Futter bekommen. In Frage kommen Haferflocken, Weizen, Reis, Brot und vor allem die sehr praktischen Hundeflocken. Bei ihnen sind die Kohlenhydrate bereits aufgeschlossen, sonst müssen stärkehaltige Futtermittel immer gekocht oder zumindest kochend überbrüht werden. Kartoffeln und Hülsenfrüchte verursachen Blähungen. Milch ist kein Getränk, sondern ein Nahrungsmittel. Hunde bis zu 4 Jahren können bis zu einem halben Liter täglich erhalten, das entspricht dem Nährwert von einem Viertelpfund Fleisch. Wasser muß immer zur Verfügung stehen. Eine empfehlenswerte Futterzusammenstellung wäre demnach wie folgt:

Erste Altersgruppe: Welpen nach dem Entwöhnen bis zu 10 Wochen

Die Fütterung erfolgt viermal täglich. Es gibt zwar viele Tabellen, wieviele Kalorien oder Joule ein Hund braucht, beim Welpen kann man jedoch davon ausgehen, daß er bei regelmäßiger Fütterung nicht mehr frißt, als ihm gut tut. Je nach Rasse rechnet man 120 bis 500 g festes Futter und davon soll die Hälfte Fleisch sein.

1. Mahlzeit um 8.00 Uhr:
Milch mit eingekochten Haferflocken
2. Mahlzeit um 13.00 Uhr
Rohes Hackfleisch mit Zusatz von rohen Karotten oder einem Blattgemüse
3. Mahlzeit um 18.000 Uhr
Quark mit in Milch eingekochten Reis oder Flocken
4. Mahlzeit um 22.000 Uhr
Ein feingehacktes hartes Ei (Abb. 5).
Rohes Eiklar soll nicht regelmäßig gefüttert werden, es beeinträchtigt den Vitamin-B-Stoffwechsel. Rohes Eigelb kann der Milch zugesetzt werden. Hundemilch ist etwa doppelt so gehaltvoll wie Kuhmilch. Niemals gewässerte Milch geben. Wasser getrennt bereitstellen.

Zweite Altersgruppe:
Von 10 bis 16 Wochen (Abb. 6)
Pro Monat wird die Fleischmenge bis zu einem halben Jahr um etwa 20% gesteigert. Ab der 13. Woche kann man auf 3 Mahlzeiten pro Tag heruntergehen. Als Abendmahlzeit kann man Hundekuchen für Welpen geben, wobei die Gesamtmenge an Stärke 25% nicht übersteigen sollte.
Kleine Rassen bekommen mindestens 225 g und große Rassen bis zu 900 g festes Futter.

Dritte Altersgruppe: Älter als 16 Wochen
Zweimal täglich füttern, die Milchmenge herabsetzen.
Der ausgewachsene Hund bekommt eine Hauptmahlzeit und nach Möglichkeit gegen Abend noch einen Hundekuchen. Mischt man das Futter selbst, gibt man entweder regelmäßig Kalbsknochen oder täglich eine Mineralstoffmischung für

5   6

Hunde. Mit einmal wöchentlich etwas roher Leber ist zwar der Bedarf an Vitamin A gedeckt, sicherheitshalber wählt man ein vitaminisiertes Mineralfutter. Ausgewachsene Hunde sollten Vitaminpräparate nur nach Rücksprache mit dem Tierarzt bekommen.

Mit 9 Monaten ist ein Hund in etwa ausgewachsen, die Futtermenge wird nun nicht mehr gesteigert. Ein ausgewachsener Hund der kleinen Rassen braucht täglich mindestens 450 g, die großen Rassen entsprechend mehr, mindestens jedoch 1360 g. Die Futtermenge sollte in etwa ein Zwanzigstel des Körpergewichtes betragen. Ausschlaggebend ist der Fütterungszustand, der vor allem bei langhaarigen Hunden mit der Waage kontrolliert werden sollte. Setzt der Hund Fett an, zieht man Futter ab, verliert er an Gewicht, füttert man reichlicher. Die meisten Hunde werden im Lauf der Jahre zu gierigen Fressern, die keinesfalls so viel bekommen dürfen, wie sie wollen. Lieber etwas knapper füttern und Süßigkeiten prinzipiell vermeiden. Als Belohnung gibt es ein paar Brocken Trockenfutter oder Hundekuchen.

Hundefutter in Dosen
Die meisten Fertigfutter in Büchsen enthalten einen Zusatz von Vitaminen und Mineralstoffen und sind ein hervorragendes Hundefutter. Man darf aber nicht vergessen, daß Fleisch in Dosen oft sehr viel Wasser enthält, manchmal bis zu 87% und deswegen etwa die doppelte Menge wie von Frischfleisch gegeben werden muß, um den Mindestbedarf an Eiweiß zu decken. Man muß vor allem darauf achten, ob es sich bei dem gewählten Fabrikat um ein Alleinfutter handelt.

Halbfeuchtes Futter
Hier gilt ebenfalls, daß die Inhaltsangabe sehr genau gelesen werden sollte.

Trockenfutter
Sie enthalten in der Form des Alleinfutters zwar fast immer alle notwendigen Nährstoffe, man sollte jedoch trotzdem regelmäßig etwas Pflanzenöl zugeben. Minde-

stens einmal in der Woche soll Frischfleisch, Milch, Quark oder ein anderer Eiweißträger gefüttert werden. Bekommen die Hunde ausschließlich Trockenmischfutter, so neigen sie zu Hauterkrankungen und Ohrenentzündungen. Man sollte überhaupt abwechslungsreich füttern und nicht jahraus jahrein ein Standardfutter vorsetzen.

Allgemeine Regeln

Regelmäßig füttern, keine stark gewürzten oder gesalzenen Küchenabfälle geben und nie das Futter direkt aus dem Kühlschrank verabfolgen. Hunde haben ihr Futter am liebsten körperwarm.

Diät bei Übergewicht

Auch Hunde werden fast immer deshalb zu dick, weil sie zuviel fressen. Fette Tiere sind nicht nur unschön, sie neigen zu Hautkrankheiten, das Herz ist überlastet und die Lebenserwartung vermindert. Man kann entweder die Menge des Futters oder dessen Gehalt an Nährstoffen verringern. Tut man ersteres, zieht man pro Woche 10% der benötigten Futtermenge ab bis man bei etwa 60% ist. Statt jedoch nur die Menge herabzusetzen, ist es besser, Stärke und Fett zu Gunsten unverdaulicher Ballaststoffe wie Weizenkleie oder Luzernegrünmehl einzuschränken. Dafür füttert man mehr eiweißhaltige Nahrungsmittel. Etwas Stärke soll man immer geben, weil dann das überschüssige Körperfett problemloser verbrannt wird. Bei längeren Hungerkuren sollen vitaminhaltige Mineralstoffmischungen beigefüttert werden. Bei dieser Futtereinschränkung um 40% verliert ein Hund etwa 2,5% seines Gewichtes pro Woche.

Bei der Errechnung des Futterbedarfes geht man vom Normalgewicht aus, wobei man nicht vergessen darf, daß kleinere Hunde verhältnismäßig mehr Energie brauchen. Ein Hund mit 5 kg Körpergewicht braucht etwa 500 Kalorien täglich, bei 10 kg sind es 850 und bei 20 kg 1 300 Kalorien.

Das sind jedoch nur Richtwerte, alle Tabellen können bei der Verschiedenheit der einzelnen Hunderassen nur mit Vorbe-

halt als Richtschnur benutzt werden. Aus-
schlaggebend ist immer das Befinden des
Hundes und was die Waage zeigt. Arbeits-
sparend ist die Verwendung käuflicher
Diätfutter. Mag der Hund sie nicht fressen,
mischt man anfänglich etwas von dem
gewohnten Futter darunter.
Will man die Diät selber zusammenstellen
(Abb. 7), gibt man neben magerem
Fleisch, Pansen, Trockenmagermilch und
Kleie immer einen kleinen Teelöffel pflanz-
liches Öl dazu.
Neben der für Gesundheit und Glück des
Hundes so wichtigen Ernährung, spielen
auch Unterbringung und Bewegung eine
Rolle. Mehr darüber im nächsten Kapitel.

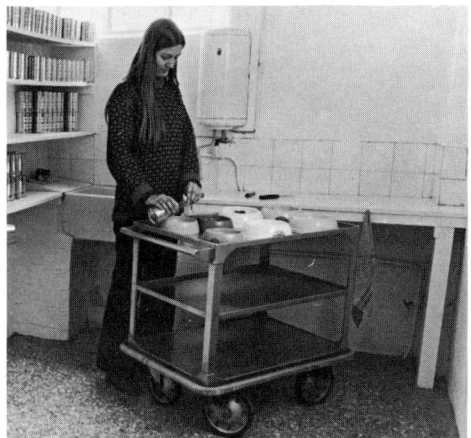

7

Unterbringung und Bewegung

Die meisten Hunde leben mit ihrem Besitzer im Haus. Das ergibt keine Probleme. Zwei Punkte sollten dabei beachtet werden.

1. Nachdem der Hund den Abend im warmen Wohnzimmer zugebracht hat, darf er nicht für die Nacht in einen kalten Flur verbannt werden. Der Temperaturunterschied kann zu Erkältungen, Rheuma und Magen-Darmstörungen führen.

2. Das Hundebett liegt am besten so, daß die darüber befindliche Luft sich durch die Körperwärme des Hundes erwärmen kann, also unter einem Möbelstück oder in einer Nische (Abb. 1).

Hunde, die draußen gehalten werden, z. B. als Wachhunde, stellen besondere Anforderungen.

Einen idealen Zwinger zeigt unser Foto (Abb. 2). Er befindet sich innerhalb des Gebäudes an der Südseite, der Hund hat genügend Platz, und außerhalb der eigent-

1

lichen Hundehütte steht noch eine strohgefüllte Kiste, damit der Hund nicht auf dem Zementboden liegen muß. Die Luftschicht zwischen dem Dach der Hundehütte und dem Dach des Zwingers sorgt für gute Isolierung. Selbstverständlich ist

2

3

der Boden der Hundehütte verdoppelt und mit reichlich frischem Stroh ausgelegt.

Die Verordnung über das Halten von von Hunden im Freien vom 6. 6. 1974 verlangt bei einem 20 kg schweren Hund, daß die Grundfläche des Zwingers ohne den Schutzraum, bei einer Breite von mindestens der Länge des Hundes, nicht unter 6 qm betragen darf. Auch die traditionelle Hundehütte eines Bauernhauses (Abb. 3) hat Vorteile. Sie muß der Größe des Hundes angepaßt sein mit einer der Wetterseite entgegengesetzt gelegenen Öffnung. Die Wände müssen dicht und gut isoliert sein.

Die auf Foto 4 gezeigte Lösung ist ebenfalls brauchbar, vorausgesetzt der Eingang liegt gegen Süden, der Fußboden ist isoliert und der Innenraum nicht zu hoch. Die Tierschutzverordnung verlangt für angebundene Hunde zwei drehbare Wirbel an der Kette oder dem Seil und eine mindestens 6 m lange Laufvorrichtung (Laufseil oder eine Laufstange). Für einen Wachhund zeigt Bild 5 eine praktische Unterbringung. Am Tag soll der Hund frei umherlaufen können, nur nachts kommt er in den geräumigen Zwinger mit einem gut isolierten Schlafteil.

4

6

Bewegung

Ausreichende Bewegung ist für die Gesundheit unbedingt notwendig. Nach meiner Ansicht dürfte ein Hund überhaupt nie angekettet werden. Wenn er zeitweise eingesperrt werden muß, dann sollte er einen Zwinger in der Art der soeben beschriebenen zur Verfügung haben.

Der Hund, der tagsüber im Garten umherlaufen kann, am Abend zu einem ordentlichen Spaziergang mitgenommen wird und sich am Wochenende auf dem Land richtig auslaufen darf, hat alle Chancen, während eines langen Lebens gesund und fit zu bleiben (Abb. 6).

Der Auslauf im Garten ist in meinen Augen lebenswichtig. Viel zu viele Hunde liegen den ganzen Tag auf dem Teppich oder in ihrem Körbchen vor der Heizung und kommen abends dann höchstens für zehn Minuten ins Freie. Das genügt nicht und führt unweigerlich zu Fettsucht und frühzeitigem Altern.

Das Tierschutzgesetz verlangt, daß angebundenen oder in Zwingern gehaltenen Hunden täglich mindestens 60 Minuten freier Auslauf gewährt werden muß.

5

Auswahl eines Hundes

Was ist nun besser, ein Rassehund mit Stammbaum oder ein Bastard unbekannter Abstammung?

Rassehunde

Ich stehe nicht an zu behaupten, daß der einzige echte Vorteil eines Rassehundes in der Schönheit seines Äußeren liegt (Abb. 1). Auf reine Gebrauchshunderassen wie Jagd- und Hütehunde trifft das natürlich nicht zu.

Die Schuld an dieser unerfreulichen Entwicklung trifft diejenigen Züchter, die seit Jahr und Tag ohne Rücksicht auf die Gefahren ständiger Inzucht nur auf Schönheit gezüchtet haben.

Mit der Zeit sind auf diese Weise Charakter und Intelligenz derart überzüchteter Hunderassen verschwunden. Überdies haben sich Erbfehler wie Hüftgelenkdysplasie, Kniescheibenluxation, angeborene Linsentrübung, andere Augenschäden und noch einiges mehr eingeschlichen.

Ich rate daher, beim Ankauf eines Rassehundes sehr vorsichtig zu sein (Abb. 2).

1

Wer nur etwas zum Liebhaben sucht, findet am ehesten unter den nicht so hochgezüchteten Hunden ein gesundes, lebhaftes und intelligentes Tier.

Es ist nur eine Frage der Zeit, bis irgendein weitblickender Züchter durch selektive Kreuzung neue Hundetypen erzielen wird. Derartige Hybriden, also Nachkommen von Eltern zweier verschiedener, aber sich ergänzender Rassen, sind bei landwirtschaftlichen Nutztieren weit verbreitet.

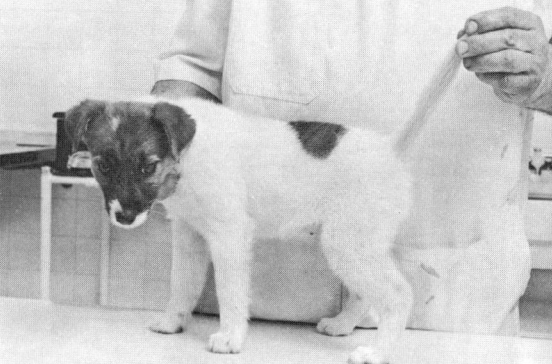

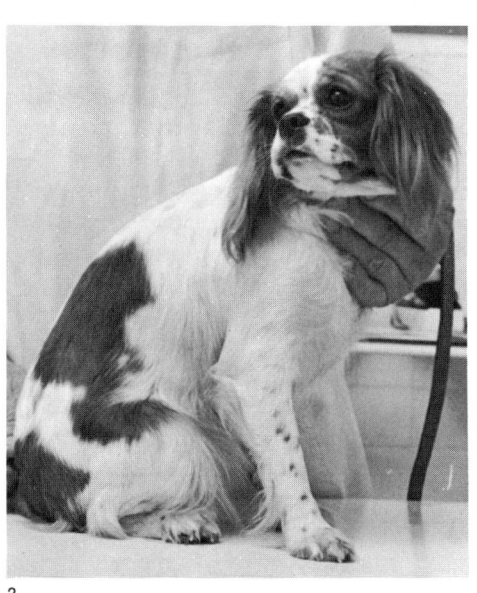

2

Hunde aus Kreuzungen

Die Produkte geplanter Kreuzungen haben viele Vorteile gegenüber ihren reingezüchteten Brüdern (Abb. 3). Im allgemeinen sind derartige Mischlinge frei von Erbkrankheiten, zäher und intelligenter, nicht so krankheitsanfällig und haben eine größere Lebenserwartung.

Bastarde unbekannter Abstammung können dagegen ebenso häßlich wie dumm sein, man sollte sich die Eltern seines Hundes in jedem Fall genau ansehen.

Auch bei Hunden werden dann die Lebenskraft und Intelligenz solcher Kreuzungen genauso geschätzt werden, wie es bei Pferden, Rindern, Schafen und Schweinen heute schon der Fall ist.

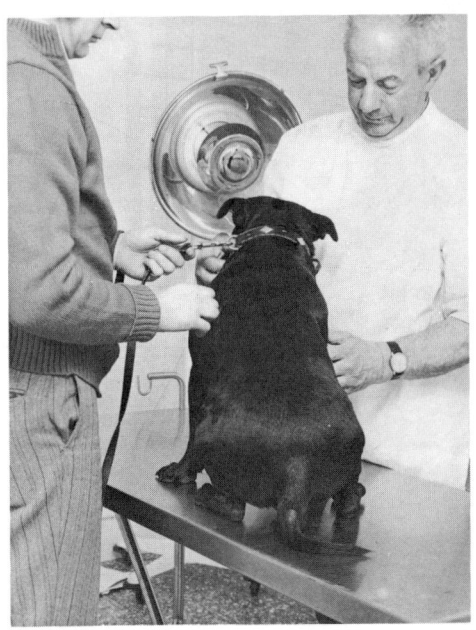

1

Allgemeine Winke

Zwangsmaßnahmen

Ich habe festgestellt, daß es nur selten notwendig ist, dem Patienten einen Maulkorb anzulegen oder den Fang zuzubinden, obwohl manche Tierärzte dies routinemäßig tun. Ganz wenige Hunde sind von Haus aus bösartig; sie beißen, wenn sie falsch erzogen oder ängstlich sind oder Schmerzen haben. Und vor allem beißen sie nur dann, wenn sie beim Menschen Unsicherheit oder Furcht spüren. Der Instinkt sagt einem Hund, genau wie jedem anderen Tier, ob sein Besitzer oder der Tierarzt Angst vor ihm hat. Trotzdem

sind bei schmerzhaften Zuständen gewisse Zwangsmaßnahmen angebracht.

Die einfachste Vorsichtsmaßnahme besteht darin, den Hund auf einen Tisch mit möglichst glatter Oberfläche zu stellen (Abb. 1). Verschiedene meiner Kollegen untersuchen Hunde immer so. Bedingt durch den unsicheren Halt, stehen dann die meisten Hunde während der Untersuchung bewegungslos da. Auf jeden Fall ist das Tier in dem Moment, in dem man es vom Boden aufhebt, psychologisch im Nachteil.

Ein Schnauzenband ist schnell improvisiert und angelegt, man braucht nur ein Stück Binde oder eine nicht zu dünne Schnur. Diese wird um den Fang gelegt, auf dem Nasenrücken gebunden (Abb. 2); die beiden Schnurenden werden über Kreuz möglichst fest hinter dem Kinn angezogen und hinter den Ohren zusammengebunden (Abb. 3).

Für den ganz seltenen Fall eines wirklich bösen Hundes ist die Fangvorrichtung

2   3

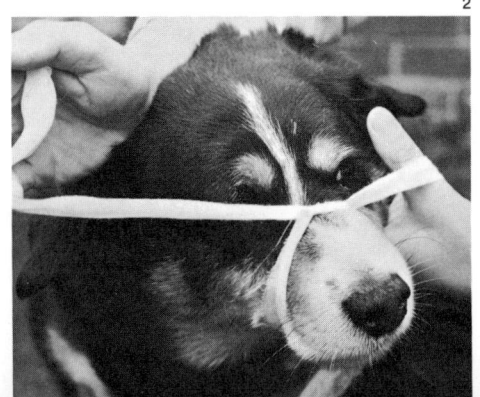 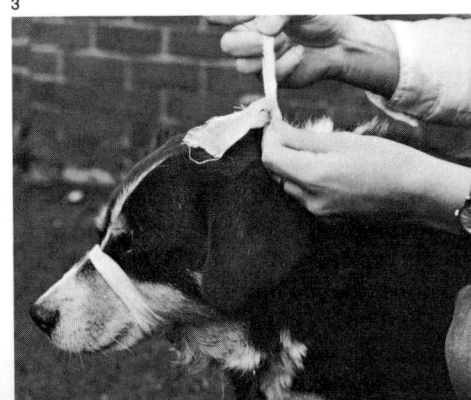

4

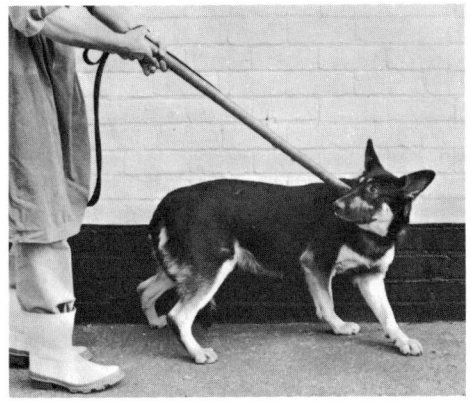

5

Bei Unfällen, bei denen Hunde oft furchtbare Schmerzen haben, aber bei Bewußtsein sind, wirft man am besten eine Decke oder eine Jacke über den Kopf des Tieres, ehe man versucht, es aufzuheben.

Erste Hilfe

Autounfälle

(Abb. 4) gedacht. Hier läuft ein Strick mit einer Schlinge durch ein langes Metallrohr. Die Schlinge wird dem Hund über den Kopf gezogen und um den Hals festgezogen. Auf diese Weise kann der Hund gehalten werden, bis das Schnauzenband übergezogen oder die notwendige Behandlung durchgeführt ist (Abb. 5). In Notfällen kann man auch die Leine durch einen Ring an der Wand oder ein Heizungsrohr ziehen, bis der Kopf dicht an der Wand ist.

Wickeln Sie den Hund in eine Jacke oder eine Decke und bringen Sie ihn so schnell wie möglich zum nächsten Tierarzt (Abb. 6). Überlassen Sie ihm die Untersuchung und Behandlung.

Blutungen

Bei einer stärkeren Blutung an den Beinen binden Sie die Gliedmaße oberhalb der Wunde ab, ehe Sie einen Verband anlegen. Die Abschnürung des Blutes darf

6

7

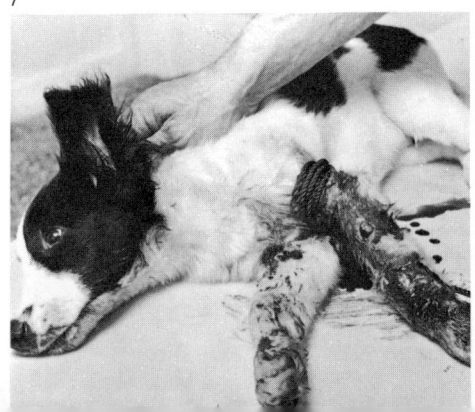

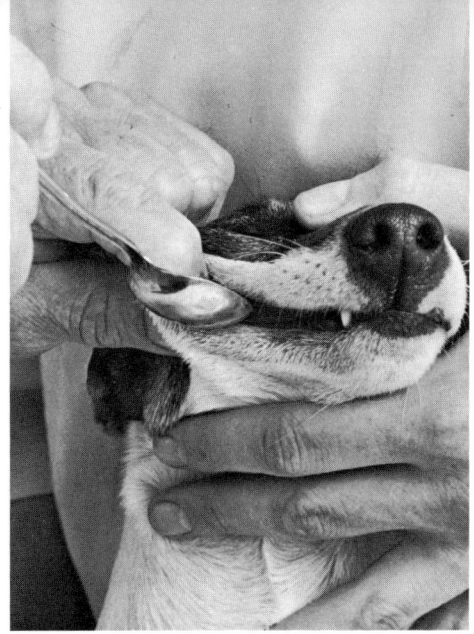

8

Eingeben von Medikamenten

Flüssigkeiten bereiten keine Schwierigkeiten, man läßt sie – mit oder ohne Schnauzenband – mit einem Teelöffel hinter die angehobene Lefze rinnen (Abb. 8). Nach jedem vollen Löffel drückt man die Nasenlöcher kurz zu, und der Hund schluckt. Tabletten sind schwieriger einzugeben; man kann sie zerdrücken und dem Futter beimischen (Abb. 9).

Wenn eine Tablette ganz geschluckt werden muß, läßt man sie bei geöffneter Schnauze so weit wie möglich über die Zunge gleiten und schiebt mit dem Finger schnell nach (Abb. 10).

Glücklicherweise können die meisten Behandlungen heute mit Hilfe langwirkender Injektionen durchgeführt werden, so daß ein Eingeben von Medikamenten nicht mehr notwendig ist.

aber nie länger als 20 Minuten dauern (Abb. 7). Eine stark blutende Wunde muß fast immer genäht werden, also nach Anlegen eines Notverbandes sofort zum Tierarzt.

Gegen Schock und Blutungen hilft Revici oral (Schwarzhaupt). Vorausgesetzt der Hund ist bei Bewußtsein und kann schlucken, flößt man ihm den Inhalt einer 20 ml Flasche ein. Man sollte dieses Medikament griffbereit haben.

Durch die modernen Antibiotika und Sulfonamide ist es im Rahmen der Ersten Hilfe nicht mehr notwendig, Jod oder ein anderes Medikament auf die Wunde zu tun.

9 10

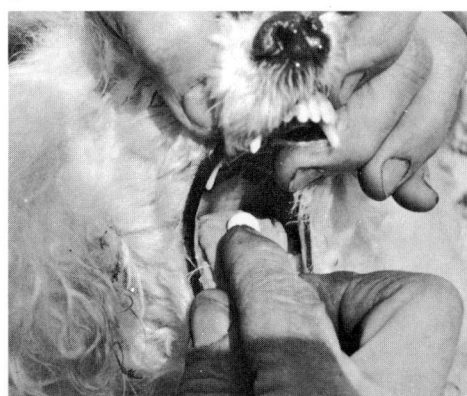

Vorbeugung

Es gibt äußerst gefährliche Hundekrankheiten, gegen die jeder vernünftige Besitzer seinen Hund so früh wie möglich impfen lassen sollte.
Es sind dies:
1. Hundestaupe einschließlich Hartballenkrankheit. (Die Hartballenkrankheit ist eine Erscheinungsform der Staupe und somit keine eigenständige Krankheit),
2. ansteckende Leberentzündung,
3. Stuttgarter Hundeseuche,
4. Parvovirose.
Außerdem sind Impfungen gegen *infektiöses Welpensterben* und *Tollwut* zu empfehlen.
Der übliche Impfplan verläuft wie folgt:

Gleich nach der Geburt
Gegen infektiöses Welpensterben (Herpesviren) sind die Welpen sofort nach der Geburt mit Paramunitätsinducern zu impfen. Es ist auch eine vorbeugende Behandlung der Muttertiere während der letzten Trächtigkeitswoche möglich.

Im Alter von sechs Wochen
Der Tierarzt wird den Welpen sorgfältig auf Flöhe, Läuse oder Ohrmilben untersuchen und auch etwaige Fehler wie Nabelbrüche oder eingerollte Augenlider feststellen (Abb. 1). Eine eventuell später notwendige Operation wird erörtert.
Der Tierarzt berät den Hundebesitzer wegen der richtigen Fütterung und leitet die erste Wurmkur ein.
Diese muß meistens wiederholt werden. Jeder gekaufte Welpe, bei dem man nicht unbedingt sicher ist, daß er bereits entwurmt wurde, sollte sicherheitshalber vor der Staupeimpfung noch einmal entwurmt werden.
Normalerweise erfolgt die kombinierte Staupe-Hepatitis-Leptospirose-Impfung im Alter von neun Wochen. In besonders staupegefährdeten Gebieten oder bei Welpen, die vor der ersten Impfung nicht von der Straße oder sonst von Hunden frequentierten Plätzen ferngehalten werden, kann schon vorher, ab der fünften Woche, ein Masern-Impfstoff gespritzt werden, der einen frühzeitigen, aber nur einige Wo-

1

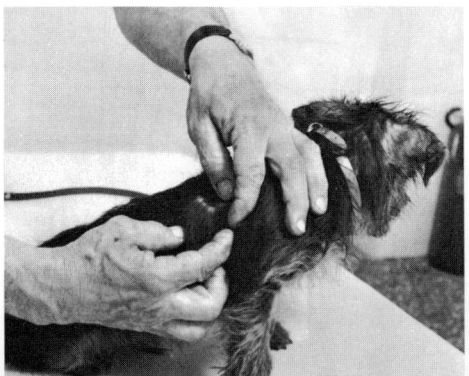

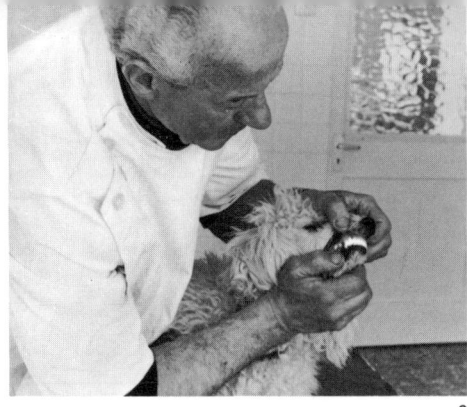

2

chen anhaltenden Schutz vor Staupe gewährt. Vielfach wird die Injektion mit einem Hochimmunserum gegen die wichtigsten Krankheiten, z. B. Parvovirose, vorgenommen. Der Schutz kann sich jedoch nicht entwickeln, wenn bereits eine Infektion vorliegt. Auch sonst hält er nur kurze Zeit an und ersetzt nicht die echte Schutzimpfung mit Vakzine.

Im Alter von neun Wochen

Das ist der richtige Zeitpunkt für den zweiten Besuch beim Tierarzt und vermutlich der wichtigste Moment im Leben Ihres Hundes. Wenn der Welpe vollständig gesund ist, bekommt er jetzt die erste Dosis der kombinierten Staupe-Hepatitis-Leptospirose-Vakzine. Es gibt auch die Möglichkeit, diese Impfstoffe mit solchen gegen Parvovirose und Tollwut zu kombinieren. Da jede Impfung erst nach einigen Wochen voll wirksam ist, sollte der Hund auch jetzt noch von anderen Hunden ferngehalten werden.

Es kann nicht genug betont werden, daß der Welpe zum Zeitpunkt der Impfung vollkommen gesund sein muß. Wenn er mit neun Wochen Fieber, Husten oder eine gestörte Verdauung hat, muß er erst vom Tierarzt behandelt werden.

Im Alter von 11-12 Wochen

Jetzt ist gegebenenfalls die zweite Impfung fällig. Gegen Leptospirose ist stets eine Zweitimpfung erforderlich. Falls beim ersten Tierarztbesuch Mängel festgestellt worden sind, sollte der Hund in jedem Fall noch einmal vorgestellt werden.

Im Alter von einem halben Jahr

Es ist gut, wenn der Tierarzt in diesem Alter die Zähne des Hundes untersucht und prüft, ob der Zahnwechsel normal vor sich geht. Es sollte auch späterhin das Gebiß regelmäßig auf Zahnstein kontrolliert werden (Abb. 2).

Der Tierarzt wird bei dieser Gelegenheit auch den Allgemeinzustand des Hundes beurteilen und praktische Ratschläge geben.

Einmal im Jahr

Die heutigen Impfstoffe gewähren zwar meist eine zweijährige Immunität, Wiederholungsimpfungen sind aber vor allem bei Leptospirose und Tollwut jährlich erforderlich.

Dieser Besuch beim Tierarzt anläßlich der Impfung gibt ihm Gelegenheit, alle Jahre einmal den Gesundheitszustand des Hundes zu kontrollieren. Er wird sich dabei die Zähne und die Ohren ansehen und auf eventuelle Parasiten oder Übergewicht achten.

Zusammenfassend kann gesagt werden, daß durch die vorbeugenden Impfungen dem Hund ein langes Leben frei von den gefährlichsten Infektionskrankheiten beschieden sein wird. Diese Krankheiten führen trotz aller modernen Medikamente, wenn nicht zum Tode, so doch meist zu schwerwiegenden Störungen.

Was jeder Hundebesitzer wissen sollte

Warum fressen Hunde Gras (Abb. 1)?
Sie suchen instinktiv nach Vitaminen und Mineralstoffen, die nicht immer in der Nahrung enthalten sind.

Warum erbrechen sie manchmal, nachdem sie Gras gefressen haben?
Hunde erbrechen leicht. Die scharfen Kanten der Gräser reizen den Brechreflex im Rachen oder im Hals.

Kann man Hündinnen künstlich besamen?
Ja. Die Methode ist einfach und meistens erfolgreich.

1

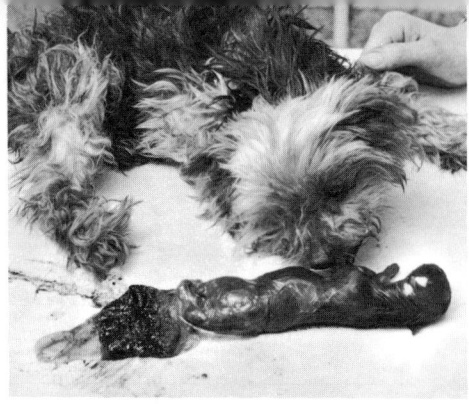

2

Die Hündin ist »falsch« gedeckt worden – was kann man tun?

Die Hündin innerhalb von 3–4 Tagen zum Tierarzt bringen. Er wird ihr eine Hormonspritze geben, die eine Befruchtung verhindert. Wenn die Behandlung später als eine Woche nach dem Decken erfolgt, ist die Gefahr der späteren Gebärmuttervereiterung gegeben.

Können Hündinnen verwerfen?

Abort ist bei Hündinnen selten, bei Virusinfektionen wie Virushepatitis, Vergiftungen und durch Gewalteinwirkung jedoch möglich. Auch Fehlgeburten ohne erkennbare Ursache kommen vor, gelegentlich sterben Föten im Mutterleib ab und werden aufgelöst und resorbiert.

Kann bei Hündinnen die Nachgeburt zurückbleiben?

Es ist möglich und betrifft meist die Nachgeburt des zuletzt geborenen Welpen. In einem solchen Fall muß der Tierarzt sofort zugezogen werden.

Gibt es die »Pille« für Hündinnen?

Es gibt Hormonpräparate, die als Tabletten während der Brunst gegeben, die Befruchtung verhindern. Man kann durch Injektionen, möglichst nicht später als 3 Wochen vor der zu erwartenden Hitze, die Brunst 4–6 Monate hinauszögern. Jede derartige Hormonbehandlung muß unter ständiger tierärztlicher Kontrolle erfolgen, da Nebenwirkungen auftreten können. Dazu gehören Gebärmuttervereiterung, Milchabsonderung, Haarausfall, Knochenmarkschäden und die wissenschaftlich noch nicht geklärte Erhöhung der Bereitschaft für Neubildungen am Gesäuge.

Wenn man nicht züchten will, ist es günstiger, die Hündin kastrieren zu lassen, als das Risiko einer wiederholten Hormonbehandlung einzugehen. Abstoßend riechende Flüssigkeiten zur äußerlichen Anwendung sind unsicher in der Wirkung, man sollte sich keinesfalls auf sie verlassen. Durch die Anwendung dieser Sprays oder Verabfolgung von Chlorophyll wird der Zustrom von Rüden jedoch eingedämmt.

3   4

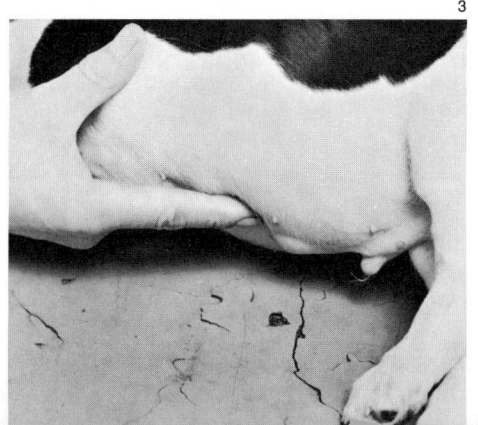

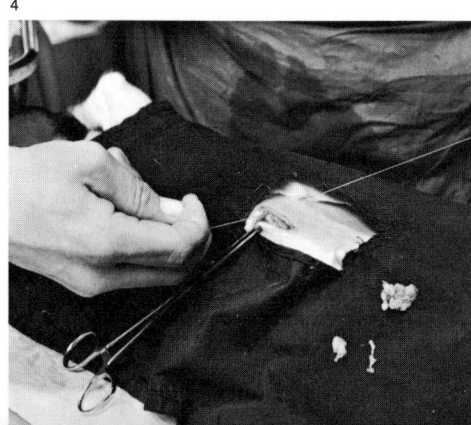

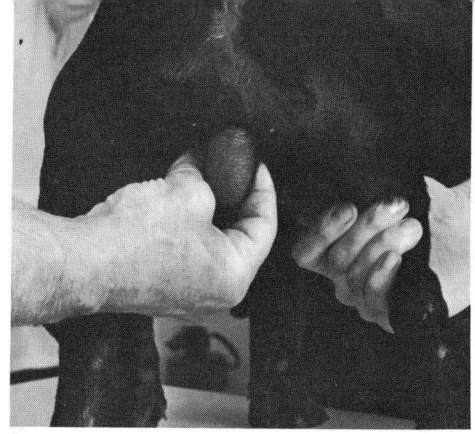

5

Warum fressen Hündinnen die Nachgeburt? Muß man das zulassen (Abb. 2)?
Die Nachgeburt enthält Hormone, die den Milchfluß fördern. Man darf die Hündin keinesfalls an dieser instinktiven Handlung hindern.

Der Welpe hat einen kleinen Nabelbruch – was soll man tun (Abb. 3)?
Die kleine, verstreichbare Ausbuchtung am Nabel eines Welpen beruht meist auf einer erblichen Bindegewebsschwäche. Die große Mehrzahl dieser Nabelbrüche enthält nur etwas Fett vom Dünndarmgekröse und heilt von selbst aus. Keine Behandlung erforderlich. Wenn es sich um einen größeren Bruch handelt, wird der Tierarzt ihn später operieren (Abb. 4).

Was ist zu tun, wenn nur ein Hoden fühlbar ist?
Rüden mit nur einem fühlbaren Hoden nennt man Monorchide (ein Hoden fehlt) oder Kryptorchide (ein Hoden im Leistenkanal oder in der Bauchhöhle). Ein kryptorchider Hoden sollte operativ entfernt werden, sonst kann er im höheren Alter des Tieres krebsig entarten. Soll der Hund zur Zucht verwendet werden, ist ein Tierarzt aufzusuchen, da eventuell eine Hormonbehandlung erforderlich ist. Bei diesem Leiden kann es sich um einen Erbfeh-

ler handeln. Betroffene Hunde sind deshalb besser von der Zucht auszuschließen.

Der Hund verträgt das Autofahren nicht – was kann man tun?
Ihr Tierarzt wird mit Erfolg ein modernes Beruhigungsmittel verschreiben.

Mein Hund zittert ohne Grund – sollte man etwas dagegen tun?
Wenn Sie einen Pudel haben, der im Winter geschoren worden ist, ist die Sache klar. Nicht mehr im Winter scheren.
Manche Hunde, vor allem Terrier, zittern aber ohne jeden Grund. Man braucht sich nichts dabei zu denken, außer der Hund zeigt Krankheitserscheinungen wie Futterverweigern oder Erbrechen.

Schock! Was löst ihn aus, und wie kann man ihn behandeln?
Schock ist eine schwere Störung der Blutzirkulation. Diese kann im Zusammenhang mit einem Unfall auftreten (Abb. 6) oder als

6

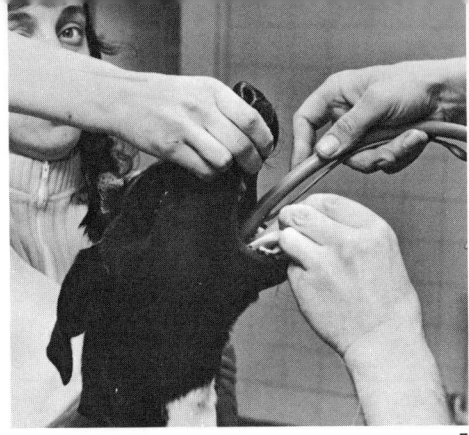

7

anaphylaktischer Schock, wenn der Hund gegen bestimmte Substanzen allergisch ist. Dann kommt es nach der Injektion gewisser Seren oder Antibiotika zu Zwischenfällen. In jedem Fall ist der Tierarzt zuständig.

8

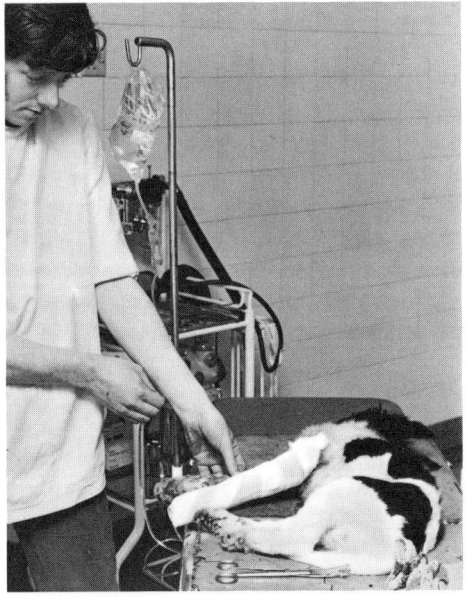

9

Ist die Betäubung bei einer Operation gefährlich (Abb. 7)?
In der modernen Tierartzpraxis werden dieselben Methoden angewandt wie in der Humanmedizin. Sie sind weitgehend gefahrlos, und es kommt äußerst selten zu gefährlichen Situationen; nach meiner Erfahrung sterben nur 0,001% durch die Narkose.

Können Hunde intravenöse Infusionen oder Bluttransfusionen bekommen (Abb. 8)?
Ja, vor allem Infusionen werden häufig angewandt. Bei der Blutübertragung von Hunden entstehen keine Schwierigkeiten durch die Verschiedenheit von Blutgruppen. Blutkonserven können vorrätig gehalten werden.

Wie verhindert man nach einer Operation, daß der Hund die Fäden herausbeißt?
Am besten bindet man einen Plastikeimer (Abb. 9) am Halsband fest. Der Hund kann auf diese Weise fressen und schlafen, aber im allgemeinen keine Fäden mehr herausreißen. Operationswunden am Kopf sind so vollständig geschützt.

Was ist »Zwingerlahmheit«?
Mit dieser Bezeichnung sind die Folgen

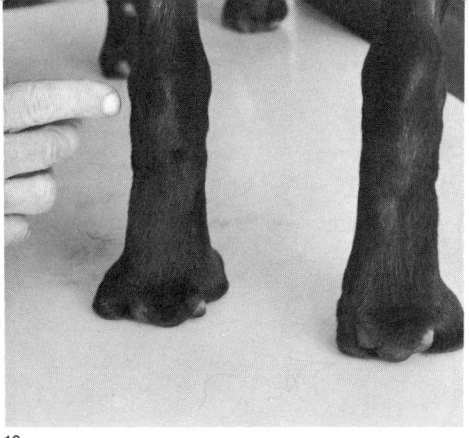

10

von alleiniger Verfütterung von Hundekuchen über einen längeren Zeitraum ge-
meint. Durch Zufütterung von Fleisch und
frischem Gemüse werden die Schäden
einer solchen Mangelernährung schnell
überwunden (Abb. 10).

*Kann Hundefutter in Dosen schädlich
sein?*
Ja! Wenn ein Hund nur Büchsenfleisch
bekommt, kann sich nach einem halben
Jahr Vitamin-Mangel einstellen, wodurch
es zum Herzversagen und zum Tod kommen kann.
Es ist deshalb immer ratsam, das Futter
wechselhaft zusammenzustellen.

*Woher kommt ein struppiges Fell
(Abb. 11)?*

Das kann viele Ursachen haben, jedoch
Fettmangel in der Nahrung trägt in jedem
Fall dazu bei. Um diesen auszugleichen,
kann man gegebenenfalls täglich ein
Stückchen Brot mit Butter geben.

Können Hunde Starrkrampf bekommen?
Sehr selten, wenn Starrkrampf aber einmal
ausgebrochen ist, verläuft diese Infektion
meistens tödlich. Vor allem nach Unfällen,
bei denen die Wunden mit Erde ver-
schmutzt sind, sollte Tetanusserum gespritzt werden.

*Können Hunde Eiterflechte (Impetigo) be-
kommen?*
Ja. Unter diesem Ausdruck versteht man
schmerzlose Eiterbläschen, die bei ver-
minderter Widerstandskraft entstehen. Sie
treten zum Beispiel bei Welpen während

11

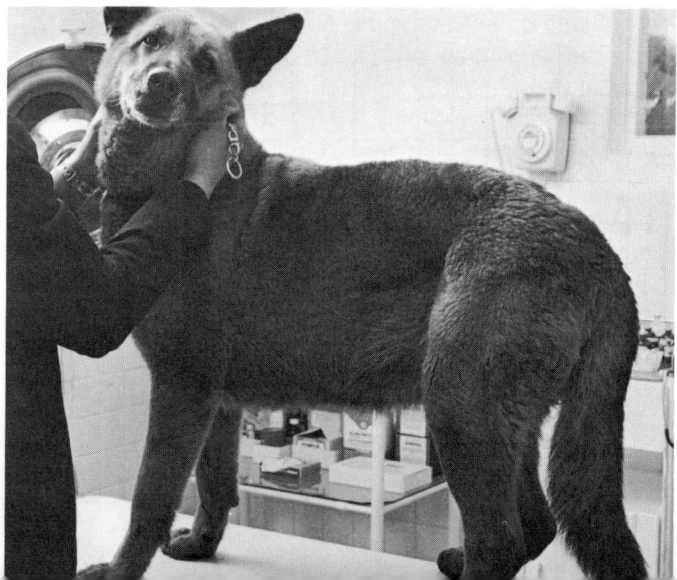

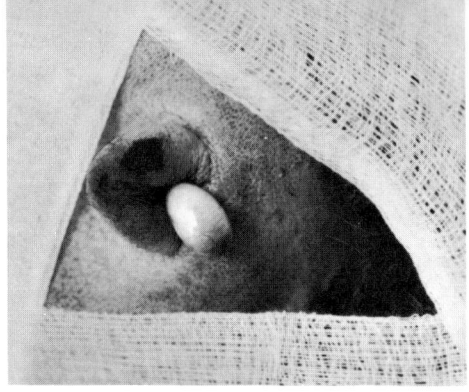

12

des Zahnwechsels vor allem dann auf, wenn gleichzeitig schwerer Wurmbefall besteht. Als Staupepusteln kennt man derartige Hautveränderungen ebenfalls. (Siehe »Staupe«, S. 93)
Die Ursache dieser Infektion sind im allgemeinen Mikrokokken. Wenn der Allgemeinzustand des Hundes wieder normal ist, heilen die Bläschen meistens schnell aber.

Was kann man bei einem Befall mit Zecken unternehmen?
Nach Waldspaziergängen sind Hunde oft von Zecken (auch Holzböcke genannt) befallen. Die Schmarotzer saugen sich voller Blut und sehen dann aus wie graue Warzen (Abb. 12).
Am besten träufelt man Öl, Petroleum oder Alkohol darauf und entfernt sie nach 10-20 Minuten. Dreht man die Zecken ohne Vorbehandlung heraus, kann der Kopf in der Haut steckenbleiben und einen Abszeß verursachen.
Zecken können Krankheitserreger auf Hunde übertragen, z. B. die Viren der vor allem beim Menschen gefürchteten, in Süddeutschland und Österreich vorkommenden Zeckenenzephalitis oder die Blutparasiten der aus südlichen Ländern eingeschleppten Babesiose.

Was ist ein Abszeß (Abb. 13)?
Eine Ansammlung von Eiter, meist unter der Haut, die durch Bakterien entsteht. Diese dringen durch einen Kratzer oder eine Wunde in das Gewebe ein und vermehren sich dort. Die Bakterien werden durch die weißen Blutkörperchen abgetötet, und diese und das eingeschmolzene, abgestorbene Gewebe bilden den Eiter.
Die meisten Abszesse entstehen innerhalb von sechs bis sieben Tagen und sind etwa am zehnten Tage reif. Dann spaltet sie der Tierarzt, dem man die Behandlung größerer Abszesse von Anfang an überlassen sollte.

Manchmal entstehen an den Haarwurzeln kleine Knoten – sind das auch Abszesse?
Wahrscheinlich handelt es sich dabei nur um eine harmlose Verstopfung der Haar-

13   14

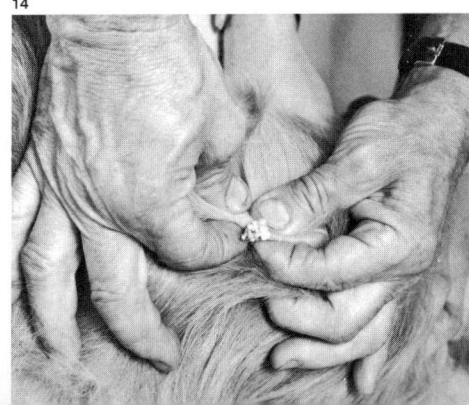

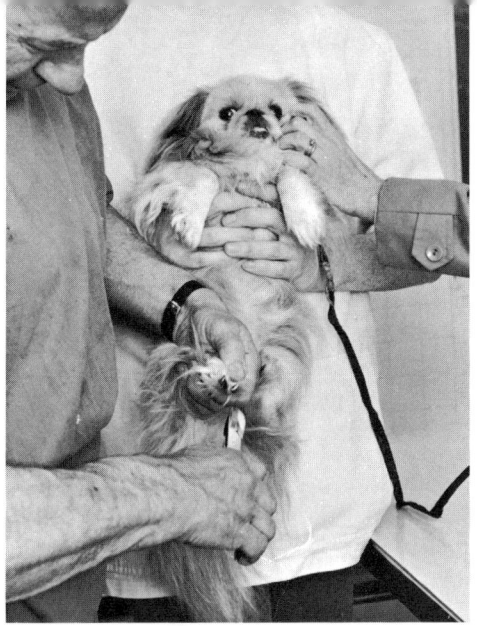

15

balgdrüsen (Abb. 14). Bei Entzündungen den Tierarzt zuziehen.

Was ist eine Frosch- oder Honiggeschwulst?
Das ist eine Speichelzyste oder Ranula, die durch Verstopfung einer Speicheldrüse entsteht. Der Inhalt dieser am Zungengrund oder in der Halsgegend sitzenden Zysten ist schleimig oder honigartig. Behandlung nur durch den Tierarzt.

Können Hunde einen Hitzschlag bekommen?
Ja. Wenn Hunde in starker Sonnenstrahlung einschlafen oder im Auto gelassen werden. Sie schwanken dann und sind nicht ganz bei Bewußtsein, ihre Körpertemperatur kann bis zu 45° C ansteigen. Die einfachste Sofortmaßnahme besteht in

einem Eimer kaltem Wasser, den man über den Hund kippt.

Wann müssen Krallen geschnitten werden?
Die Spitze der Krallen sollte den Ballen nicht überragen.
Das Schneiden (Abb. 15) erfordert Übung und geschieht am besten mit einer Krallenzange durch einen Fachmann. Wenn einmal dabei »ins Leben« geschnitten wurde, ist der Hund beim Nägelschneiden später immer ängstlich.
Sogenannte Wolfs- oder Afterkrallen (Abb. 16) müssen regelmäßig geschnitten werden. Eine operative Entfernung ist nicht erlaubt.

Verschmutzte Haare unter dem Schwanz - was kann man dagegen tun?
Bei langhaarigen Hunden wie z. B. Pekinesen verkleben oft die Haare um den After (Abb. 17).
Nach meiner Erfahrung ist es am günstigsten, die Haare um den After und unter dem Schwanz wegzuschneiden. Das ist

16   17

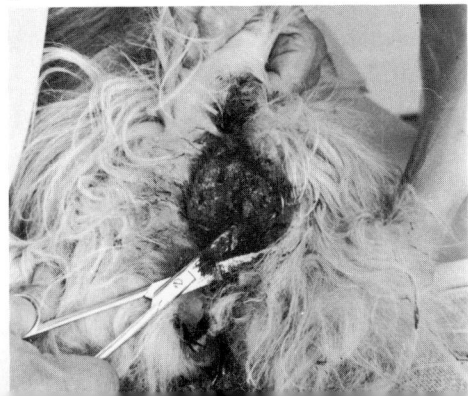

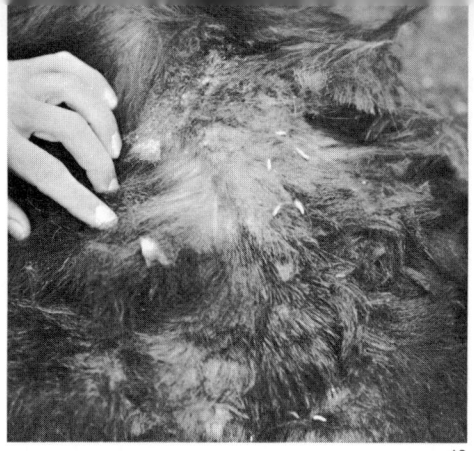

18   19

vor allem bei alten Hunden und im Sommer wichtig, denn hier können sich Fliegenmaden ansiedeln (Abb. 18). Eine verschmutzte Haarwildnis ist für Fliegen geradezu eine Einladung, ihre Eier abzulegen.

Euthanasie – wie geht das beim Hund vor sich?
Die meisten Tierärzte geben vor dem Einschläfern heutzutage ein Beruhigungsmittel, damit der Hund sich nicht aufregt. Das eigentliche Töten geschieht dann vollkommen schmerzlos durch eine intravenöse Injektion (Abb. 19) oder eine Spritze ins Herz, durch die das Tier augenblicklich stirbt.

Was kann man tun, um seinen Hund möglichst lange zu haben?
Kleine Hunde leben länger, je größer die Rasse, desto geringer die Lebenserwartung. Durch vernünftige Fütterung mit viel Eiweiß und ausreichend Bewegungsmöglichkeit kann jedoch jeder Hund länger fit erhalten werden. Machen sich Alterserscheinungen wie Schwerfälligkeit, Nachlassen von Interesse an der Umwelt und mangelnde Zimmerreinheit bemerkbar, sollte der Tierarzt konsultiert werden.
Die Präparate KH 3 für Tiere (Schwarzhaupt) oder Debenal (Bayer) kann man selber täglich eingeben, wobei letzteres nicht von allen Hunden vertragen wird. Die Erfolge sind verschieden, manche Hunde sprechen gut an. Vitaminmischungen sollen vermieden werden, für alte Hunde ist der Anteil von Vitamin A und D meist zu hoch. Empfehlenswert ist die Zufuhr von Vitamin E und von Vitamin B_{12}. Auch die Verabfolgung von Vitamin B-Komplex als Dragee kann zweckmäßig sein.

2 Die Hündin

Die Fortpflanzung

Die Zucht

Ab etwa 8 Monaten bis zu einem guten Jahr setzt bei der Hündin die erste Läufigkeit ein. Sie wiederholt sich dann während ihres ganzen Lebens zweimal im Jahr, meist im Frühjahr und im Herbst. Die Brunst oder Läufigkeit dauert rund drei Wochen.

Das erste Anzeichen ist im allgemeinen das plötzliche Auftauchen eines oder mehrerer Bewerber. Die Fähigkeit der Rüden, eine läufige Hündin aufzuspüren, ist manchmal geradezu unheimlich.

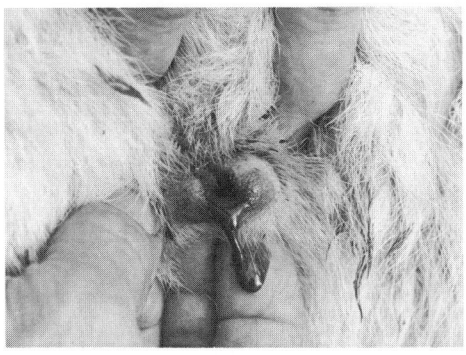

1

Während der Läufigkeit schwillt die Scheide der Hündin an und es tropft ein zuerst blutiger und später heller Ausfluß heraus. Dieser Zustand dauert etwa 9 Tage (Abb. 1).

Die Ovulation, das Abspringen der Eier vom Eierstock in die Eileiter, findet in den anschließenden fünf Tagen statt, also vom zehnten bis einschließlich vierzehnten Tag. Will man Hunde züchten, führt man die Hündin in dieser Zeit dem Rüden zu. Üblicherweise wählt man den 12. Tag, der Tierarzt kann durch einen Scheidenabstrich den richtigen Zeitpunkt feststellen.

Der Deckakt

Vor dem zehnten Tag duldet die Hündin die Annäherung des Rüden nicht. Ist die richtige Zeit gekommen, »steht« die Hündin ruhig und biegt den Schwanz zur Seite. Nach dem Einführen des männlichen Gliedes stößt der Rüde einige Male heftig zu. Dann »hängen« Rüde und Hündin fest zusammen, d. h. die Vaginalmuskulatur schließt sich um den anschwellenden

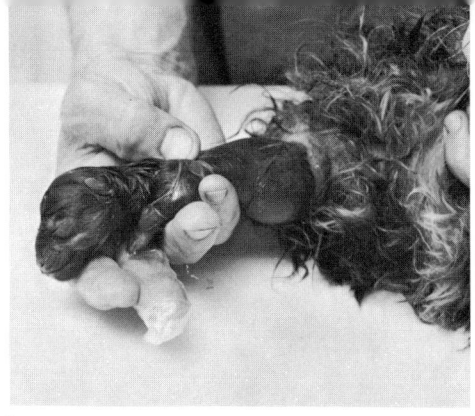

2

Penis. Dieser Zustand, in denen die Hunde fest zusammenhängen, kann bis zu einer halben Stunde und noch länger anhalten. In dieser Zeit gelangt der Samen mit der in der Prostata produzierten Flüssigkeit zur Ejakulation. Dieses Sekret ist für die Ernährung der Spermatozoen wichtig und ermöglicht ihnen den Weg in den Uterus und hinauf in die Eileiter.

Erschrecken Sie nicht, wenn die Hunde so zusammenhängen und zugleich auseinanderstreben. Es ist ein ganz natürlicher Vorgang und ein Zeichen dafür, daß der Deckakt richtig verlaufen ist.

Versuchen Sie nicht, die Hunde mit Gewalt oder kaltem Wasser zu trennen.

Die Geburt

Hündinnen tragen 9 Wochen, es gibt Schwankungen von 59–67 Tagen. Ab dem 19. bis zum 32. Tag kann der Tierarzt fühlen, ob die Hündin trägt. Später ist die Untersuchung mit Ultraschall möglich. In den letzten Tagen vor der Geburt sinkt die Körpertemperatur unter 38° C, einen Tag vor der Geburt schwillt die Scheide glasig an.

Es hieß früher, eine Hündin müsse nach dem ersten Auftreten von Wehen ihren gesamten Wurf innerhalb von 12 Stunden zur Welt bringen. Das stimmt nicht, denn von den ersten Anzeichen einsetzender Geburt kann es von 36 bis zu 50 Stunden dauern, je nachdem, um den wievielten Wurf es sich handelt. Erstgebärende brauchen naturgemäß länger (Abb. 2).

Die Geburt setzt sich bei der Hündin, ebenso wie beim Menschen und allen anderen Säugetieren, aus drei Abschnitten zusammen. Das erste Stadium (Abb. 3) der Wehen bewirkt die Öffnung des Muttermundes. In dieser Zeit erfolgen verhältnismäßig schwache Kontraktionen der Gebärmutter, etwa alle 6–7 Minuten. Sie drücken den Inhalt des Uterus gegen die Zervix, und dies bewirkt, zusammen mit einer hormonell bedingten Erschlaffung, die allmähliche Eröffnung des Muttermundes. Dieser Vorgang kann (wie beim Menschen) bis zu 24 Stunden dauern. Während dieser Zeit benimmt sich die Hündin

3

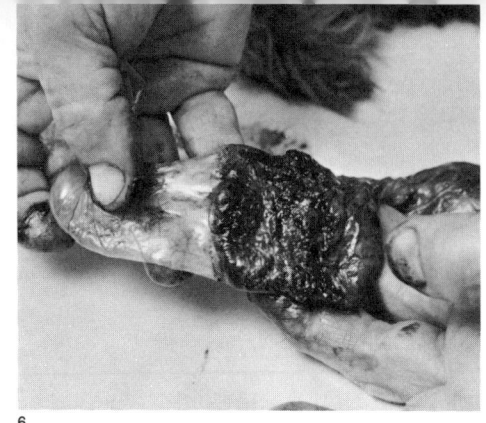

4 6

ungewöhnlich (Abb. 4). Sie rennt unruhig umher, versucht sich ein Bett zu machen, winselt und verweigert die Nahrung (es gibt freilich auch Hündinnen mit einem enormen Appetit in dieser Zeit). Wenn die Sache so wie geschildert verläuft, braucht man sich in diesem Stadium *keinerlei* Gedanken zu machen.

Das zweite Stadium beginnt, wenn der Muttermund eröffnet ist und die Preßwehen einsetzen. Jetzt wird die Sache ernst, und die Jungen kommen zur Welt. Die Hündin legt sich flach auf die Seite und preßt mit aller Kraft. Eine grünlich-wäßrige Flüssigkeit tritt aus der Scheide, und dann kommt der Welpe (Abb. 5).

Wenn das Stadium der Preßwehen beginnt, soll die Hündin allein gelassen werden. Die meisten Besitzer, besonders solche, deren Hündin zum erstenmal wirft, lenken durch Reden oder ständiges Nachsehen das Tier ab und verzögern damit den natürlichen Vorgang.

Bei Hunden, die sehr an ihrem Besitzer hängen, schadet es nichts, wenn Herrchen oder Frauchen in angemessener Entfer-nung den Gang der Dinge verfolgen.

Im allgemeinen versorgt die Hündin ihre Jungen selber. Durch das Lecken mit der Zunge wird der Kreislauf angeregt und das Fell trocknet schneller, wodurch die gefährliche Unterkühlung vermieden wird. Die Welpen kommen in der Eihaut zur Welt, diese reißt entweder bei der Geburt oder wird von der Hündin durch Lecken oder mit den Zähnen entfernt. Wenn nun mehrere Welpen dicht hintereinander folgen, kommt die Hündin manchmal mit der Pflege nicht nach. Da dann die Gefahr des Erstickens besteht, muß man die Haut mit den Fingern aufreißen und die Nabelschnur von der Nachgeburt abtrennen.

Atmet ein Welpe nicht, kann man ihn manchmal durch wiederholtes Zusammendrücken des Brustkorbs retten. Auch das Einblasen und Ausdrücken von Luft nach dem Prinzip der künstlichen Beatmung kann Erfolg haben. Vorher muß man jedoch den Schleim aus den Nasengängen durch Ausschütteln entfernen.

Leckt die Hündin den Welpen nicht selber, reibt man ihn mit einem Frotteetuch ab.

5

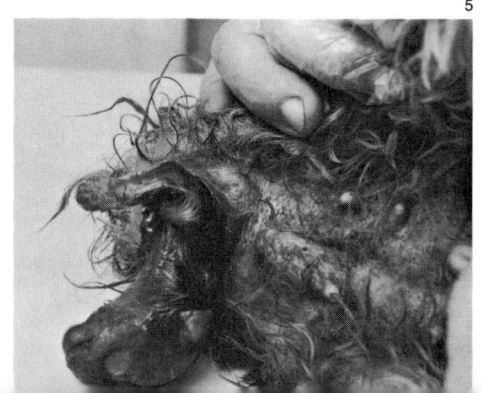

8

Lebensschwache Welpen kann man auch mit kaltem Wasser ermuntern.

Während des dritten Stadiums der Geburt wird die Nachgeburt ausgestoßen (Abb. 6). Jeder Welpe hat seine eigene Eihaut und ist mit seiner eigenen Nachgeburt an der Innenwand der Gebärmutter befestigt. Diese Nachgeburt erscheint meist unmittelbar nach dem Welpen. Bei verschleppten Geburten achte man darauf, ob als letztes eine Nachgeburt kommt.

Häufige Fragen, die in diesem Zusammenhang gestellt werden:

Wo sollte eine Hündin ihre Jungen bekommen?

Zwingerhunde bleiben am besten in ihrem Zwinger (Abb. 7) in einer gut wärmeisolierten Wurfkiste mit Dach. Es steht ohne jeden Zweifel fest, daß Unterkühlung eine der häufigsten Todesursachen bei Welpen ist. Wo keine richtige Wärmedämmung oder Heizung vorgesehen ist, können die kleinen Hunde bis zu 7° C verlieren.

Eine im Haus gehaltene Hündin sollte in ihrer gewohnten Umgebung werfen (Abb. 8). Wenn sie kurz vor der Geburt

7

9

umquartiert wird, macht sie die fremde Umgebung unruhig, verzögert die Geburt und gefährdet den ganzen Wurf.

Sehr praktisch ist die unterste Schublade einer Küchenkommode oder eine einfache Holzkiste. Dort sollte schon bald nach dem Decken ein Bett vorbereitet werden.

Muß die Wurfkiste besonders erwärmt werden?

Die meisten Küchen sind heutzutage geheizt, doch wenn dies nicht der Fall ist, sollte die Wurfkiste über Nacht zugedeckt oder zumindest für die ersten vierzehn Tage nach der Geburt eine Heizmöglichkeit vorgesehen werden (Abb. 9).

Müssen die Welpen während der Geburt entfernt werden?

Nein, die Hündin soll möglichst wenig gestört werden und auch während der Geburt die zuerst geborenen Welpen bei sich behalten. Bei unruhigen Hündinnen oder bei Komplikationen kann es nötig sein, die Jungen zeitweise zu entfernen.

Man legt sie dann in eine mit Wärmflasche oder Heizkissen angewärmte Schachtel, aber so, daß die Mutter ihr Piepen nicht hören kann.

Was soll man einer Zuchthündin zu fressen geben?

Gegen Ende der Trächtigkeit und wenn die Hündin säugt, muß sie besonders viel Eiweiß bekommen. Das bedeutet Fleisch, Eier oder Quark, wie bereits in dem Kapitel über die Fütterung ausgeführt worden ist. Die Vorstellung, daß Milch oder suppige Nahrung den Milchfluß fördert, ist absoluter Unsinn. Protein, d.h. Eiweiß, ist die Voraussetzung einer befriedigenden Milchproduktion, und das ideale Eiweißfutter ist Fleisch.

In welchem Alter soll man eine Hündin zur Zucht verwenden?

Das günstigste Alter für den ersten Wurf ist zwei Jahre. Wenn die Hündin bei ihrem ersten Wurf über fünf Jahre alt ist, bedeutet die Geburt bereits ein erhöhtes Risiko.

Zusammenfassend noch einmal die wichtigsten Punkte für den unerfahrenen Hundebesitzer: Die Hündin in gewohnter Umgebung werfen lassen, ein gleichmäßig warmes Lager bereitstellen, sich mit Geduld wappnen und *niemals* die Hündin während der Geburt stören oder eingreifen. *Ruhe bewahren.*

Manchmal bleibt ein Welpe im Geburtsweg stecken. Man umwickelt die herausragenden Füßchen mit einem Taschentuch, ehe man vorsichtig anzieht. Die gespannte Scheidenhaut über der Stirn der Welpen schiebt man dabei mit etwas Öl zurück. Immer mit den Wehen ziehen und nie ganz gerade, sondern stets in etwas abweichender Richtung, also einmal rechts und einmal links. So wie man ja auch mit einer Schulter voraus und nicht breitseits durch ein enges Loch schlüpfen würde. Aber keine Gewaltanwendung, lieber gleich den Tierarzt holen.

Wenn bei ausgesprochenen Preßwehen, also beim Pressen des flach auf der Seite liegenden Hundes, nach 6–8 Stunden kein Welpe gekommen ist, muß der Tierarzt zugezogen werden. Das gilt auch, wenn der Ausfluß dicklich und dunkelgrün geworden ist. Dann sind ein oder mehrere Welpen abgestorben.

Mögliche Komplikationen

Der Kaiserschnitt

Manchmal muß ein Kaiserschnitt gemacht werden. Ihr Tierarzt wird Ihnen sagen, wann das notwendig ist. Ich persönlich entscheide mich für eine Schnittentbindung, wenn gleich zu Beginn einer Geburt eines der Jungen eine falsche Lage hat. Ein rechtzeitig durchgeführter Kaiserschnitt bietet die größte Chance für lebende Welpen. Zangengeburten schätze ich nicht, sie verursachen ödematöse Schwellungen in der Scheide und hemmen dadurch die Geburt der restlichen Föten. Wenn ich nicht mit den Fingern (Abb. 1) oder auch nach einer Lagekorrektur mit Hilfe eines altmodischen Schuhknopfhakens den Welpen herausziehen kann, rate ich zum Kaiserschnitt.

1

Die Operation

Ein Kaiserschnitt kann mit Flankenschnitt oder nach Eröffnung der Bauchhöhle in der Mittellinie durchgeführt werden. Ich bevorzuge die zweite Methode.
Die Gebärmutter wird freigelegt und vor-

sichtig aufgeschnitten (Abb. 2). Durch diese Öffnung wird dann ein Junges nach dem anderen herausgezogen (Abb. 3).
Dann drückt man die Nachgeburt bis zur Öffnung und zieht sie durch diese ebenfalls heraus (Abb. 4).
Jetzt wird der Schnitt durch eine fortlaufende Lembertnaht geschlossen, wobei die Wundränder nach innen eingestülpt werden (Abb. 5).
Das Bauchfell und die Bauchmuskulatur

2   3

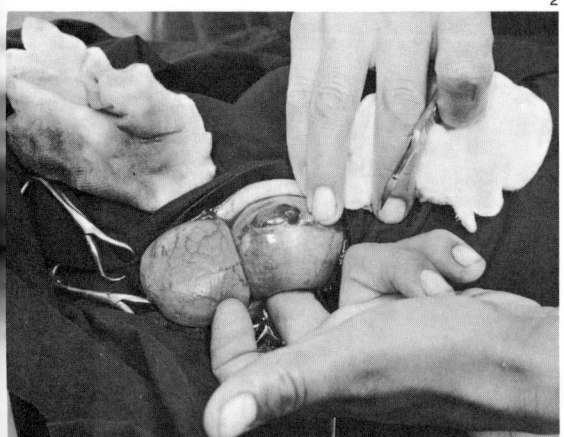

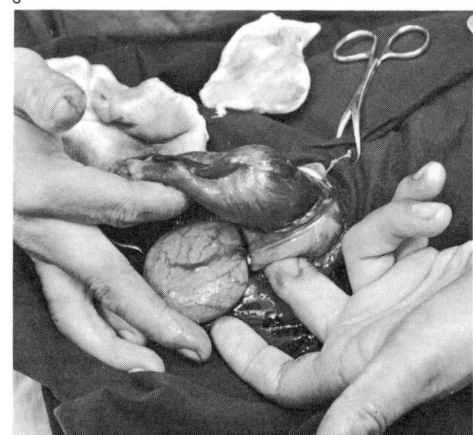

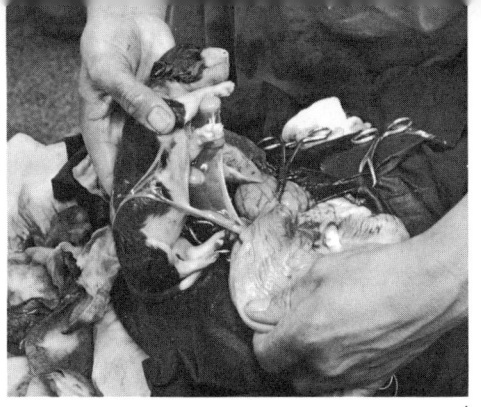

4 6

werden mit Katgut genäht und die Haut-
wunden mit Nylon oder Klammern ver-
schlossen.
Nach zehn Tagen ist die Wunde ver-
heilt.
Diese Operation ist praktisch risikolos und
sollte ohne Zögern bei Geburtskomplika-
tionen vorgenommen werden (Abb. 6). Es
besteht auch die Möglichkeit, die Gebärmutter zu entfernen, falls keine weiteren
Geburten gewünscht werden oder der Zustand der Gebärmutter sehr schlecht ist.

Scheinträchtigkeit

Manchmal zeigt eine Hündin alle Anzeichen der ersten Phase der Geburt; sie
macht sich ein Lager, zerrt Kissen oder
Spielsachen von einem Platz zum anderen, winselt und will nicht mehr fressen.
Sie war nicht mit einem Rüden zusammen,
und trotzdem schwillt das Gesäuge an. Oft
tropft sogar Milch aus den Zitzen (Abb. 7).
Ohne Behandlung dauern diese Erscheinungen eine Woche bis zu zehn Tagen.

Behandlung
Die Scheinträchtigkeit ist nicht gefährlich,
aber unangenehm. Man gibt in dieser Zeit
wenig Flüssigkeit, lenkt die Hündin durch
Spaziergänge ab und legt notfalls kühlen-
de Umschläge auf das Gesäuge. Scheinträchtigkeit kann durch Hormoninjektionen oder durch das Eingeben von Hor-
monpräparaten unterbunden werden.
Da diese Störung des Hormonhaushalts
am häufigsten bei Hündinnen auftritt, die
noch keine Jungen gehabt haben, besteht
die einfachste und sicherste Behandlung
darin, ihr einen Wurf zu gestatten. Sie
sollte allerdings nicht zu alt sein; nach
meiner Erfahrung ist eine komplikations-
lose Geburt mit Sicherheit nur zu erwar-
ten, wenn die Hündin bei ihrem ersten
Wurf höchstens im fünften Jahr ist. Man
muß immer daran denken, daß ein Jahr
eines Hundelebens etwa sieben Jahren im
Leben eines Menschen entspricht.
Die andere Möglichkeit, die immer wiederkehrenden Scheinträchtigkeiten ein für
allemal zu verhindern, ist die Kastration
mit Entfernung der Gebärmutter (siehe
»Vereiterung der Gebärmutter«, S. 55).

5 7

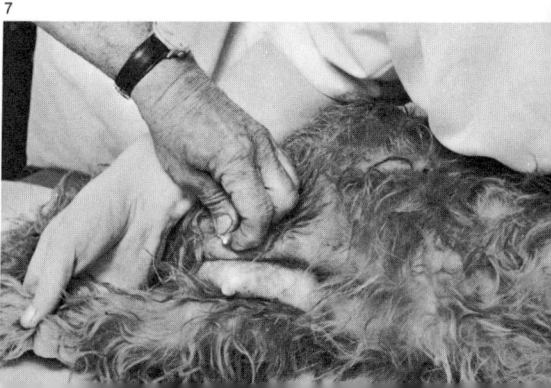

Eklampsie

Säugende Hündinnen, besonders solche mit großen Würfen, können Eklampsie bekommen.

Ursachen

Die volkstümliche Bezeichnung für diese Krankheit ist »Milchfieber«, aber es handelt sich dabei um Kalziummangel. Ein großer Wurf stellt hohe Anforderungen an die Mutter, sie hat bereits während der Trächtigkeit viel Kalzium abgegeben, und nun muß sie mit der Milch noch mehr Kalk für den Aufbau von Knochen und Zähnen der Jungen liefern.

Krankheitserscheinungen

Die Hündin benimmt sich sonderbar, sie ist benommen, unruhig und nicht mehr sicher auf den Beinen. Sie fällt wie in einem Krampfanfall um, liegt auf der Seite und streckt die Beine steif von sich (Abb. 8). Dann macht sie heftige Paddelbewegungen und schlägt mit den Hinterbeinen.

Diese Anfälle gehen vorüber, aber sie wiederholen sich in kurzen Abständen. Ohne schnellste Behandlung stirbt die Hündin an Herzversagen oder Erschöpfung.

Behandlung

Bringen Sie die Hündin sofort zum Tierarzt, und wenn es mitten in der Nacht ist. Dies ist ein Notfall, bei dem sich kein Tierarzt weigern wird aufzustehen.

Kalziuminjektionen, eventuell zusammen mit einem Beruhigungsmittel, wirken schlagartig.

Im allgemeinen ist es nach einem Anfall von Eklampsie nötig, die Welpen wenigstens teilweise abzusetzen.

Ich persönlich empfehle, die Jungen 24 Stunden nicht saugen zu lassen. In den folgenden drei Tagen lasse ich die Welpen alle vier Stunden für 10 Minuten zur Mutter. Danach bekommt sie sie wieder ganz. Wenn die jungen Hunde schon Flüssigkeit aufnehmen, beginne ich sofort mit der Entwöhnung (siehe S. 17).

Rückfälle kommen machmal vor, vorsorglich sollte ein Kalkpräparat zugefüttert werden. Die Hündin nicht mehr decken lassen.

8

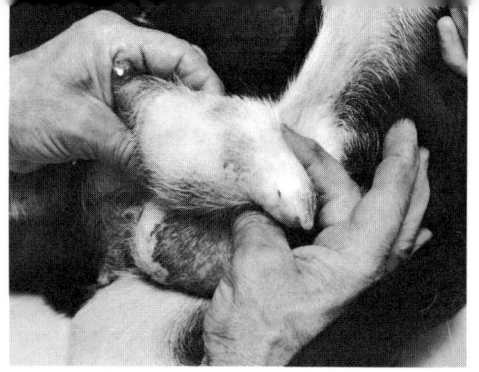

10

Entzündung des Gesäuges (Mastitis)

Unter dem medizinischen Ausdruck *Mastitis* versteht man die Entzündung des ganzen Gesäuges oder einzelner Milchdrüsen (Abb. 9).

Ursachen

Die Entzündung wird durch Bakterien hervorgerufen, die durch Verletzungen eingedrungen sind oder durch Schädigungen wie Schlag oder Prellung aktiviert worden sind. Hungrige Welpen (Milchmangel durch eiweißarmes Futter) verletzen das Gesäuge mit ihren Krallen (vorsichtig mit Nagelschere abzwicken!).

Krankheitserscheinungen

Vor allem Unruhe. Die Hündin bleibt nicht bei ihren Kindern, sondern verläßt sie immer wieder. Fieber (39° C oder mehr), Verweigerung des Futters und schmerzhafte, gerötete und heiße Entzündung am Gesäuge (Abb. 10).

Behandlung

Rufen Sie sofort den Tierarzt an. Wenn eine Besserung nicht schnell eintritt, verschwindet die Milch vollständig, und der Wurf ist verloren.

Erfreulicherweise läßt sich die Entzündung der Brustdrüse beim Hund schnell und erfolgreich mit den modernen Antibiotika bekämpfen. Nach meiner Erfahrung gibt es bei rechtzeitiger Behandlung keine Fehlschläge.

Vorbeuge

Kräftige, eiweißreiche Fütterung vor und nach der Geburt der Welpen.

Milchstauung

Sie kann durch Verlust der Welpen und bei Scheinträchtigkeit auftreten.

Behandlung

Knapp füttern und wenig Flüssigkeit geben. Um eine Verstopfung zu vermeiden, bekommt der Hund Paraffinöl, große

9

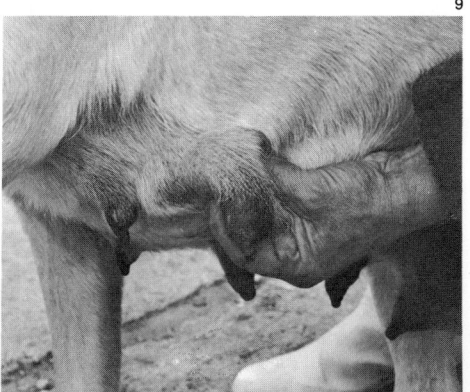

Hunde 3 Eßlöffel, mittelgroße Hunde 2 Eßlöffel und kleine Hunde 1 Teelöffel.

Auf das entzündete Gesäuge legt man Umschläge mit Essigsauerer Tonerde oder streicht eine Mischung von Heilerde und Essigwasser auf.

Ernährung mutterloser Welpen

Nach Möglichkeit den Welpen zumindest eine Mahlzeit von der so wichtigen Kolostral- oder Biestmilch zukommen lassen. Sonst sollte in der ersten Lebenswoche jeweils die Hälfte der verabfolgten Nahrung aus Boviserin (Bayer) bestehen.

Es gibt zahlreiche Rezepte für die Aufzucht mutterloser Welpen, am praktischsten sind die käuflichen Milchersatzpräparate für Hunde. Hundemilch enthält mehr als doppelt soviel Fett und Eiweiß wie Kuhmilch, aber weniger Milchzucker. Bewährt hat sich Trockenmilch, z. B. 50% Boviserin, 20% Trockenmilch, 15% Wasser und 5% Traubenzucker. Dazu gibt man pro 100 ml 1 ml Lebertran. Man kann auch pro 30 ml Kuhmilch 1 Eigelb einrühren oder einfach angewärmte 10%ige ungezuckerte Kondensmilch geben. Aber mit einem entsprechend kleinen Sauger und alle 3 Stunden füttern, nachts kann man 6 Stunden unterbrechen.

Wichtig sind Wärme und als Ersatz für das Lecken der Mutter Abreiben mit einem Wattebausch nach jeder Fütterung. Der Bauch und das Hinterteil des Welpen sollen dabei zart massiert werden.

Ab der 3. Woche kann man schon gemahlenes rohes Kalbfleisch beigeben und aus einem Schüsselchen füttern. Frühe Beifütterung empfiehlt sich auch bei Hündinnen mit wenig Milch.

Gebärmutterentzündung nach der Geburt

Entsprechend dem »Kindbettfieber« kann sich die Gebärmutter im Anschluß an die Geburt entzünden.

Ursachen

Die Gebärmutter zieht sich nach der Geburt nicht genügend zusammen und abgestorbene Welpen, Teile der Nachgeburt und Gebärmutterabsonderungen werden nicht ausgestoßen. Es siedeln sich Krankheitskeime an und es bilden sich schädliche Zerfallsprodukte. Die krankhafte Erschlaffung der Gebärmutter entsteht durch Erschöpfung nach Schwergeburten, durch Entzündung nach Verletzungen und nach der Geburt von abnorm vielen oder großen Welpen.

Krankheitserscheinungen

Oft übelriechender Ausfluß (Abb. 11), in seltenen Fällen auch Abgang von Blut. Die Hündin kümmert sich nicht um die Welpen, verweigert das Futter und hat meistens Fieber, bis 41° C (Normaltemperatur 37,5-38,7° C)

Behandlung

Hier ist Eile geboten, sonst ist der Wurf verloren und auch die Hündin gefährdet. Der Tierarzt wird sofort ein modernes Breitbandantibiotikum spritzen und nach Entleerung des Gebärmutterinhaltes auch in die Gebärmutter einbringen.

Das Fieber geht meist schnell zurück, wenn die Zuchtfähigkeit der Hündin erhalten bleiben soll, muß die Behandlung jedoch gründlich vorgenommen werden. Gegebenenfalls wird der Tierarzt eine Resistenzbestimmung (Antibiogramm) des krankhaften Gebärmutterausflusses veranlassen, damit das wirkungsvollste Medikament angewendet wird und keine Ge-

11

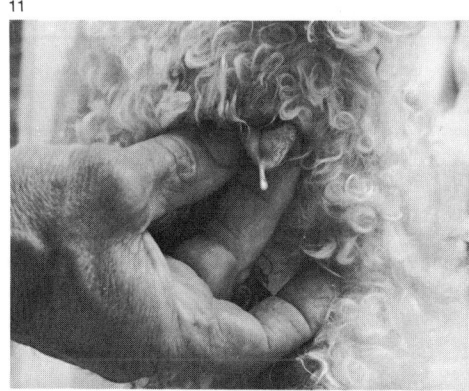

bärmuttervereiterung entsteht (siehe S. 54).

Manchmal kommt es zu sehr stürmischem Krankheitsverlauf, wenn abgestorbene Welpen oder Teile der Nachgeburt einige Tage in der Gebärmutter verblieben sind. Der Ausfluß ist dabei meist bräunlich-käsig. In einem solchen Fall muß schnellstens die Gebärmutter durch eine Operation entfernt werden.

Allgemeine Ratschläge für die Zeit nach der Geburt

Eine gesunde Hündin bleibt bei ihren Jungen und bewacht sie sorgfältig. Sie frißt meist besonders gut.

Wenn die Hündin unruhig ist oder schlecht frißt, soll man ihre Temperatur messen und bei Fieber, oder wenn sonst ein Krankheitsverdacht besteht, den Tierarzt zuziehen. Es kann sich um ein frühes Stadium von Eklampsie, Nachgeburtsverhaltung oder um eine Entzündung des Gesäuges handeln. Jede Verzögerung der Behandlung gefährdet den ganzen Wurf.

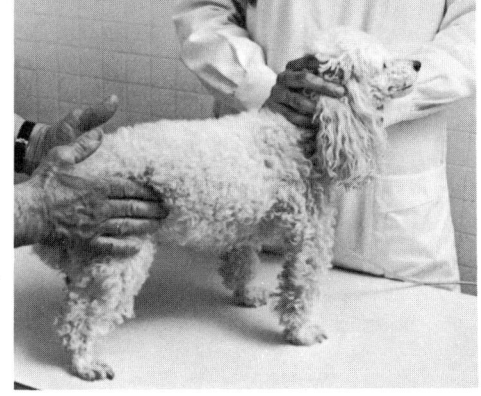

Krankheiten des Geschlechtsapparates

1

Eierstockszysten

Zysten im Eierstock sind bei der Hündin ausgesprochen selten.

Ursache

Die Eier sind im Eierstock in kleinen Bläschen, den Follikeln, eingeschlossen. Bei der Brunst, also während der Läufigkeit, sollen diese Follikel springen und die Eier für die Befruchtung freigeben. Wenn dies nicht eintritt, entsteht aus dem Follikel eine Zyste.

Krankheitserscheinungen

Die Hündin ist hormonell gestört, also ständig mehr oder weniger läufig.

Behandlung

Entfernung der Eierstöcke, am einfachsten durch einen Flankenschnitt.
Ich selber ziehe es vor, mit den Eierstöcken auch die Gebärmutter herauszuneh-
men. Auf diese Weise werden die manchmal später auftretenden Gebärmuttereiterungen vermieden (Abb. unten links).

Kann eine Hündin mit zystisch entarteten Eierstöcken trächtig werden?

Das ist sehr unwahrscheinlich, da die Zyste oder die Zysten den normalen Ablauf des Geschlechtszyklus stören.

Eiteransammlung in der Gebärmutter

Eiterabsonderung in der Gebärmutter (Pyometra) tritt hauptsächlich bei älteren Hündinnen auf. Gefährdet sind vor allem solche, die nie Junge gehabt haben (Abb. 1).

Krankheitserscheinungen

Die sichtbaren Anzeichen dieser Krankheit zeigen sich im allgemeinen zuerst nach einer unregelmäßigen Läufigkeit. Das muß

2

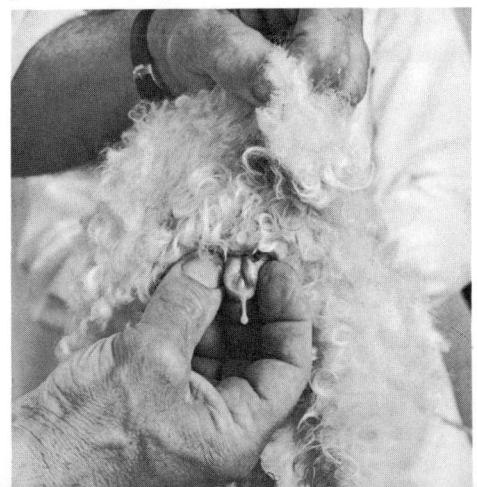

aber nicht sein, die Krankheitserscheinungen können sich auch zu jedem anderen Zeitpunkt bemerkbar machen.

Es gibt zwei Typen der Pyometra; bei der einen Form bleibt die Gebärmutter geschlossen, der Eiter staut sich darin und erscheint oft nur tropfenweise an der Scheide. Bei der anderen Form macht sich ein mehr oder weniger übelriechender,

eitriger oder blutig-eitriger Ausfluß bemerkbar (Abb. 2). Er ist allerdings oft nicht sichtbar, weil die Hündin ständig leckt.

Das erste Krankheitszeichen ist meistens starker Durst und mangelnder Appetit. Fieber kann vorhanden sein, fehlt aber oft (Abb. 3).

Wenn der Muttermund geschlossen und kein Ausfluß vorhanden ist, bekommt die Hündin bald einen deutlich aufgetriebenen Bauch.

Das nächste Stadium ist die innere Vergiftung durch den gestauten Eiter. Sie zeigt sich durch Erbrechen, und jetzt ist es höchste Zeit, etwas zu unternehmen.

Behandlung

Die einzig sichere Behandlung ist die Operation, also die Entfernung von Gebärmutter und Eierstöcken. Desto eher man sich dazu entschließt, desto besser für den Hund (Abb. 4).

Wenn die Operation vor dem Auftreten von Erbrechen und einer wesentlichen Erhöhung des Harnstoffgehalts im Blut erfolgt, kann man mit einer 100%igen Erfolgsquo-

3

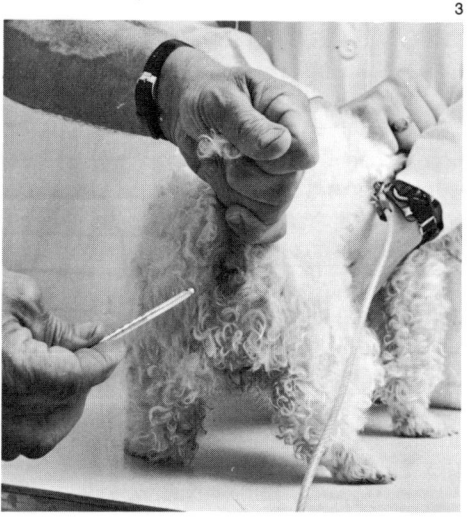

te rechnen. Wenn der Allgemeinzustand vor der Operation schon schlecht ist, können die Verluste sehr erheblich sein.

Vorbeuge

Bei einer Kastration soll man darauf dringen, daß nicht nur die Eierstöcke, sondern immer auch die Gebärmutter entfernt wird.

4

Nichtkastrierte Hündinnen sind weit weniger gefährdet, wenn sie mindestens einmal geworfen haben.

Genaue Beobachtung der Hündin innerhalb von 2 Monaten nach der Läufigkeit. Zeigt sich tropfenweise wässeriger Ausfluß oder vermehrtes Lecken an der Scheide, kann eine drohende Gebärmuttervereiterung manchmal durch rechtzeitige Behandlung verhindert werden (Metrovetsan als Tropfen, Schwabe).

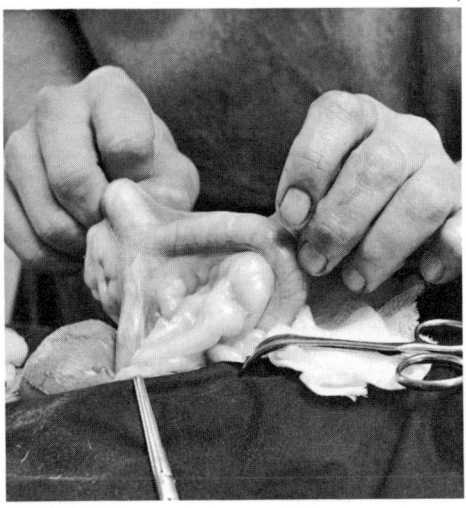

Neubildungen am Geschlechtsapparat der Hündin

Sehr selten bilden sich Polypen, gestielte Neubildungen, in der Gebärmutter.

Krankheitserscheinungen
In der Gebärmutter sind feste Knoten fühlbar. Es kann wäßrig-blutiger Ausfluß bestehen, das Allgemeinbefinden ist aber nicht gestört.

Behandlung
Operative Entfernung von Gebärmutter und Eierstöcken.

Neubildungen in der Scheide

Bei alten Hündinnen können gestielte Polypen oder blumenkohlartige Warzen aus dem Scheidenspalt herausragen (Abb. 1). Sie werden vom Tierarzt abgebunden oder mit dem Thermokauter entfernt.

Bösartige Geschwülste

An den inneren Geschlechtsorganen der Hündin ist Krebs verhältnismäßig selten.

Dagegen treten leider am Gesäuge gutartige Neubildungen, aber auch echter Krebs, vor allem bei älteren Hündinnen sehr oft auf, und nicht selten kommt es zur Absiedelung in innere Organe.

Geschwülste am Gesäuge

Gesäugetumoren sind eine der häufigsten Erkrankungen älterer Hündinnen (Abb. 2). Es gibt verschiedene Typen dieser Neubildungen, die bösartig sein können.
Die festumschriebenen, verschiebbaren Knoten (Abb. 3) sind nicht so gefährlich.
Die fest mit der Haut und dem umliegenden Bindegewebe verwachsenen Verdikkungen (Abb. 4) sind dagegen meist bösartig.

Behandlung
Knoten oder Verdickungen im Gesäuge sollten möglichst bald chirurgisch entfernt werden. Hierbei handeln Tierärzte genauso wie ihre Kollegen in der Humanmedizin. Desto länger ein Tumor sich ungestört

1

2

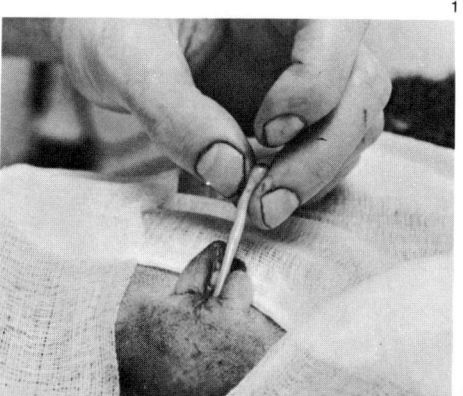
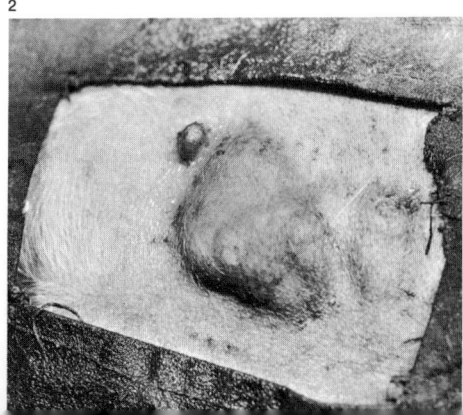

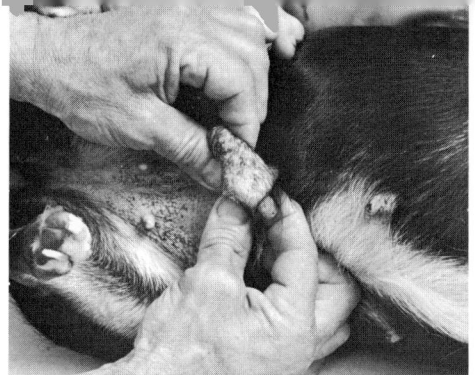
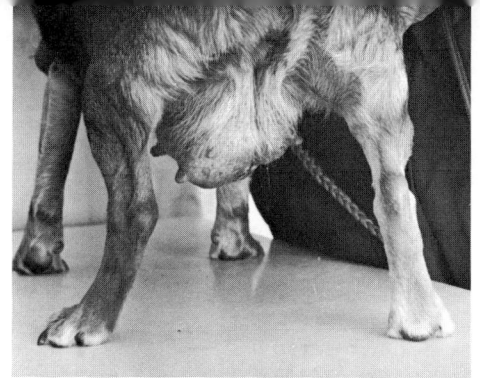

3   4

ausbreiten kann, desto größer ist die Gefahr von Tochtergeschwülsten. Diese beschränken sich dann nicht nur auf das Drüsengewebe, sondern dringen über die Lymphknoten auch in den Bauchraum vor.
Man kann versuchen, diese Ausbreitung durch eine Hormonbehandlung einzuschränken. Nach meiner Erfahrung führen die Hormoninjektionen aber manchmal zu Nierenentzündungen.

Operation der Gesäugetumoren
Bei rechtzeitiger Operation lassen sich viele der Knoten im Gesäuge gut herausschälen (Abb. 5). Zahlreiche Kollegen verwenden bei dieser Operation den Thermokauter, wodurch sich Blutungen eher vermeiden lassen.
Besonders bei jungen Hündinnen sollen auch sehr kleine Knoten sofort operiert werden. Sind die Knoten an mehreren Stellen des Gesäuges, kann es notwendig sein, die ganze Länge der Milchdrüsen zu entfernen. Bei alten Hunden wartet man ab, ob die Neubildungen sich rasch vergrößern, vielleicht kann man dem Hund die Operation ersparen.

Kommen die Knoten wieder?
Ja, dies ist manchmal der Fall, nach Bedarf kann die Operation jedoch öfter wiederholt werden. Die erkrankte Hündin hat auf diese Weise die Chance, eines natürlichen Todes zu sterben.
Um die Ausbreitung von Knoten, oder deren Nachwachsen trotz Operation, zu unterbinden, wird die Kastration empfohlen. Man kann auch Hormone (Androgene) spritzen, bei Verdacht auf Nierenschädigungen ist allerdings Vorsicht geboten.

5

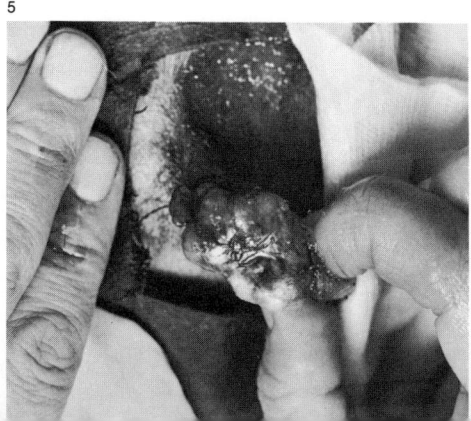

Erkrankungen der Scheide

Die Vagina oder Scheide ist die von Muskeln umgebene Verbindung zwischen Muttermund und dem äußeren Geschlechtsteil, der Vulva, und ist bei der Hündin 5-8 cm lang.

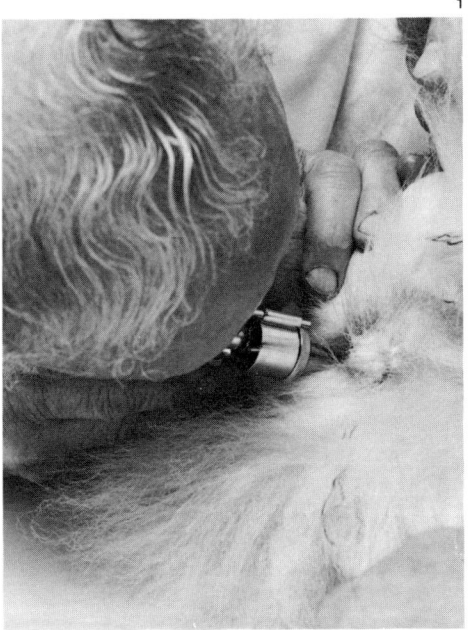

Vaginitis oder Scheidenentzündung

Hierbei handelt es sich um eine Entzündung der Schleimhaut im Scheidenraum.

Ursache
Die eigentliche Ursache ist eine bakterielle Infektion, die jedoch durch traumatische Schäden wie Verletzungen durch den Rüden oder eine schwere Geburt ausgelöst wird.

Krankheitserscheinungen
Die Hündin ist unruhig und versucht zu pressen. Es zeigt sich oft auch ein wäßriger oder rahmartiger Ausfluß (er kann auch bei ganz jungen Hunden auftreten). Zur Untersuchung benutzt der Tierarzt ein Scheidenspekulum (Abb. 1), mit dem er die entzündete Schleimhaut sehen kann.

Behandlung
Man überläßt sie am besten dem Tierarzt, der vermutlich Antibiotika geben und Zäpfchen einführen wird.

Vorfall des Mundermundes oder der Scheidenschleimhaut

Darunter versteht man die Ausstülpung von Muttermund oder Scheidenwand aus der Scheidenöffnung (Abb. 2). Manchmal tritt auch die Blase heraus und in ganz seltenen Fällen die Gebärmutter.

Krankheitserscheinungen

Eine rote, entzündete Masse quillt aus der Scheide hervor, die von der Hündin unausgesetzt beleckt wird (Abb. 3).

Behandlung

Sofort zum Tierarzt gehen, der den Vorfall unter Narkose reponiert und durch einige Nähte fixiert (Abb. 4).

Vulvitis

Darunter versteht man eine Entzündung der Vulva, also des äußeren Teiles der Scheide (Abb. 5). Ursache solcher Entzündungen sind meist Verletzungen, vor allem beim Koitus.

Die Behandlung besteht in örtlicher Anwendung reizlindernder, antibiotikahaltiger Salben.

Warzen an der Scheide

Wenn in diesem Gebiet Warzen auftreten, sollte man sie entfernen lassen, weil durch den ständigen Reiz unwillkürliches Harnlassen entstehen kann (Abb. 6) (siehe »Warzen«, S. 82).

5

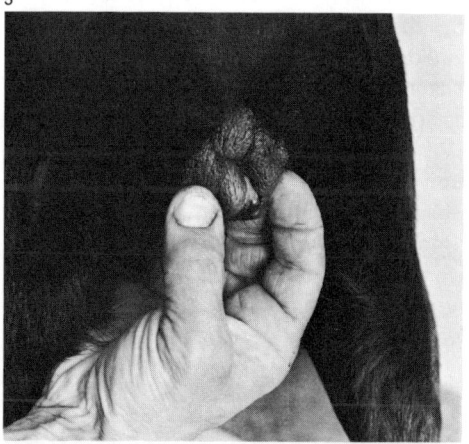

4

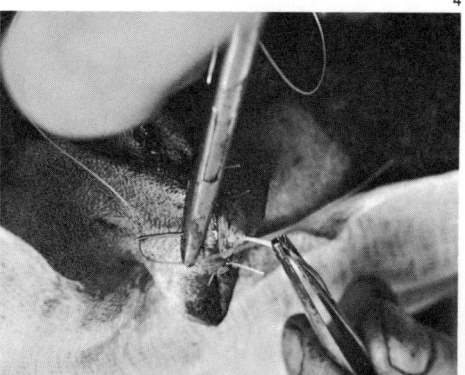

6

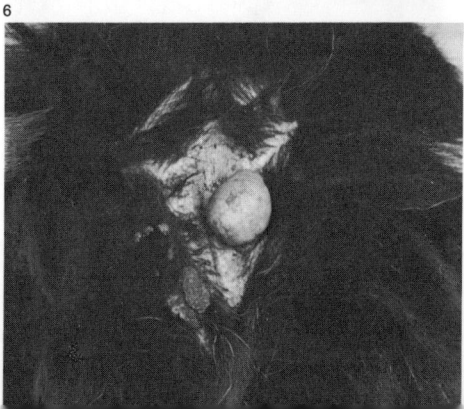

59

7

Weißfluß oder Leukorrhoe

Bei chronischer Scheidenentzündung kommt es zu einem dem Fluor der Frau entsprechenden Ausfluß.

Krankheitserscheinungen
Sie bestehen in einem hartnäckigen weiß-lich-gelben Ausfluß (Abb. 7).

Ursache
Ausgehend von einer akuten Scheidenent-zündung, kommt es durch eine Sekundär-infektion mit Bakterien oder oft auch mit Pilzen zur chronischen Scheidenentzün-dung.

Behandlung
Sie ist langwierig und nur unter der Lei-tung eines Tierarztes sinnvoll. Meistens werden Scheidenspülungen in Kombina-tion mit Zäpfchen und Antibiotika ange-wendet (Abb. 8).

Geschlechtskrankheiten

Eigentliche Geschlechtskrankheiten gibt es beim Hund nicht; das venerische Sar-kom, durch ein Virus übertragen, ist sehr selten. Im Frühling oder Herbst haben Rüden manchmal einen Ausfluß an der Vorhautspitze, der den Hundebesitzer meist sehr beunruhigt. Dabei handelt es sich nur um eine Infektion des Präputiums (Vorhaut) mit Streptokokken, also einem überall vorkommenden Erreger, und nicht um eine spezifische Ansteckung.
Dieser Ausfluß aus der Vorhaut des Rüden (Abb. 9) ist oft die Folge geschlechtlicher Erregung durch die Nähe läufiger Hündin-nen. Aber auch Masturbation kann derarti-ge Entzündungen verursachen.
Die Behandlung besteht in Einbringen von Antibiotikasalbe.

8   9

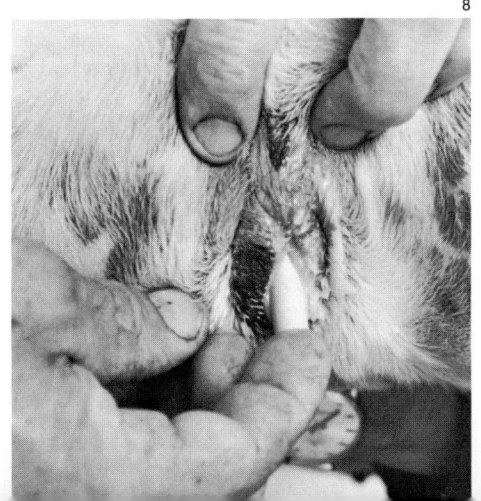
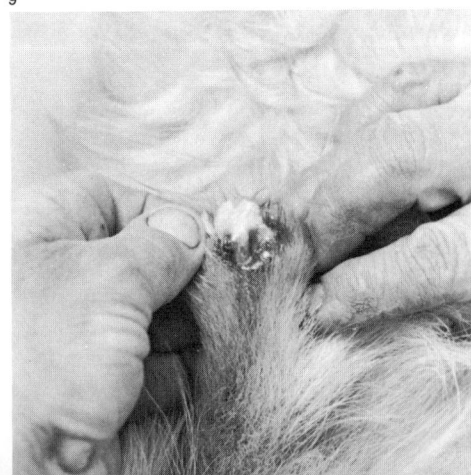

Die Kastration
der Hündin

Bei der Kastration werden der Hündin die Eierstöcke entfernt, so daß sie keine Jungen mehr bekommen kann. Die Operation kann durch einen oder zwei Flankenschnitte oder nach der Bauchhöhleneröffnung in der Mittellinie vorgenommen werden. Letzteres ist günstiger, wenn die Gebärmutter auch herausgenommen werden soll (Abb. 1).

Über die Zweckmäßigkeit der Kastration kann man geteilter Meinung sein. Einerseits hört damit die Unbequemlichkeit auf, die dem Besitzer einer läufigen Hündin entstehen: entweder ständig aufpassen oder Kummer mit einem ungewollten Wurf. Andererseits muß man damit rechnen, daß gewisse Veränderungen im Wesen eintreten. Diese sind allerdings bei der Hündin, vor allem bei den großen Rassen, lange nicht so ausgeprägt wie beim kastrierten Rüden.

Unerwünschte Gewichtszunahme wird durch die Kastration bei der Hündin nicht gefördert, Fettansatz ist eine Frage der Fütterung.

Mit den Eierstöcken sollte unbedingt gleichzeitig die Gebärmutter entfernt werden, sonst besteht die Gefahr einer Eiteransammlung in der Gebärmutter (siehe S. 53).

In welchem Alter sollte die Kastration durchgeführt werden?

Es ist dies Ansichtssache. Viele Tierärzte sind der Ansicht, die Hündin sollte zumindest einmal vorher läufig geworden sein. Ich finde sechs Monate das günstigste Alter, unabhängig davon, ob die Hündin

1

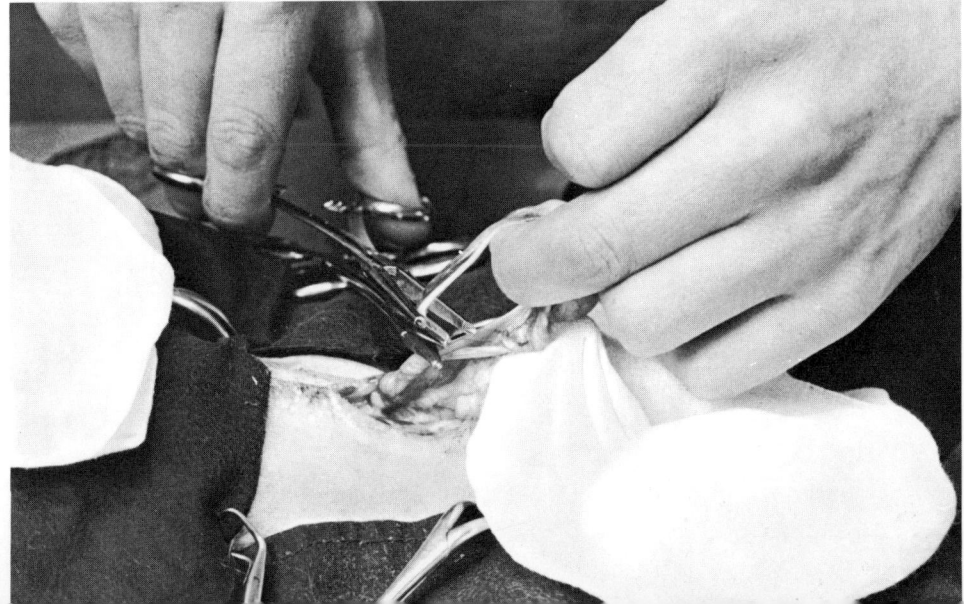

bereits läufig war (Abb. 2). Mit einem halben Jahr ist der Hund groß genug für eine Allgemeinnarkose und noch so jung, daß die Heilungstendenz gut ist und das Tier sich rasch erholt.

Können ältere Hündinnen noch kastriert werden?

Selbstverständlich, die Operation kann in jedem Alter durchgeführt werden.

Manchmal sieht es so aus, als ob eine kastrierte Hündin noch läufig wird. Das kommt dann durch frei in der Bauchhöhle schwimmendes Eierstockgewebe, welches chirurgisch nicht erfaßbar ist. Eine solche Hündin kann aber nicht mehr trächtig werden.

Ist die Kastration teuer?

Verhältnismäßig ja, weil die Bauchhöhle eröffnet werden muß und eine Allgemeinnarkose notwendig ist.

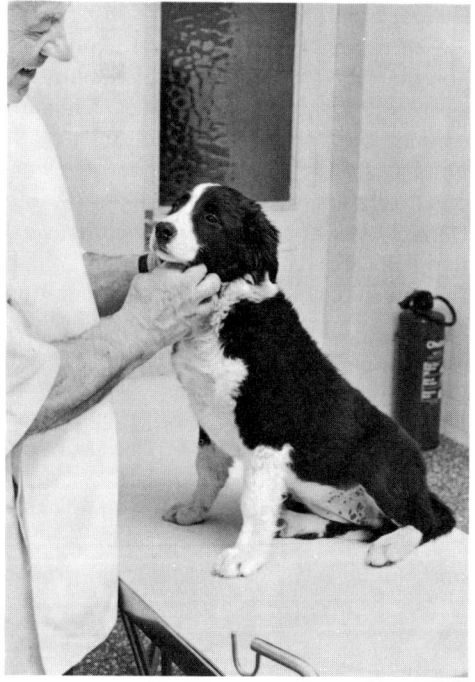

2

3 Der Rüde

Der Geschlechts-apparat des Rüden

Die Hoden befinden sich im Hodensack, dem Skrotum. Die Samenzellen oder Spermatozoen entstehen in den Hodenkanälchen, gelangen in den Nebenhoden und werden von dort beim Koitus ejakuliert. Mit dem Ejakulat mischt sich das Sekret der Vorsteherdrüse oder Prostata, das den Spermatozoen als Nahrung dient.
Erkrankungen der Prostata werden in dem Kapitel »Mastdarm und After« behandelt (siehe S. 152).

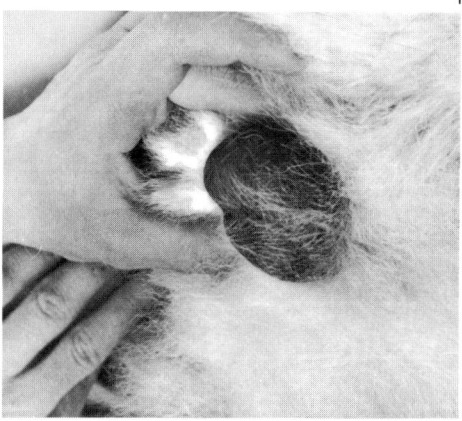

1

Hodenentzündung

Hodenentzündung oder Orchitis tritt meist zusammen mit einer Entzündung der Nebenhoden auf (Abb. 1).

Ursachen
Im allgemeinen durch einen Stoß oder Schlag, aber auch durch Überspringen eines Zaunes. Durch Infektion verursachte Hodenentzündungen sind selten.

Krankheitserscheinungen
Die Hoden sind heiß und schmerzempfindlich, die Hunde lassen sich nur ungern anfassen und untersuchen. Es besteht meist Fieber (40,5° C).

Behandlung
Als erste Hilfe lauwarme Überschläge mit essigsaurer Tonerde. Es ist aber sinnvoller, sofort zum Tierarzt zu gehen. Dieser wird vermutlich Kortison zusammen mit einem langwirkenden Antibiotikum geben, vor allem aber schmerzstillende Mittel.

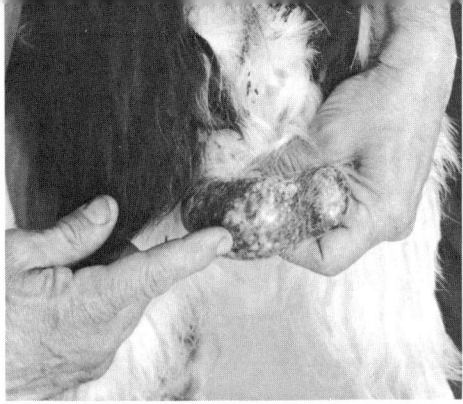

2

Hodengeschwülste

Bei Hunden nach dem 6. Jahr nicht selten, meist ist nur ein Hoden befallen (Abb. 2).

Krankheitserscheinungen
Der Hoden ist hart und vergrößert, aber nicht schmerzempfindlich.

Behandlung
Sofortige Entfernung aus den bei »Gesäugetumoren« erörterten Gründen.

Entzündung der Penisspitze

Die als Balanitis bezeichnete Entzündung ist meist gekoppelt mit einem Vorhautkatarrh (Abb. 3).

Ursache
Verletzungen, meist aber bakterielle Infektion der Vorhaut.

Krankheitserscheinungen
Im Fall einer Verletzung starke Schmerzempfindlichkeit und Schwellung. Bei einer Infektion (sehr häufig, oft sind die Haare verklebt und müssen abgeschnitten werden) besteht gelb-grüner Ausfluß (Abb. 4).

Behandlung
Der Tierarzt wird ein geeignetes Medikament in den Schlauch einführen. In hartnäckigen Fällen kann er einen Abstrich des Ausflusses zur Bestimmung des Erregers an eine Untersuchungsanstalt einschicken und dann wöchentlich mit dem geeigneten Antibiotika behandeln, bis die Infektion abklingt (Abb. 5).

3

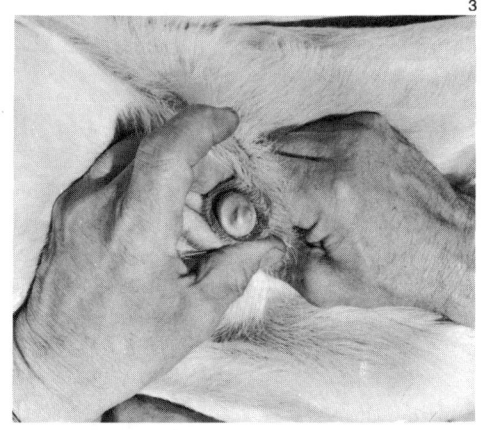

4

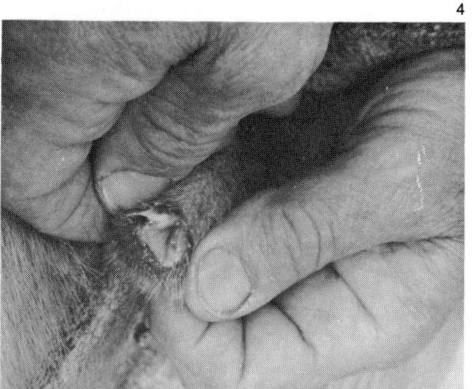

5

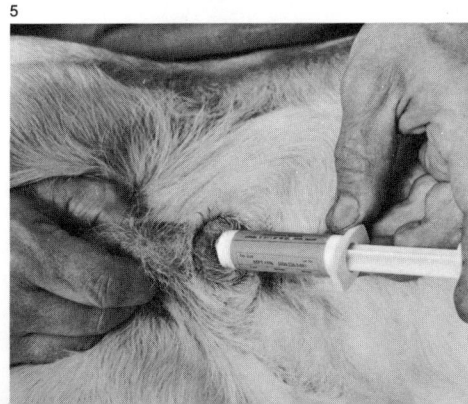

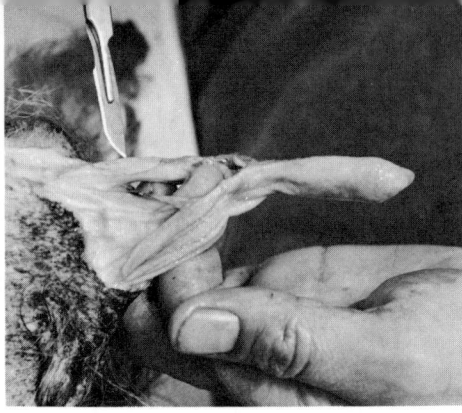

6

Fraktur des Penisknochens

Der Hund ist das einzige unter den Haustieren mit einem Knochen im Penis (Abb. 6). In ganz seltenen Fällen kann dieser Knochen brechen. Ich habe es in 34 Praxisjahren nur zweimal erlebt.

Ursache
Unfall bei versuchtem Koitus, Überfahrenwerden oder beim Springen über einen Zaun.

Krankheitserscheinungen
Schwellung, Schmerz und knirschendes Geräusch. Durch eine Röntgenaufnahme läßt sich die Diagnose sichern.

Behandlung
Nur durch den Tierarzt.

Die Bulbourethraldrüse

Der Penis des Hundes zeigt bei der Erektion und vor allem während des Koitus eine auffallende runde, harte Schwellung um die Basis des Penisknochens. Dies ist die Bulbourethraldrüse, deren Funktion die feste Verbindung von Rüde und Hündin bei der Kopulation ist (siehe Zeichnung).

Das »Hängen« der Hunde bei der Begattung wird durch einen Scheidenkrampf der Hündin verursacht, durch den die Scheidenmuskulatur die Bulbourethraldrüse fest umschließt.

In diesem Zustand darf man nicht versuchen, die Hunde zu trennen, man soll mindestens einige Minuten abwarten. Durch einen etwaigen Eingriff des Menschen verzögert sich nur die Entspannung des Muskelkrampfes. Wie bereits erwähnt, ist das »Hängen« ein normaler physiologischer Vorgang und eine Voraussetzung für einen erfolgreichen Deckakt. Das einzige, was man tun kann, ist, die Hündin am Kopf zu halten und zu beruhigen.

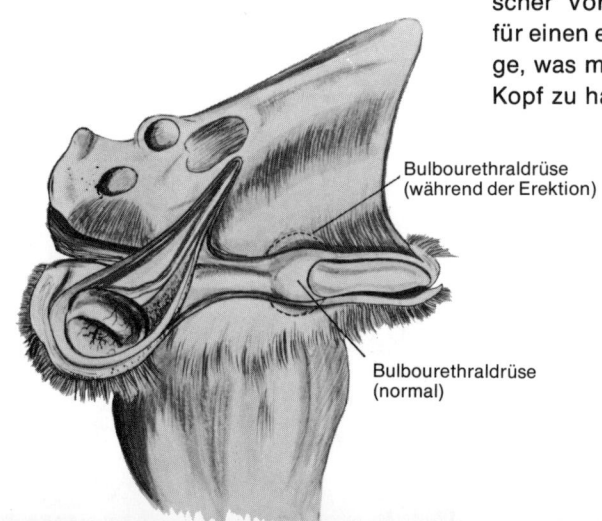

Bulbourethraldrüse
(während der Erektion)

Bulbourethraldrüse
(normal)

Kastration
und Vasektomie

Kastration

Kastration des Rüden bedeutet die chirurgische Entfernung der Hoden unter Allgemeinnarkose (Abb. 1). Beide Hoden werden durch einen einzigen Schnitt in der Mitte an der Basis des Penis entfernt. Die Operation ist verhältnismäßig einfach und wirkungsvoll, nur neigen kastrierte Rüden im Gegensatz zu Hündinnen zum Fettansatz.

Vorteile
Durch die Kastration wird der Hund nicht nur unfruchtbar, sondern auch anhänglicher. In seinem Wesen stellt sich eine Gleichmäßigkeit ein, die Perioden des Umherstreunens fallen weg.

Nachteile
Der einzige Nachteil ist die Gewichtszunahme.

Geeignetes Alter
Jedes Alter über 6 Monate. Ich habe einen zehnjährigen Hund ohne unerwünschte Nachwirkungen kastriert.

Vasektomie

Darunter versteht man die operative Durchtrennung der Samenleiter beim Rüden (Abb. 2). Durch diese unter örtlicher oder allgemeiner Betäubung ausgeführte Operation wird der Hund sterilisiert, ohne dadurch fett zu werden. Er verliert allerdings auch nicht die Neigung zum Streunen, sein Wesen verändert sich nicht.
Ich bin überzeugt, daß zwangsweise Sterilisierung aller nicht zur Zucht benützten Rüden die einzig vernünftige Methode ist, das Problem überzähliger Hunde zu lösen. Die Vasektomie ist ohne Zweifel eine wesentlich brauchbarere Methode, die Hundepopulation zu kontrollieren, als die Kastration oder die anderweitige Unfruchtbarmachung der Hündinnen.

1 2

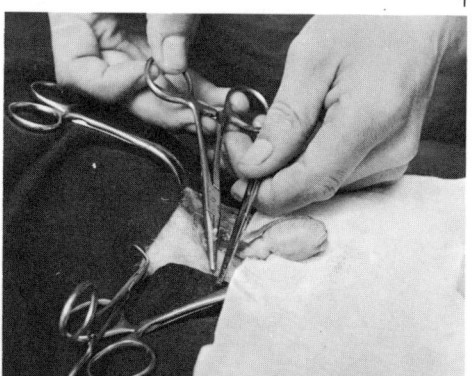 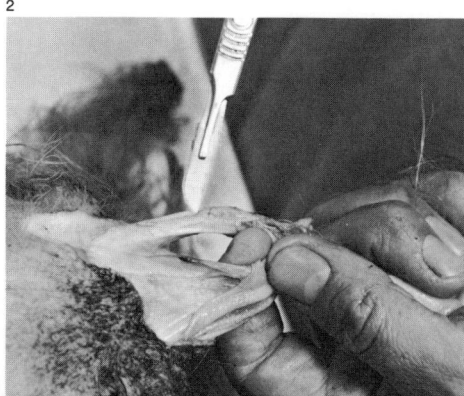

4 Hautkrankheiten

Ekzeme

Unter einem Ekzem versteht man eigentlich eine bestimmte Form der Hautentzündung, für den Hundebesitzer sind die feineren medizinischen Unterschiede belanglos. Ihn interessiert, wie er das nervtötende Kratzen und Scheuern des Hundes möglichst vermeiden kann. Die nachfolgende Einteilung der Hauterkrankungen ist also nicht wissenschaftlich begründet, sondern dient der leichteren Orientierung.

Es gibt fünf häufige Typen von Hautentzündungen: das akute, nässende Ekzem, das trockene Ekzem, Allergien wie Nesselausschlag, Zwischenzehen-Ekzeme und Entzündungen des Hodensacks.

Akutes, nässendes Ekzem

Ursache

Übermäßige Verfütterung von Kohlehydraten, also stärkehaltigen Nahrungsmitteln wie Brot, Kartoffeln oder Haferflocken. Nach meiner Erfahrung kann man bei jedem Hund durch zuviel Stärke innerhalb eines Monats einen nässenden Hautausschlag auslösen (Abb. 1). Auch schwerer Befall mit Flöhen oder Läusen kann eine ekzematöse Hautentzündung hervorrufen. Nässendes Ekzem wird laienhaft oft Fetträude genannt; es hat zwar etwas mit der Ernährung, aber nichts mit Fett zu tun.

Krankheitserscheinungen

Starker Juckreiz an einer umschriebenen Stelle mit andauerndem Kratzen und Belecken. Genaue Untersuchung zeigt meist am Rücken eine nässende Hautpartie (Abb. 2), die teilweise auch mit Schorf bedeckt sein kann. Bei dem auf dem Foto gezeigten Hund handelt es sich um Läusebefall.

Behandlung

Der Tierarzt wird zunächst untersuchen, ob eine Erkrankung der Leber oder der Nieren vorliegt. Dann wird er Befall mit Ungeziefer ausschließen, ständiges Lecken bei Milben verursacht ebenfalls Entzündungen der Haut. Ehe man ein Medikament auf die Haut aufbringt, ist es sehr zweckmäßig die Haare wegzuschneiden.

1

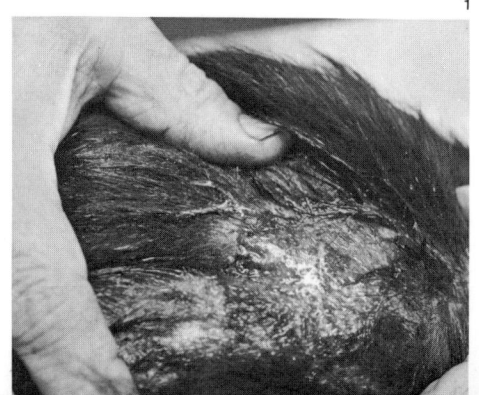

2

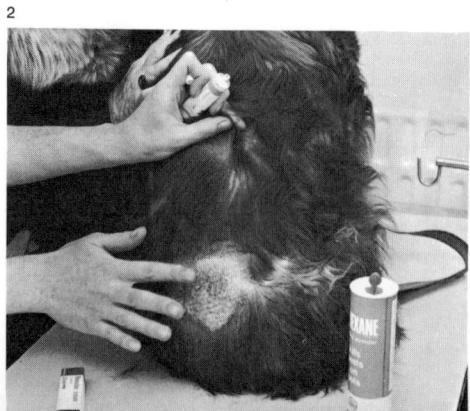

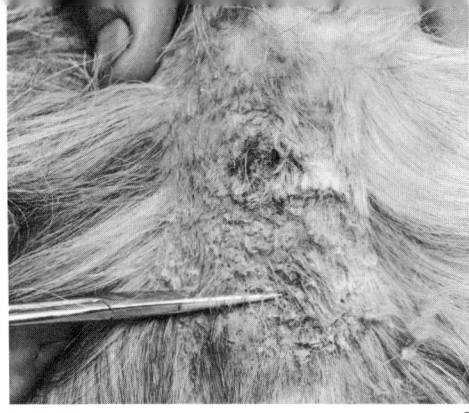

3

Es gibt eine Reihe von geeigneten Hautpudern, Salben und Sprays gegen die Entzündung, keinesfalls bei akuten Hautzuständen scharfe, alkoholhaltige Mittel anwenden. Kortisonpräparate als Injektion oder zum Eingeben wirken schlagartig, die Entzündung kommt jedoch meist schnell wieder.
Die wichtigste Maßnahme ist die Umstellung der Ernährung. Am besten schiebt man zunächst einen Fasttag ein und füttert anschließend möglichst viel Fleisch und auch rohen, nur gebrühten Pansen.

Trockenes Ekzem

Ohne Absonderung von Sekret verlaufende Hautentzündungen (Abb. 3) stellen den Tierarzt vor besondere Probleme.

Ursachen
Als Ursache von ständigem Juckreiz ohne Hautveränderungen kommen Allgemeinerkrankungen, vor allem Leber- oder Nierenstörungen, Veränderungen im Hormonhaushalt sowie äußere Reize wie z. B.

durch zu häufiges Baden, sowie sehr oft Fütterungsfehler in Frage. Rassehunde werden am häufigsten befallen, nach meiner Ansicht kann eine erbliche Veranlagung vorliegen.

Krankheitserscheinungen
Vor allem ein ständiger Juckreiz, der auf die Dauer zu schuppigen, haarlosen Stellen führt (Abb. 4).
Bei genauer Untersuchung der Haut kann man manchmal entzündliche Veränderungen in Form kleiner Rötungen feststellen.

Behandlung
Durch genaue tierärztliche Untersuchung und mikroskopische Betrachtung eines Hautgeschabsels werden Räude, Infektion mit Hautpilzen oder andere parasitäre Ursachen ausgeschlossen.
Als erste Maßnahme wird der Tierarzt eine Umstellung der Fütterung anordnen. Möglichst kein Trockenfutter und kein Pferdefleisch geben. Bewährt haben sich das Vitaminpräparat Murnil und Futterhefe und die Zufütterung von etwas frischer

4

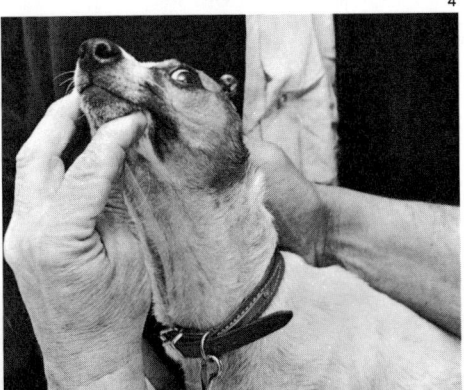

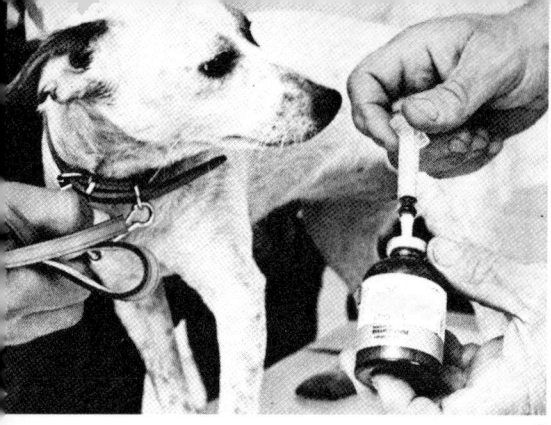

5

Leber. Von den zahlreichen Medikamenten sei auf die bei Juckreiz oft erfolgreichen homöopathischen Zubereitungen von Schwefel oder Ameisensäure hingewiesen. Als letztes Mittel hilft immer ein Kortisonpräparat (Abb. 5), die Wirkung hält jedoch meist nicht sehr lange an.

Allergische Ekzeme

Dies sind trockene Ekzme, die durch Allergien verursacht werden. Es handelt sich dabei um eine Überempfindlichkeit gegen bestimmte Stoffe, die den Juckreiz auslösen.

Ursache

Sie ist oft nur mit Hilfe eines Hauttestes zu ermitteln. Dabei wird das Allergen an der Schenkelinnenfläche in die Haut gespritzt. Selbstverständlich soll diesen Test nur der Tierarzt durchführen, weil es zu plötzlichen Schwellungen kommen kann.
Die Überempfindlichkeit kann gegen Pflanzen, Wolle, Nylon, Stroh aber auch gegen Kunststoffasern oder bestimmte

Futtermittel, ja sogar gegen Haare von anderen Tieren bestehen. Typisch für allergische Ekzeme ist deren Verschwinden, wenn der Hund in eine andere Umgebung kommt.

Krankheitserscheinungen

Mehr oder weniger plötzlich auftretender roter Ausschlag (Abb. 6), der bei planzlichen Allergenen den ganzen Bauch und die Innenseiten der Schenkel mit Pickeln, Bläschen oder Blasen überziehen kann. Der Hund kratzt sich wie verrückt.

Behandlung

Sofort das Lager des Hundes auswechseln. Jede Nacht eine frische Lage Zeitungspapier ist eine praktische Lösung bis zur Heilung. Den Garten und die üblichen Spazierwege meiden. Antihistamine und Kortisone unter tierärztlicher Leitung geben.
Wenn es Ihnen gelingt, die den allergischen Ausschlag auslösende Pflanze oder den Textilstoff zu finden, ist das Problem gelöst. Wenn nicht, muß die Behandlung jedesmal wiederholt werden.

6

Nesselausschlag

Es ist dies eine besonders plötzlich einsetzende, schwere Form der Allergie. Nesselausschlag befällt Welpen, besonders häufig Boxer, aber auch Hunde aller Altersklassen ebenso wie den Menschen und andere Tiere.

Ursache
Brennesseln, Insektenstiche (Bremsen, Wespen, Bienen oder Mücken) oder andere, oft nicht zu klärende, Hautreizungen. Häufig sind Hunde allergisch gegen Raupen.
Auch Magen-Darmstörungen können von Nesselfieber begleitet werden.

Krankheitserscheinungen
Die Haut am Kopf, vor allem um die Augen (Abb. 7) und manchmal auch die Halspartie bedecken sich plötzlich und beängstigend mit Quaddeln. In schweren Fällen kann es sogar zu Atemnot kommen.

7

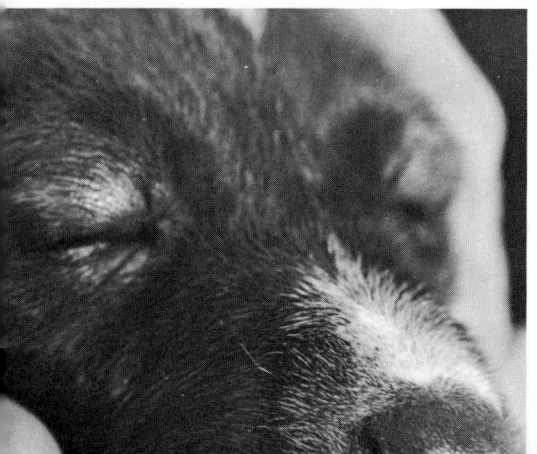

Behandlung
Niemals den Kopf verlieren! Bis Sie Ihren Liebling im Eiltempo zum Tierarzt gebracht haben, ist die Schwellung meist schon abgeklungen. Wenn der Tierarzt den akuten Zustand aber noch vorfindet, wird er ein Antihistamin oder Kortison spritzen.
Ich habe festgestellt, daß eine Messerspitze doppeltkohlensaures Natron, in einem Eßlöffel Wasser mit einer Pipette oder einem Teelöffel eingegeben, eine nützliche Sofortmaßnahme ist. Nesselausschlag scheint eine gewisse Immunität zu verleihen, denn dieser Zustand wiederholt sich meist nicht.
Man kann auch Mittel gegen Insektenstiche wie Ilvin eingeben oder derartige Salben auftragen. Notfalls hilft Abwaschen mit Essigwasser (2-4 Eßlöffel pro Liter Wasser).

Ekzem des Hodensacks

Es handelt sich dabei um Verdickungen und Verhornungen am Skrotum, also der

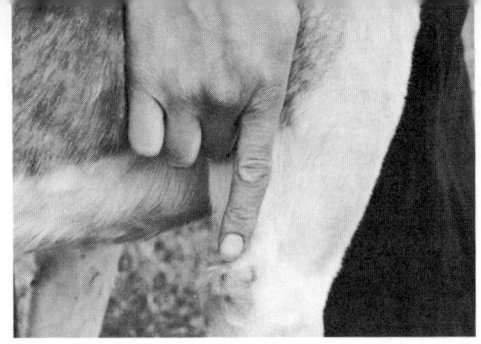

1

Haut, die den Hoden umschließt (Abb. 8). Ursache und Behandlung wie bei Ekzemen anderer Hautstellen.

8

Zwischenzehenekzeme

Meist nässende Ekzeme als Blasen oder Abszesse zwischen den Zehen (Abb. 9). Auch hier ist auf die Gefahr von zuviel Stärke in der Ernährung zu achten. In Frage kommt als Ursache auch ein Entwicklungsstadium der Grasmilbe, die sich in die Haut zwischen den Zehen einbohrt (siehe »Grasmilbe«, S. 85).

Behandlung
Ernährungsumstellung und Langzeitinjektionen mit Kortison sind meist erfolgreich, manchmal müssen jedoch feuchtwarme Packungen gemacht werden.

9

Räude

Es gibt drei Arten von Räude:
1. Sarkoptes 2. Demodikose 3. Ohrmilben

Sarkoptes-Räude

Ursache
Die Milbe *Sarcoptes scabei var. canis* bohrt sich in die äußeren Schichten der Haut und legt auch dort ihre Eier ab.

Krankheitserscheinungen
Ständiger Juckreiz mit rauhen, mit der Zeit kahlen Stellen am Ellenbogen (Abb. 1), den Knien und um Ohren und Augen. (Abb. 2) Ohne Behandlung verbreiten sich die Parasiten auf dem ganzen Körper. Durch die ständige Unruhe verlieren die befallenen Hunde rasch an Kondition. Im Quetschpräparat von abgeschabter Haut erkennt der Tierarzt die Milben.

2

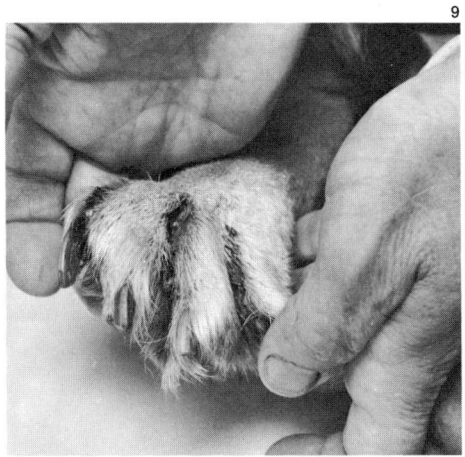

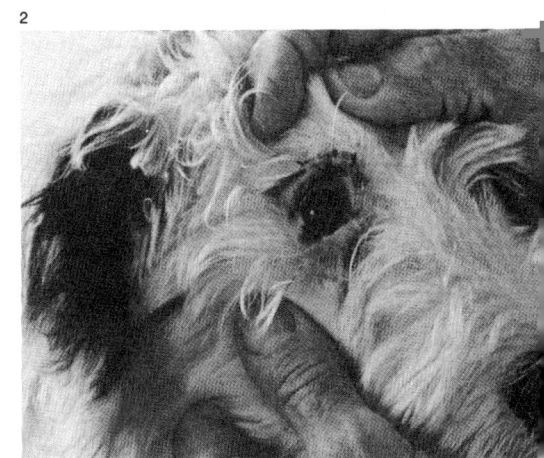

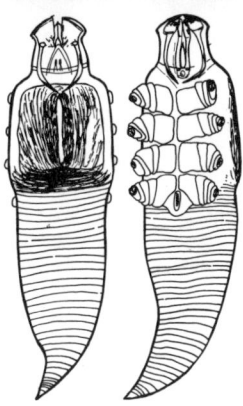

Demodex canis

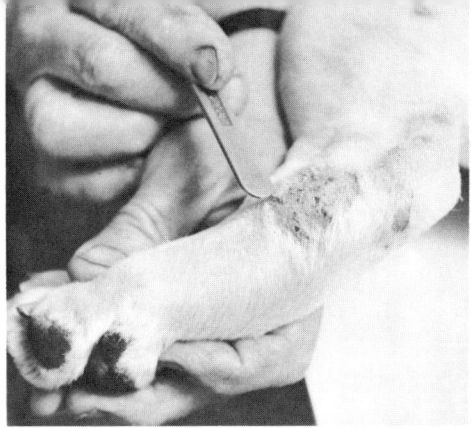

4

Behandlung

Zwei oder drei gründliche Badebehandlungen mit einem Gammexan enthaltenden Mittel im Abstand von je einer Woche genügen, um die Sarkoptes-Räude zuverlässig zu bekämpfen.

Da diese Form der Räude äußerst ansteckend ist, muß der Patient sofort von anderen Hunden isoliert werden. Waschen Sie sich gründlich nach jedem Kontakt, seien Sie aber nicht überängstlich, diese Milbe befällt den Menschen nur sehr selten.

Demodikose

Hierbei handelt es sich um eine wesentlich schwererwiegende Form der Räude, weil sich hier der Parasit tiefer in die Haut bohrt. Außerdem kommt es dabei oft zu einer zusätzlichen Infektion mit dem gefährlichen bakteriellen Erreger Staphylokokkus, der eine ganz charakteristische Hautentzündung verursacht.

Ursache

Die Milbe Demodex canis (s. Zeichnung)

3

Krankheitserscheinungen

Die Hautveränderungen durch Demodex canis entstehen meist ganz allmählich ohne oder nur mit geringem Juckreiz. Nach meiner Erfahrung erkranken Hunde am häufigsten mit etwa einem Jahr. Um die Augen und auf dem Nasenrücken sowie an den Beinen bilden sich kahle Stellen mit einem ganz eigenartigen, charakteristischen Geruch (Abb. 3).

Die Oberfläche dieser Hautpartien verdickt sich mit der Zeit, bedeckt sich mit Schuppen und kann auch mit entzündeten Bläschen überzogen sein (Abb. 4). Der typische Geruch stellt sich in jedem Fall ein.

Manchmal nimmt diese Form der Räude einen bösartigen Verlauf, trotz Behandlung breiten sich dann die erkrankten Stellen über den ganzen Körper aus, das Tier magert ab und zeigt ein gestörtes Allgemeinbefinden.

Die Diagnose wird durch das Auffinden der Milben im Hautgeschabsel bestätigt, in Quetschpräparaten sind die Demodex, so wie auf der Zeichnung zu sehen (Abb. 5).

5

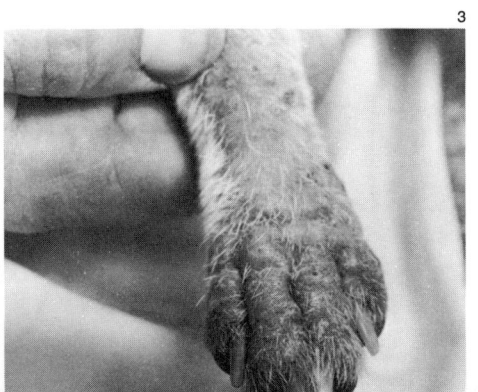

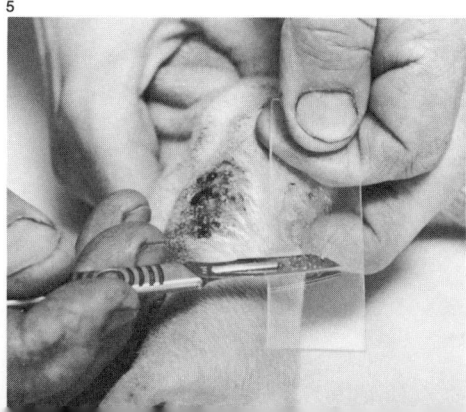

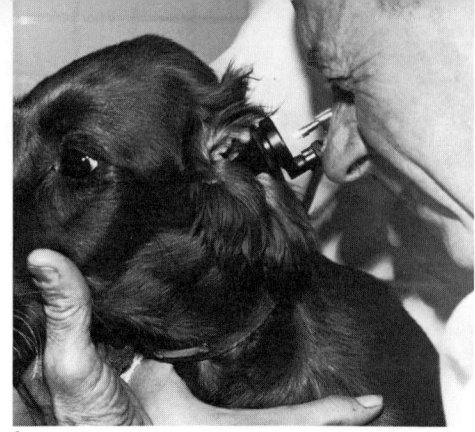

6

Behandlung

Sie ist schwierig und erfordert viel Geduld. Eine vollständige Ausheilung gelingt nur selten, weil der Erreger geschützt in den tiefen Hautschichten sitzt. Zuerst wird der Hund geschoren, dann folgt ein kombiniertes Schwefel-Benzenhexachlorid-Bad, gefolgt von täglichen Einreibungen mit dem unangenehm riechenden Hexon-20. Es sollte allerdings dabei an einem Tage nie mehr als ein Drittel der Fläche behandelt werden.

Sehr wichtig sind gute Fütterung, Zufuhr von Vitaminen und überhaupt alle Maßnahmen, die geeignet sind, die Widerstandskraft des Hundes zu stärken.

Ohrmilben

(Siehe auch unter »Ohr«, S. 212)

Ursache

Es handelt sich um die Milbe *Otodectes cynotis*, die im Gehörgang lebt und ihre Eier in die Schleimhaut einbohrt. Die Ansteckung erfolgt von Hund zu Hund, auch durch die häufig befallenen Katzen.

Die Krankheitserscheinungen sind dieselben wie bei »Ohrenzwang« beschrieben: Kratzen, Schlackern mit den Ohren und Schütteln mit dem Kopf.

Die Diagnose gründet sich auf den Nachweis der Milben mittels Otoskop (Abb. 6) oder man wischt die Ohren mit einem Wattetupfer aus und sucht unter dem Mikroskop nach Milben.

Charakteristisch für Ohrmilben ist ein sehr dunkles und unangenehm riechendes Ohrenschmalz.

Behandlung

Zuerst sollen die Ohren gründlich gereinigt werden. Man überläßt das am besten dem Tierarzt, denn nur er kann genügend in die Tiefe dringen, ohne die empfindliche Schleimhaut zu verletzen. Muß man das Ohr selber putzen, träufelt man Paraffinöl hinein, damit das feste Ohrenschmalz aufweicht und wischt mit Watte nach. Das Öl verstopft die Atemwege der Milben und tötet sie nach einiger Zeit ab. Schneller wirken spezielle Ohrentropfen mit einem insektentötenden Wirkstoff.

Pilzkrankheiten

Mykosen oder Pilzinfektionen der Haut kommen beim Hund ziemlich häufig vor. Die bekannteste von ihnen ist die Glatzflechte (Abb. 1).

Ursachen
Es handelt sich dabei um Pilze, die entweder auf der Hautoberfläche oder im Haar selbst leben. Als Erreger der Glatzflechte kommen verschiedene Arten von Pilzen in Betracht.
Gefördert wird die Infektion durch mangelhafte Ernährung und die Haltung der Hunde auf zu engem Raum (wie in schlecht geführten Hundepensionen). Die Infektion verbreitet sich dann rasch von einem Hund zum anderen.

Krankheitserscheinungen
Das erste Anzeichen ist Kratzen oder Benagen der erkrankten Hautpartien.
Dort findet sich dann eine meist kreisrunde Stelle, an der die Haare ausfallen (Abb. 2). Wenn man über die Haut schabt, lösen sich Schuppen oder Borken ab. Manchmal ist die Haut auch verdickt mit gelblichen Krusten darauf, deren Oberfläche Vertiefungen aufweisen.
Eine sichere Diagnose kann bei Pilzinfektionen nur der Tierarzt stellen.

Behandlung
Der erkrankte Hund sollte sofort von den eventuell vorhandenen anderen Hunden abgesondert werden. Auch Kinder dürfen während der Behandlung den Hund nicht anfassen, da alle Formen der Glatzflechte auf den Menschen übertragbar sind.
Es gibt heutzutage die sehr wirkungsvolle Behandlung mit Griseofulvin, das 8–14 Tage lang eingegeben wird.
Das Lager des Hundes sollte verbrannt oder, falls möglich, ausgekocht werden. Hundekörbe müssen mindestens zweimal wöchentlich mit heißem Sodawasser geschrubbt werden.

1 2

 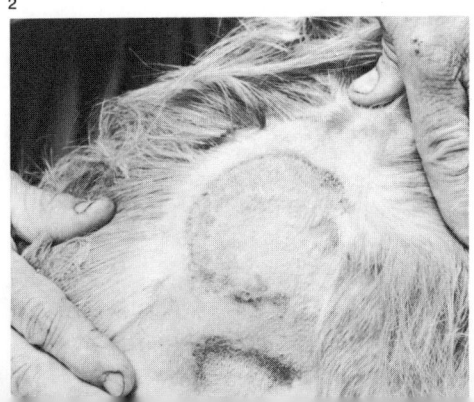

Haarausfall

Alopezie oder Haarausfall (Abb. 1) kann teilweise oder vollständig sein und mit oder ohne Juckreiz auftreten. Als Ursache kommen Räude, Ekzeme, Glatzflechte, Ungeziefer (siehe »Flöhe und Läuse«, S. 84 f.) und eine Reihe anderer Störungen in Frage. Ihr Tierarzt sollte die Diagnose stellen und die Behandlung einleiten, die in den meisten Fällen zum Erfolg führt.

Angeborene Alopezie beim Welpen

Ursache
Oft Jodmangel in der Nahrung der Mutter und eine dadurch bedingte Funktionsstörung der Schilddrüse.

Behandlung
Eine Kur mit einem Schilddrüsenpräparat kombiniert mit täglich einer Spur Jod im Trinkwasser ist oft erfolgreich.

Haarausfall bei alten Hunden

Krankheitserscheinungen
Ältere Rüden zeigen manchmal Haarausfall am Rücken und an den Flanken (Abb. 2). Dazu kommt eine auffallend schlaffe Haut. Das Tier erweckt ein unnormales geschlechtliches Interesse bei anderen Rüden.
Wenn keine entsprechende Behandlung erfolgt, kann der Hund mit der Zeit praktisch kahl werden.

Ursache
Es handelt sich um eine hormonelle Störung.

Behandlung
Kastration, nach drei bis vier Monaten wachsen die Haare vollständig nach. Es ist auch eine Hormontherapie möglich.

1

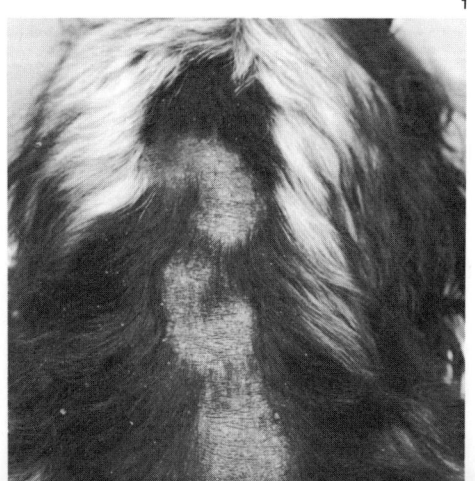

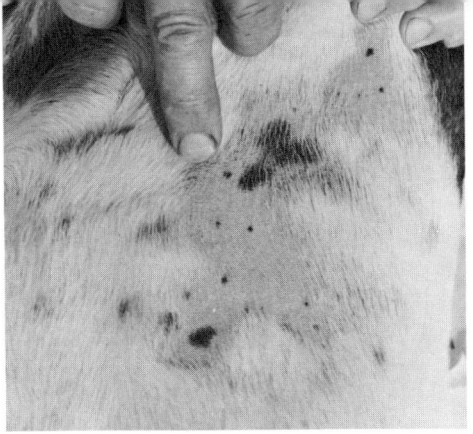

2

Haarausfall durch Schilddrüsenstörungen

Betrifft meistens Hündinnen.

Ursache
Unzulängliche Thyroxinproduktion der Schilddrüse (siehe »Schilddrüse«, S. 150).

Krankheitserscheinungen
Nachlassen der Lebhaftigkeit, die Hündin wird schnell müde und ihr Fell stumpf. Kahle Stellen zeigen sich vor allem unten am Hals, an den Flanken und auf der Innenseite der Schenkel.

Behandlung
Solche Fälle sprechen überraschend schnell auf tägliche Gaben von Schilddrüsentrockenpräparaten an. Zusätzlich gibt man Jod in kleinsten Mengen, im allgemeinen aber nur vier Wochen.

Haarausfall bei Hündinnen nach dem Werfen

Ursache Hormonmangel.

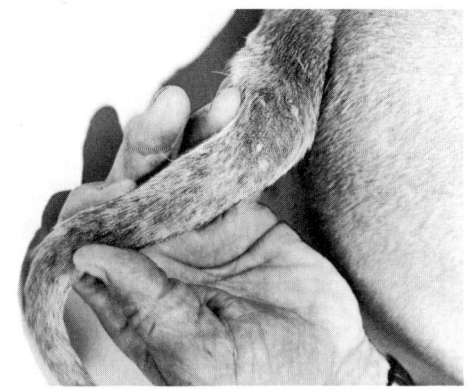

3

Krankheitserscheinungen
Die Haare fallen großflächig vor allem am Hinterteil aus. Juckreiz besteht nicht. (Abb. 3)

Behandlung
Machen Sie sich keine Sorgen, die Haare wachsen wieder nach. Wichtig ist vor allem gute Fütterung. Manchmal helfen hier Hormoninjektionen, aber es besteht dabei immer die Gefahr, das hormonelle Gleichgewicht zu stören und die spätere Zuchtfähigkeit der Hündin zu beeinträchtigen.

Haarausfall durch Überfunktion der Nebennierenrinde (Abb. 4)

Die Ursache ist eine Störung der Funktion der Nebennierenrinde durch eine Neubildung (Cushing-Syndrom) oder eine von der Hypophyse ausgehende Überstimulierung (Morbus cushing).

Krankheitserscheinungen

Sie ähneln manchmal denen bei Pyometra (s. Seite 53), es erkranken aber Rüden ebenso wie Hündinnen. Die Patienten haben erhöhten Durst, neigen zu Fettansatz mit aufgetriebenem Bauch, und bei Hündinnen setzt die Läufigkeit unregelmäßig ein. Immer besteht Haarausfall und Trockenheit der Haut, was an Rücken und Bauch besonders auffällig ist.

Behandlung

Sie erfolgt durch Zufuhr von Hormonen. In Spezialkliniken kann die Entfernung der erkrankten Drüsen versucht werden.

Akanthose

Bei dieser Hautveränderung handelt es sich um eine hormonelle Störung, die fast nur kurzhaarige Hunde befällt.

Krankheitserscheinungen

Die Haut wird stellenweise, meist beiderseitig, schwarz und zwar beginnend am Unterbauch und zwischen den Schenkeln. Die Haare gehen aus, es besteht anfänglich Juckreiz, später wird die Haut zunehmend faltig verdickt.

Behandlung

Schilddrüsenpräparate zum Eingeben und Einreibungen mit Kortison und Antibiotika-Salben.

Hautkrebs

Er ist sehr selten, aber ich habe schon einige Fälle bei älteren Hunden erlebt.

Krankheitserscheinungen

Sieht in den Anfangsstadien manchmal aus wie Glatzflechte, spricht aber auf keine Behandlung an, sondern breitet sich immer mehr aus.

4

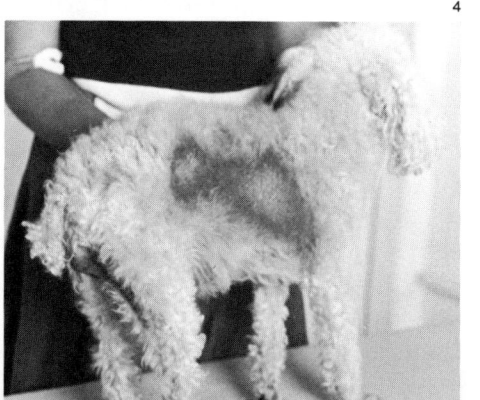

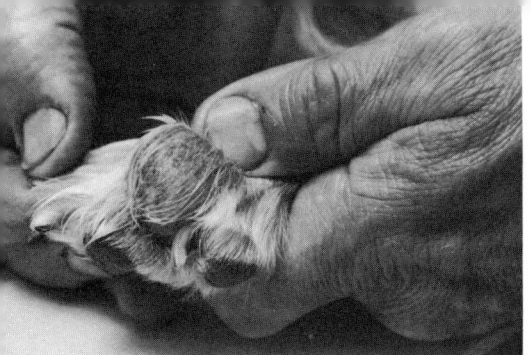

1

Behandlung

Bei frühzeitiger Erkennung ist die chirurgische Entfernung des Geschwulstgewebes bis weit in die gesunde Haut hinein, an den Pfoten eventuell eine Amputation, das Mittel der Wahl.

In fortgeschrittenen Fällen kann eine Euthanasie (schmerzlose Tötung) aus tierschützerischen Gründen notwendig werden.

Infektionen an den Pfoten

Die sogenannten Zwischenzehenzysten (Abb. 1) sind kleine Abszesse in der Hautfalte zwischen den Zehen. Es gibt auch Abszesse am Ballen (Abb. 2) und auf der Haut der Pfote (Abb. 3).

Ursachen

Infektionen eines Haarbalges oder einer Talgdrüse, oft durch das Eindringen von Grannen. Es gibt auch nichtinfizierte Zysten und flächige Eiterungen der Haut.

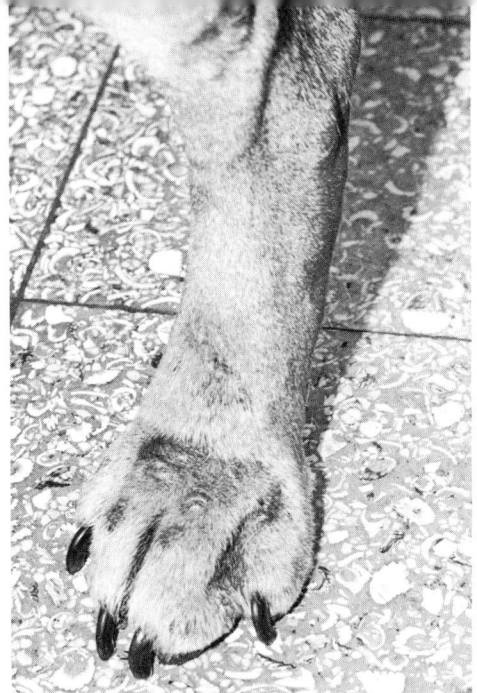

3

Krankheitserscheinungen

Lahmheit, ständiges Lecken und schmerzhafte Schwellung. Bei Eiterungen kann durch das ständige Ablecken der Gesundheitszustand des Hundes beeinträchtigt sein.

Behandlung

Heiße Packungen bringen Abszesse schneller zur Reifung. Am besten geht man zum Spalten des Abszesses zum Tierarzt (Abb. 4). Durch Ausbrennen werden Rückfälle vermieden. Schlecht heilende Infektionen müssen mit Antibiotika oder pilzabtötenden Medikamenten bekämpft werden.

2   4

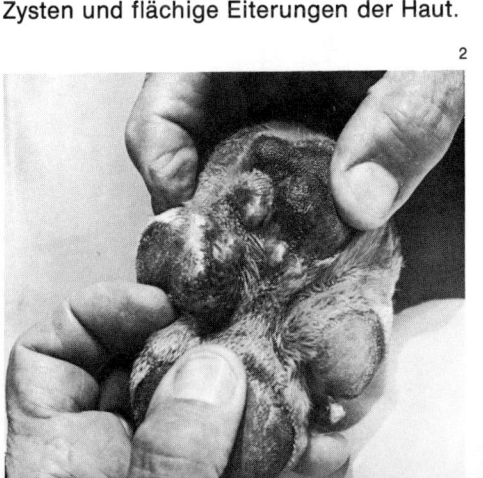

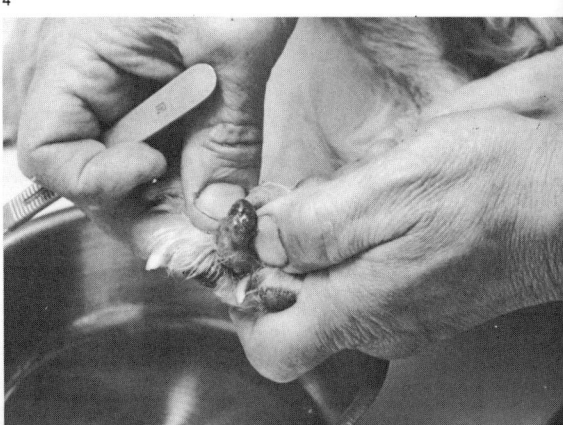

Warzen

Warzen sind beim Hund sehr häufig. Sie können einzeln oder in Gruppen an allen Körperteilen auftreten (Abb. 1).

Ursache
Die spezifische Ursache ist unbekannt, man nimmt heute an, daß es sich dabei um ein Virus handelt.

Behandlung
Da mit Ausnahme der Warzen im Maul (siehe »Krankheiten des Maules«, S. 130) die meisten Warzen sehr langsam wachsen, verursachen sie in der Regel keine Störungen und sollten in Ruhe gelassen werden. Nur wenn einzelne Warzen bluten, geschwürig zerfallen oder auch sonst den Hund stören, können sie abgebunden oder unter Lokalanästhesie entfernt werden. Die wirkungsvollste Methode scheint mir nach neueren Erfahrungen die Entfernung von Warzen mit dem Kryokauter zu sein. Das Gerät (Abb. 2) verbrennt das Gewebe durch eine Mischung von Kohlensäure-

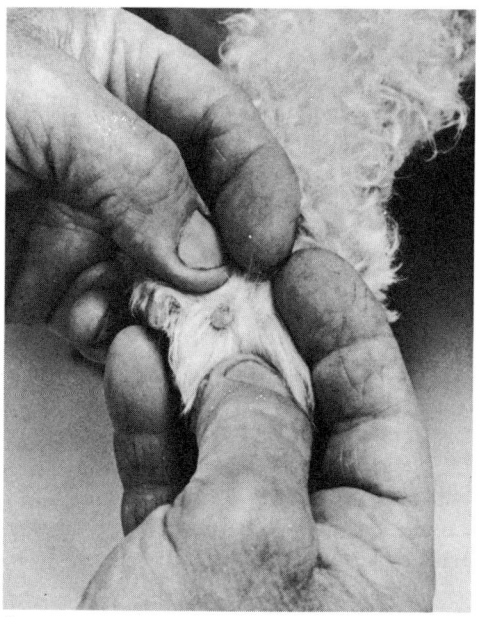

1

schnee und Aceton. Die Warzen sterben ab und verschwinden. Eine zweite Behandlung ist selten notwendig.

2

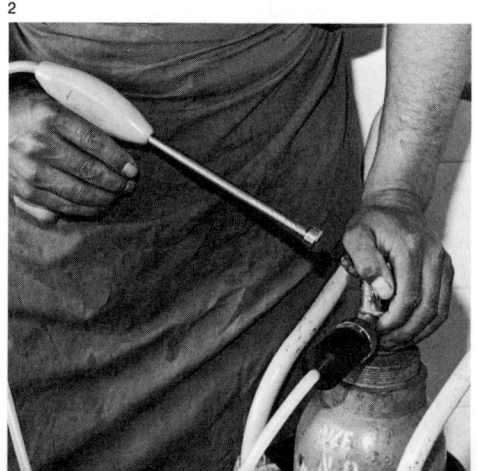

5 Krankheiten durch Parasiten

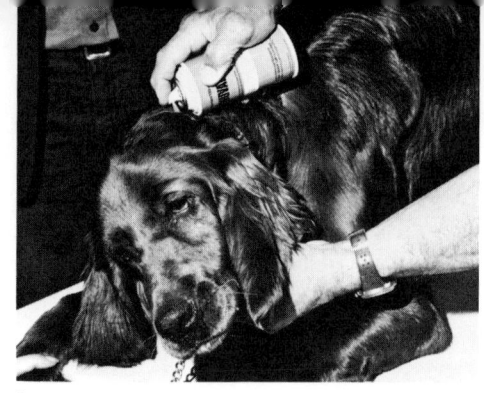

1

Parasiten

Man unterscheidet Ektoparasiten (Außenschmarotzer) und Endoparasiten, die Schmarotzer im Inneren des Körpers.
Zu den äußeren Schmarotzern gehören Milben, Flöhe, Läuse und Haarlinge. Die wichtigsten inneren Parasiten sind Würmer, und zwar die Rundwürmer und Bandwürmer.

Ektoparasiten

Flöhe

Sie legen ihre Eier auf den Fußboden oder in das Lager des Hundes. In zwei bis drei Wochen entwickeln sich aus den Eiern ausgewachsene Flöhe (Zeichnung A).
Der Hundefloh ist der Zwischenwirt für den kürbiskernförmigen Hundebandwurm *Dipylidium caninum*, dessen Larven in Flöhen und Haarlingen leben. Deshalb ist es so wichtig, den Flohbefall nachdrücklich zu bekämpfen, ganz abgesehen davon, daß der Hundefloh auch den Menschen beißt. Der Menschenfloh, *Pulex irritans*, hingegen befällt seinerseits auch Hunde.

Flohbisse lösen oft durch allergische Reizung starken Juckreiz aus, in dessen Folge es zu Hautentzündungen kommt.

Behandlung und Vorbeuge
Mindestens alle drei Monate sollte man den Hund bei Bedarf mit einem zuverlässigen Insektenpuder (vom Tierarzt geben lassen) einstauben oder einsprühen (Abb. 1) oder ein Flohhalsband anlegen.
Das Lager und der Hundekorb sollten bei dieser Gelegenheit ebenfalls mit Insektenpuder behandelt werden.
Bei Ungezieferbefall ist Zeitungspapier als Unterlage praktisch. Man wechselt es dann täglich und verbrennt es.
Nicht vergessen, alle Insektenpuder sind giftig. Zarte Hunde nur sparsam einpudern und Lecken verhindern. Die praktischen Flohhalsbänder dürfen nicht vom Hund zerkaut werden. Vergiftungsgefahr!

Zeichnung A

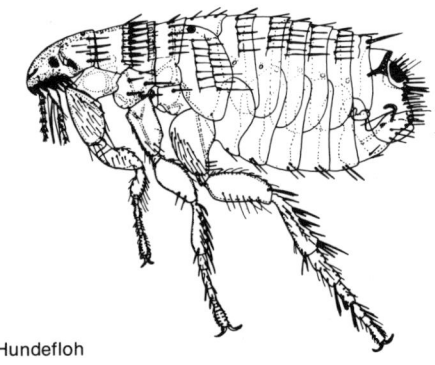

Hundefloh

Läuse, Haarlinge

Hier gibt es zwei Arten, die blutsaugende *Linognathus setosus* (Zeichnung B) und den schuppenfressenden Haarling, *Trichodectes canis*. Letzterer ist als Zwischenwirt des kürbiskernförmigen Bandwurmes gefährlich.

Behandlung und Vorbeuge

Läuse sind wesentlich schwerer zu bekämpfen. Ich empfehle deswegen dreimal hintereinander wöchentlich je ein Bad mit einem zuverlässigen Insektizid oder einem Derrispräparat. Alle Hundedecken müssen vernichtet werden. Flöhe erkennt man an dem schwarzen, krümeligen Flohschmutz im Fell. Läuse machen sich durch starken Juckreiz bemerkbar, sind aber oft sehr schwer zu finden. Am ehesten sieht man die Nissen, (kleine, stäbchenförmige weiße Eier), am Kopf oder hinter den Ohren.

Grasmilben

Vor allem in den Sommermonaten werden Hunde manchmal von sogenannten Gras- oder Erntemilben befallen. Es handelt sich dabei um die Larven der Milbe, die sich zwischen den Zehen in die Haut einbohren. Dort entsteht dann eine entzündete Stelle mit einem roten Punkt in der Mitte.

Krankheitserscheinungen

Sehr ausgeprägter Juckreiz, der Hund beißt sich verzweifelt in die Pfote. Dort entwickeln sich Bläschen, die später verschorfen (Abb. 2).

Behandlung

Am besten behandelt der Tierarzt die entzündeten Pfoten. Man kann Salmiakgeist nehmen, aber besser sind die neuzeitlichen Sprays, wie ich sie verwende.

Zeichnung B

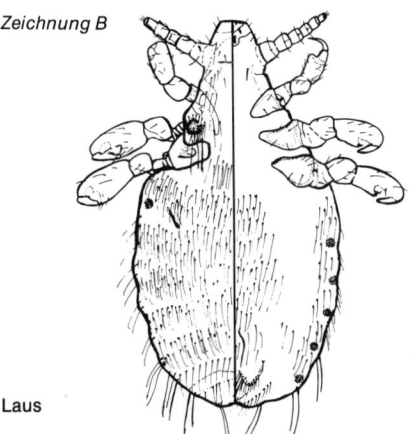

Laus

2

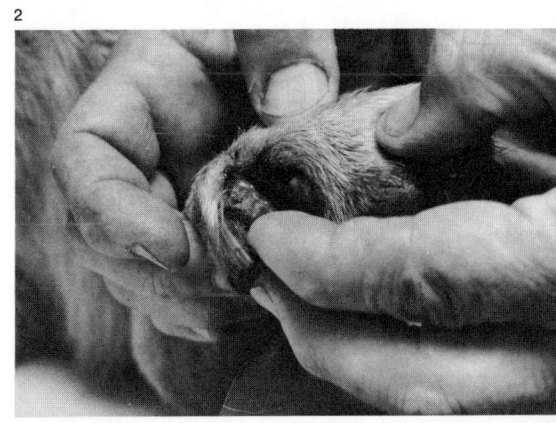

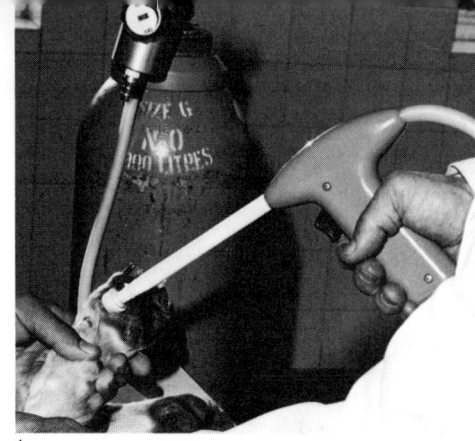
4

Leckgranulome

Im Anschluß an Befall mit Grasmilben kommt es durch das ständige Lecken manchmal zu Neubildungen an den Ballen (Abb. 3). Derartige Granulome können auch an der Oberseite der Vorderbeine oder am Sprunggelenk entstehen, weil an diesen Stellen der Hund bequem lecken kann.

Ursache
Neben dem Reiz durch Lecken oder Kratzen scheint bei manchen großen Hunderassen wie Labrador Retrievern, Boxern und Doggen eine Veranlagung für das Entstehen von Leckgranulomen vorzuliegen.
Eine wesentliche Rolle spielt dabei die Langeweile bei Hunden, wenn sie oft allein gelassen werden.

Behandlung
Neben Verhindern des Leckens und Einreiben mit Kortisonsalben oder Injektionen in das Granulom, ist die sicherste Methode das mehrmalige Vereisen mit dem Kryokauter (Abb. 4). Der Fuß braucht danach nicht eingebunden zu werden.

Endoparasiten

Spul- und Hakenwürmer

Es gibt beim Hund mehrere Arten von Spul- und Hakenwürmern im Darm, am häufigsten ist der Spulwurm *Toxacara canis* (Abb. 5), der in dem Kapitel über die für den Menschen gefährlichen Hundekrankheiten (S. 105) besprochen wird. Da auch die Hakenwürmer auf den Menschen übertragbar sind, werden sie a. a. O. gleichfalls besprochen.

Bandwürmer

Der gewöhnliche Hundebandwurm ist *Dipylidium canium* (Zeichnung C), es gibt aber noch mehrere andere Arten.
Alle Bandwürmer stoßen ihre Eier mit Bandwurmgliedern im Kot ihres Wirtes ab. Von Zeit zu Zeit sieht man diese Glieder dann als kleine bewegliche Teile auf dem Hundekot. Die Bandwurmeier werden von den Larven von Flöhen und Haarlingen aufgenommen und entwickeln sich dort zu einer ansteckungsfähigen Jugendform. Wenn der Hund dann den ausgewachse-

3

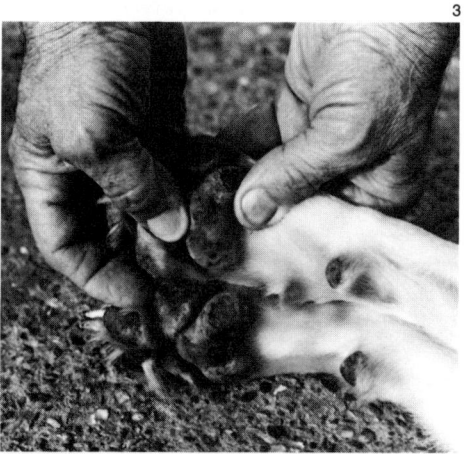

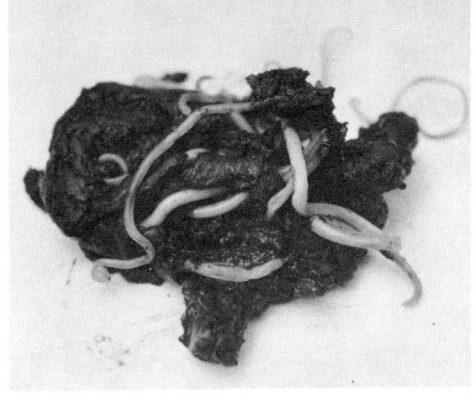

5

nen Floh oder Haarling aufleckt, zerbeißt und abschluckt, beginnt der Zyklus von neuem. Hunde infizieren sich also mit *Dipylidium* durch Flöhe oder Haarlinge. *Ohne diese Zwischenwirte kann sich der Bandwurm nicht entwickeln*, und deswegen ist die laufende Bekämpfung von Ungeziefer so wichtig.

Krankheitserscheinungen
Da der Bandwurm im wahrsten Sinn des Wortes dem Hund das Futter wegfrißt, macht der Parasit sich vor allem durch den unmäßigen Appetit seines Opfers bemerkbar. Der befallene Hund magert trotzdem ab, sein Fell wird struppig (Abb. 6), und an seiner weißen Lidbindehaut erkennt man die oft ausgeprägte Blutarmut.
Bandwurmglieder sehen entweder aus wie flache, weiß oder rosafarbene Nudeln, oder kleben als trockene, kürbiskernähnliche Blättchen rund um den After.
Schwerer Bandwurmbefall verursacht einen auffallenden Wechsel des Appetits, der Hund ist unruhig und kann sogar Krämpfe bekommen. Oft kommt es zu schweren Darmstörungen mit Durchfall und Leberschädigung.

Behandlung
Seit es mit Droncit ein Medikament gibt, das gegen sämtliche Bandwurmarten wirkt, ist deren genaue Bestimmung nicht mehr so wichtig. Trotzdem sollten die nach der Behandlung abgegangenen Parasiten dem Tierarzt gezeigt werden, ob die Köpfe mit abgegangen sind.

Zeichnung C

Kopf des Bandwurms

6

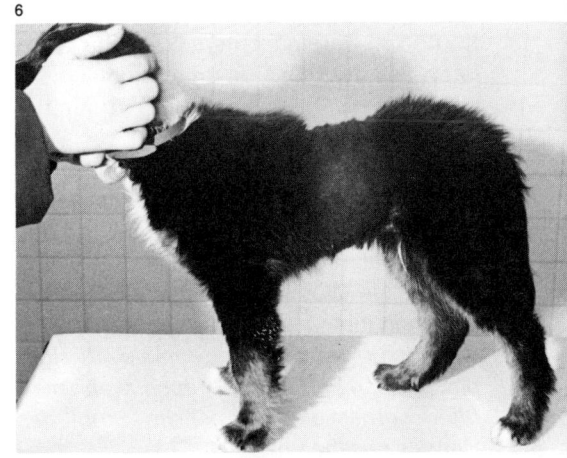

Vorbeuge

Regelmäßiges Einstauben bei Verdacht auf Befall mit Flöhen oder Haarlingen ist die wichtigste Vorbeugung gegen Bandwürmer. Die häufigste Bandwurmart kann sich nur mit derartigem Ungeziefer als Zwischenwirt entwickeln.

Andere Arten, darunter die Echinokokken, leben im Jugendstadium in den Organen von Schweinen, Wild, Kaninchen und Schafen. Fleisch und Innereien wie Lunge oder Leber dürfen roh grundsätzlich nur von tierärztlich beschauten Schlachttieren verfüttert werden. Alles vom Schaf, Kaninchen und Wild sollte man immer nur gekocht geben.

Entwurmung

Nach meiner Erfahrung sind die meisten Hundebesitzer in puncto »Würmer« viel zu ängstlich und schieben zahllose Gesundheitsstörungen ganz zu Unrecht auf das Konto von Darmparasiten. Das führt dann dazu, daß der Hund, wenn er einmal nicht auf dem Posten ist, sofort ein Wurmmittel bekommt (Abb. 7).

Abgesehen von den Routineentwurmungen junger Hunde, sollte niemals ein Wurmmittel ohne sichere Feststellung des Wurmbefalls gegeben werden. Wahllos verabfolgte Wurmmittel schaden Hunden bestimmt mehr als die Würmer selbst. Darum eine goldene Regel: *Niemals auf eigene Faust ein Wurmmittel geben, wenn man nicht vorher die Würmer im Stuhl des Hundes gesehen hat.*

Und auch dann ist es am besten, die abgegangenen Würmer dem Tierarzt zu zeigen und die Wahl des Mittels ihm zu überlassen.

Kokzidien

Hierbei handelt es sich um einzellige Darmschmarotzer, die mit dem Kot ausgeschieden werden. Die Ansteckung erfolgt in unsauberen Zwingern oder Ausläufen. Die Parasiten können sich in feuchter Erde sehr lange am Leben halten und werden nur durch spezielle Desinfektionsmittel abgetötet.

Krankheitserscheinungen

Bei Welpen und Junghunden Durchfälle mit Blutbeimischung. Geschwächte Tiere, besonders solche, die zusätzlich noch weitere Darmparasiten beherbergen, kön-

7

nen sehr schwer mit Fieber und Allgemeinstörungen erkranken.

Behandlung

Nach Kotuntersuchungen durch den Tierarzt. Bewährt hat sich neben der Behandlung mit den üblichen Sulfonamiden die Verabreichung von Spiramycin.

Toxoplasmose

Ursache

Der einzellige Parasit *Toxoplasma gondii*, der nicht nur den Menschen, sondern auch Rinder, Schweine, Schafe, Kaninchen, Vögel und eben auch Hunde befällt, ist zu einem besonderen Schreckgespenst geworden. Dabei haben Untersuchungen der letzten Jahre gezeigt, daß Hunde keinesfalls Überträger dieser Infektion sein können. Die geschlechtliche Form der Toxoplasmen lebt im Dünndarm der Katze. Dort entstehen auch die Eizysten des Erregers, und von dort gelangen sie mit dem Kot der Katze ins Freie. Werden sie nun von einem warmblütigen Tier oder vom Menschen aufgenommen, entstehen in deren Geweben und Organen neue Toxoplasmen, die sich ihrerseits ungeschlechtlich vermehren können. Während dieser Vermehrung kann es zum Krankheitsbild der akuten und später chronischen Toxoplasmose kommen. Auch Hunde können somit erkranken; übertragen könnten sie die Krankheit aber nur, wenn ihr Fleisch mit den eingekapselten Toxoplasmen roh verzehrt würde. Ansteckend sind einzig und allein der Kot infizierter Katzen oder ungenügend erhitztes Fleisch von Tieren, das Toxoplasmosezysten enthält.

Krankheitserscheinungen

Bei Hunden zeigt sich eine akute Toxoplasmose meist im Verlauf von Staupe. Die Symptome beider Infektionen sind dann schwer zu trennen, typisch für Toxoplasmose sind entzündliche Veränderungen im Gehirn, die zu gestörtem Verhalten, Zuckungen, Lähmungen und schließlich zum Tod führen können.

Behandlung

Eine Behandlung der Schäden des Nervensystems gibt es nicht.

6 Infektions-
krankheiten

Infektionen durch Viren

Viren sind kleinste Krankheitserreger, die in großer Vielfalt vorkommen, jedoch nicht immer krankheitsauslösend wirken. Charakteristisch für Virusinfektionen ist deren Unempfindlichkeit gegenüber den meisten Medikamenten einschließlich der Antibiotika.

Staupe

Ursache
Staupe wird durch ein Virus verursacht.

Krankheitserscheinungen
Die Inkubationszeit beträgt ein bis drei Wochen. Die Virusinfektion überschwemmt dann den ganzen Körper des Hundes und verursacht hohes Fieber bis zu 41° C. Dieser erste Fieberanfall dauert nur 24 Stunden und wird oft übersehen. Während dieses Stadiums werden vor allem die Schleimhäute ergriffen, auf denen winzige Blutungen entstehen. Nach 24 Stunden klingt die Temperatur ab und der Hund ist scheinbar wieder gesund. Inzwischen sind aber in die vom Virus geschädigten Gewebe Bakterien eingedrungen. Je nach der Widerstandskraft des Hundes, die weitgehend von seiner Ernährung abhängt, zeigt sich die sogenannte Sekundärinfektion in verschiedenen typischen Krankheitsbildern. Die Temperatur steigt erneut an, diesmal meist nur von 39,5 bis 40° C. Fieber unter 40° C ist für dieses Stadium ganz charakteristisch. Wenn die bakterielle Infektion hauptsächlich die Schleimhäute am Kopf befällt, haben die staupekranken Hunde Nasen- und Augenausfluß (Abb. 1). Dieses gelbgrüne, dicke Sekret ist meist das erste deutliche Krankheitsanzeichen. Der Hund ist schlapp und appetitlos, trinkt aber manchmal viel.
Die Bakterien können auch die Mandeln, die Luftröhre und die Bronchien befallen. Dann entwickelt sich eine Bronchitis, die sich in einem harten, trockenen Husten äußert. Es klingt oft, als ob der Hund würgen und erbrechen wollte. Die Temperatur ist immer noch zwischen 39,5 und 40° C, das Allgemeinbefinden merklich gestört. Manchmal vermehren sich die

1

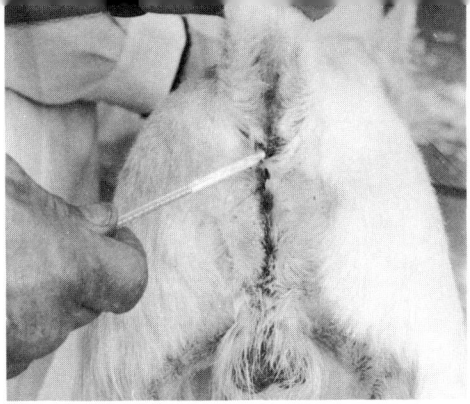

2

Bakterien in der Lunge, und es kommt in dem durch das Virus geschädigten Lungengewebe zu einer Entzündung. Der kurze, bellende Husten verschlimmert sich, und der Nasenausfluß kann mit Blutfäden durchsetzt sein. Die kleinste Anstrengung verursacht dem Hund Atemnot, er schnauft schwer und verweigert jede Nahrung: sein Zustand ist bald sehr schlecht.

Eine Entzündung des Magen-Darm-Kanals, oft in akuter Form, entsteht, wenn die Bakterien hier in die Schleimhäute eindringen. Die Folge sind unausgesetztes Erbrechen von bräunlichem Schleim und stinkende Durchfälle (Abb. 2). Oft ist die Schleimhaut auch im Maul angegriffen, und der Atem riecht übel. Bei dieser Form der Staupe bleibt die Temperatur ebenfalls meist unter 40° C (normal höchstens 38,7° C). Der Hund trinkt zwar Wasser, muß es aber meist sofort wieder erbrechen. Wenn er überhaupt feste Nahrung zu sich nimmt, bricht er ebenfalls.

Mit dem Durchfall (oder dem Erbrechen) kommen manchmal Würmer zum Vorschein. *Auf gar keinen Fall zu diesem Zeitpunkt ein Wurmmittel geben*, es würde den Zustand nur verschlimmern. Manchmal kommt es zu einem für Staupe typischen Hautausschlag: Der Bauch und die Innenseite der Schenkel bedecken sich mit gelben Pusteln (Abb. 3).

Als drittes Stadium kann frühestens 3 Wochen nach dem ersten Fieberanfall die Nervenstaupe auftreten. Es kommt dabei zu Zuckungen, Krampfanfällen oder seltener zu Lähmungen (siehe Nervensystem S. 219). Bei dem auf Bild 4 gezeigten Hund äußerte sich die Krankheit in einem ständi-

3

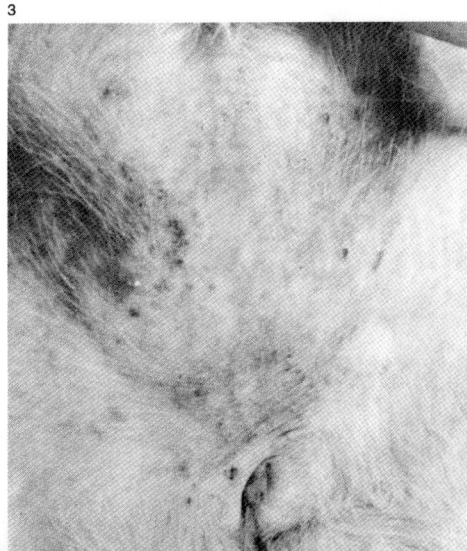

 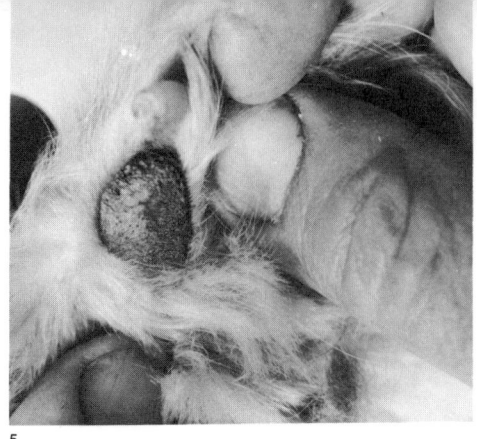

4 5

gen Zucken des einen Hinterbeines. Auch das Wesen des Hundes kann sich im Verlauf der nervösen Staupe ändern, ruhige Hunde werden aufgeregt und bissig. Das Endstadium ist im ungünstigen Fall die Lähmung der Hinterbeine.

Bei der Hartballenkrankheit verhärten sich die Ballen (Abb. 5). Der Verlauf ist bei dieser Form schneller, auch die nervösen Erscheinungen können früher eintreten.

Behandlung

Der hier geschilderte klassische Staupeverlauf ist durch die weitverbreitete Impfung selten geworden, die Erkrankung tritt nun meist in einer abgeschwächten Form bei ungenügend geimpften Hunden auf oder bei Hunden, die durch eine geschwächte Körperverfassung bei der Impfung nicht genügend Antikörper entwickeln konnten. Bei Augenausfluß mit Fieber und Nasenausfluß oder fieberhaften Verdauungsstörungen junger Hunde sofort zum Tierarzt gehen.

Die Behandlung erfolgt mit Breitspektrum-Antibiotika und zwar stets über einen längeren Zeitraum. Gegen die Nervenstaupe läßt sich nicht sehr viel machen, im Lauf der Zeit bessern sich zwar meist die Zuckungen, Schäden bleiben jedoch fast immer zurück.

Pflege ist bei jedem Staupehund von ausschlaggebender Bedeutung.

Vorbeuge

Jeder Hund sollte unbedingt gegen Staupe geimpft werden. Es gibt mehrere wirksame Impfstoffe und verschiedene Kombinationen, die gleichzeitig gegen mehrere Infektionen schützen. Ihr Tierarzt weiß am besten, was für Ihren Hund und für Ihre Gegend am besten geeignet ist.

Das günstigste Alter für die Erstimpfung ist 9–10 Wochen, bis dahin sind die meisten Welpen noch durch die Schutzstoffe über die Muttermilch geschützt. Einzelheiten des Impfplanes siehe S. 29. Zusammenfassend sei nur noch einmal gesagt, daß die passive Immunisierung mit Serum, z B. mit Stagloban, zwar einen sofort einsetzenden, jedoch nur einige Wochen vorhaltenden Schutz verleiht. Ein solcher

Hund muß anschließend aktiv geimpft werden.
Ist der Hund bei der Erstimpfung jünger als 10 Wochen, muß die Impfung wiederholt werden, bei späterer Erstimpfung ist das nicht unbedingt notwendig. Bei allen Mischvakzinen, z. B. gegen Staupe, Virushepatitis, Leptospirose und Tollwut ist die Nachimpfung immer notwendig.

Virushepatitis

Die ansteckende Leberentzündung des Hundes befällt alle Altersklassen von ein paar Tage alten Welpen bis zu älteren Tieren; im allgemeinen erkranken aber Hunde zwischen drei und neun Monaten.

Ursache
Ein Virus.

Krankheitserscheinungen
Die Infektion kann ganz plötzlich einsetzen; bei diesem perakuten Verlauf ist der Hund am Abend munter und am nächsten Morgen tot.
Bei akuten Fällen steigt die Temperatur über 41° C, und schwerste Magen-Darm-Störungen mit unstillbarem Erbrechen und Durchfall treten auf. Dieser Zustand kann einige Tage, in manchen Fällen bis zu einer Woche anhalten, ehe sich eine ausgeprägte Gelbsucht bemerkbar macht. Vor dem dann meist eintretenden Tod kann es noch zu Krämpfen kommen.
Nach meiner Erfahrung verlaufen die meisten Fälle von Virushepatitis subakut, d. h. sie ziehen sich über Wochen hin. Das Fieber steigt dabei kaum über 40° C, die Hunde sind matt und erbrechen gelegentlich. Die Partie unter den Rippen ist fast immer schmerzhaft (Abb. 6)
Eine typische Folgeerscheinung ist eine Hornhauttrübung, die sich ein oder zwei Wochen nach Ausbruch der Krankheit bemerkbar macht und gelegentlich auch nach der Impfung auftritt. (Abb. 7)

6

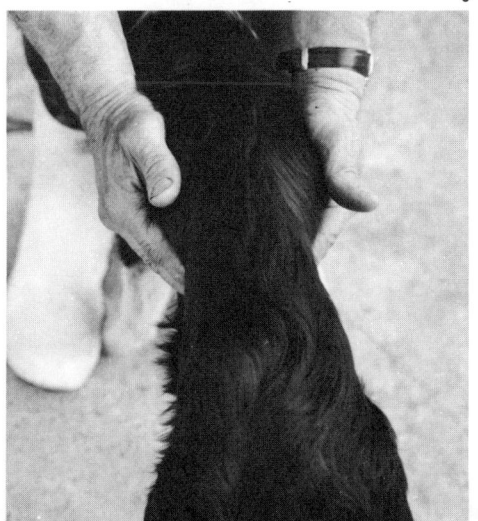

7

Ich habe festgestellt, daß Hunde, die die erste Krankheitswoche überleben, eine gute Chance haben, wieder vollständig gesund zu werden.

Behandlung

Kann nur vom Tierarzt durchgeführt werden. In Frage kommen Serum und Vitamin-K-Injektionen in Verbindung mit einer symptomatischen Behandlung.

Vorbeuge

In den meisten Staupeimpfstoffen ist die Schutzimpfung gegen die ansteckende Leberentzündung enthalten. Die vordringliche Bedeutung dieser Impfung kann nicht oft genug betont werden, denn selbst wenn der Hund die Infektion übersteht, kann er auch später das Virus noch in sich tragen und andere Hunde gefährden.

Tollwut

Tollwut ist eine außerordentlich gefährliche Infektion, da sie nicht nur praktisch alle Warmblüter, sondern auch den Menschen befällt. Die einmal ausgebrochene Krankheit verläuft fast immer tödlich.

Ursache

Ein Virus, das im Speichel von tollwutkranken Hunden oder anderen Tieren enthalten ist.

Krankheitserscheinungen

Die Tollwut kann sich beim Hund sehr verschieden bemerkbar machen. Theoretisch gibt es drei Stadien, die aber ineinander übergehen oder völlig verwischt sein können.

1. Sogenannte »Stille Wut«. Die Hunde zeigen ein verändertes Wesen, sie werden entweder teilnahmslos oder unruhig und bissig.
2. Sogenannte »Rasende Wut« mit verstärkter Unruhe und Drang zum Weglaufen. Der Hund beachtet sein Futter nicht, oder aber er frißt und zerbeißt unverdauliche Fremdkörper wie Steine oder Holz. Wenn er eingesperrt wird, versucht er wie rasend sich freizubeißen. Scheu vor Was-

ser, wie der Name *Hydrophobie* sagt, zeigen tollwutkranke Hunde nicht, dieses Symptom tritt nur beim Menschen auf.

3. Im Endstadium kommt es zur Lähmung; zuerst kann der Hund den Unterkiefer nicht mehr bewegen, dann taumelt er, und vor dem Tod kann er nicht mehr stehen. Bei der stillen Wut kann es übergangslos zum Stadium der Paralyse kommen; diese Hunde fallen vorher oft durch ihr heiseres Bellen auf. (Anm. d. Übers.: Aus eigener Erfahrung möchte ich darauf hinweisen, daß tollwütige Hunde im Wesen bis zuletzt weitgehend unverändert sein können. Die sichersten Erkennungsmerkmale scheinen mir die Störungen zu sein, die mit der Lähmung der Schlund- und Kehlkopfmuskeln zusammenhängen: Speichelfluß aus dem Maul, heisere Stimme und Schwierigkeiten beim Schlucken.)

Vorbeuge
Für Hunde, die in tollwutverseuchten Gegenden gehalten werden, ist die Impfung anzuraten. Beim Grenzübertritt wird von einer Reihe europäischer Staaten die Impfung verlangt.

Behandlung
Es gibt keine Behandlung, tollwutkranke Hunde müssen sofort getötet werden. Menschen, die von tollwutverdächtigen Hunden gebissen worden oder mit deren Speichel in Berührung gekommen sind, müssen sich der Schutzimpfung unterziehen.

Herpesvirus-Infektionen

Ursache
Ein Virus.

Krankheitserscheinungen
Ein canines Herpesvirus verursacht das sogenannte »Welpensterben« (Abb. 8). Die Welpen werden laufend schwächer und sterben ohne ersichtlichen Grund, obwohl

8

die Mutter ausreichend Milch hat. Die kleinen Hunde saugen nicht mehr, fangen an mit den Beinen zu strampeln und gehen ein; manchmal beißt sie auch die Mutter tot.

Welpen können auch durch das Virus der ansteckenden Leberentzündung, durch Unverträglichkeit der elterlichen Blutgruppen (ähnlich wie beim Menschen) und vor allem durch Unterkühlung sterben (siehe »Geburt« S. 42). Der Erreger *Bordetella bronchiseptica*, der oft bei Infektionen der Atmungsorgane beteiligt ist, kann ebenfalls Welpenverluste verursachen. Durchfälle bei Welpen können auch durch Infektionen mit Rotaviren entstehen.

Junghunde erkranken nach Infektion mit Herpesviren manchmal an Halsentzündungen. Ein anderer Typ des Herpesvirus verursacht Entzündungserscheinungen an den Geschlechtsorganen, beim Rüden am Penis, der Vorhaut und den Hoden, bei der Hündin an der Scheide. Durch Herpesviren kann auch die Frucht geschädigt werden mit nachfolgendem Abort.

Behandlung
Akute Virusinfektionen bei Welpen entziehen sich jeglicher Behandlung.

Vorbeuge
Injektionen von Paramunitätsinducern können sowohl der Hündin wie den Welpen mit Nutzen verabfolgt werden.

Parvovirose

Hierbei handelt es sich um eine seit 1978 vorkommende, neue Infektionskrankheit der Hunde, die ähnlich der Katzenseuche verläuft.

Ursache
Ein Virus

Krankheitserscheinungen
Bei sehr jungen Welpen plötzlicher Tod durch Herzmuskelentzündung. Oft war der ganze Wurf betroffen. In der letzten Zeit nur mehr selten auftretend.

Meist tritt die Krankheit bei Welpen und älteren Hunden als schwere Darmentzündung mit Erbrechen und oft blutigem Durchfall auf. Die Körpertemperatur ist normal oder niedriger. Tod innerhalb weniger Tage infolge des starken Flüssigkeitsverlustes. Die Symptome ähneln also sehr denen bei bestimmten Vergiftungen.

Behandlung
Bei starkem Erbrechen und Durchfall immer möglichst bald zum Tierarzt. Er wird durch Infusionen die verlorene Flüssigkeit ersetzen, Antibiotika spritzen gegen zusätzliche Infektionen mit Bakterien und die körpereigene Abwehr stützen. Für den Hundehalter gilt alles auf Seite 169 f. über Durchfall Gesagte.

Vorbeuge
Einen kurzfristigen Schutz verleiht bei etwa 6 Wochen alten Welpen die Injektion eines Hochimmunserums (Notimpfung). Ab 8 bis 9 Wochen aktive Schutzimpfung mit Vakzine, Wiederholung im Alter von 12–15 Wochen und dann jährlich.

Aujeszkysche Krankheit

Diese auch als Pseudowut bezeichnete Infektion ist in den letzten Jahren in Mitteleuropa vermehrt beim Schwein aufgetreten. Hunde können sich jedoch nicht nur mit rohem Schweinefleisch, sondern auch durch Ratten anstecken.

Ursache
Ein Virus.

Krankheitserscheinungen
Schwellungen der Mandeln mit Schluckbeschwerden, starkes Speicheln, Stöhnen, Atemnot und als klassisches Symptom unstillbarer Juckreiz, manchmal Tobsuchtsanfälle und Lichtscheue, erhöhte Körpertemperatur.

Behandlung
Es gibt keine.

Vorbeuge
Kein rohes Schweinefleisch oder Innereien verfüttern. Das gilt vor allem für jegliches Fleisch von Notschlachtungen.

Leptospirose

Die Infektion mit Leptospiren wird auch Stuttgarter Hundeseuche oder infektiöse Gelbsucht genannt.

Ursache
Erreger sind die Spiralmikrobe *Leptospira icterohaemorrhagiae*, auch *Spirochaeta icterohaemorrhagiae* genannt, und *Leptospira canicola* sowie verschiedene andere Leptospiren.
Erstere verursacht die Weilsche Krankheit des Menschen. Überträger sind außer dem Hund vor allem Ratten; etwa die Hälfte der gesamten Rattenpopulation ist verseucht. Hunde infizieren sich durch das Fressen von Ratten oder Dingen, die mit Rattenharn in Berührung gekommen sind.
Eine Infektionsmöglichkeit ist auch Trinken oder Baden in stehenden, infizierten Gewässern.

Krankheitserscheinungen
Bei Infektion mit *L. icterohaemorrhagiae* zeigen Hunde zunächst eine Magen-Darmstörung; sie erbrechen und fressen nicht. Das Tier macht dabei einen sehr kranken Eindruck. Schon zu Beginn der Krankheit bewegen sich die Hunde auffallend ungerne.
Die Blutgefäße am Auge sind oft prall gefüllt, die Schleimhaut des Auges wird gelblich. In schweren Fällen ausgeprägte Gelbsucht mit dem charakteristischen goldgelben Farbton (Abb. 1). Der Patient wirkt aufgezogen und verliert rasch an

1

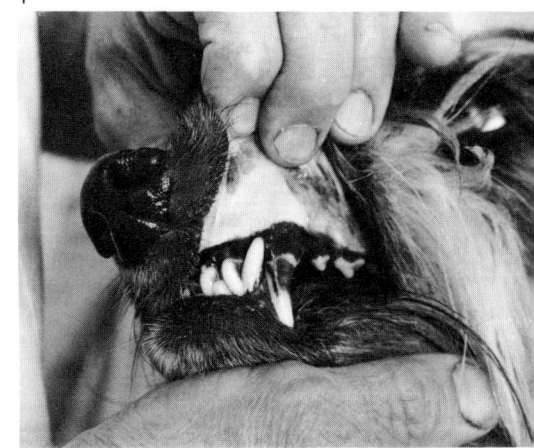

Gewicht. Druck auf den Leib ruft Schmerz-
äußerungen hervor (Abb. 2).
Der Kot ist dunkel und übelriechend, nach
anfänglicher Verstopfung setzt fast immer
Durchfall ein.
Das Fieber steigt innerhalb der ersten 48
Stunden bis 41° C an, fällt dann jedoch
rasch ab. Untertemperaturen sind häufig
und stets ein bedenkliches Symptom.

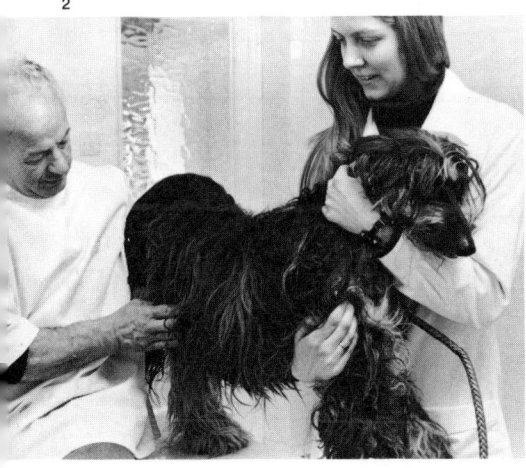

2

Behandlung
Sie ist nur bei frühzeitig erkannten Fällen
aussichtsreich, in jedem Fall schwierig.
Der Tierarzt wird es mit Antibiotika und
Serum versuchen, schwere Fälle brauchen
Infusionen von Flüssigkeit und vor allem
hingebungsvolle Pflege.

Vorbeuge
Auch hier ist wieder eine rechtzeitige Impfung wichtig. Jeder Hundebesitzer sollte
sich dazu entschließen, durch einen um-
fassenden Impfschutz und die entsprechenden Nachimpfungen seinen Hund vor
dieser gefährlichen Infektion zu schützen.

Infektion mit Leptospira canicola

Im allgemeinen ist dies eine weniger
gefährliche Erkrankung, die sich hauptsächlich als Nierenentzündung zeigt.

Krankheitserscheinungen
Eine Infektion mit *L. canicola* kann mit

akuter Störung der Allgemeinbefindens beginnen, verläuft aber meist als schleichende Nierenentzündung (siehe »Nierenentzündung«, S. 195).

Wenn die Leptospiren im Blutkreislauf sind, erhöht sich die Körpertemperatur bis auf 40° C. Sie fällt meist nach zwei Tagen wieder und bleibt dann im weiteren Verlauf der Krankheit normal. Der Hund frißt nicht, ist aber ständig durstig. Manchmal stellt sich Erbrechen und oft ein übler Mundgeruch ein (Abb. 3). Gelbsucht ist selten, ebenso wie Geschwüre im Maul. Der Charakter dieser Krankheit hat sich in der letzten Zeit geändert.

3

Das Bild der Canicola-Infektion wird von der Nierenschädigung beherrscht. Leichte Erkrankungen werden oft nicht erkannt und als Nierenentzündung behandelt. Die serologische Untersuchung des Blutes erleichtert die Diagnose. Für Leptospirose beweiskräftig sind positive Titer allerdings nur, wenn sie bei mehrmaliger Untersuchung ansteigen.

Behandlung

Wenn sie rechtzeitig einsetzt, kann mit großen Penicillingaben schnell ein Erfolg erzielt werden.

Wenn die Nieren aber schon schwer geschädigt sind, ist die Behandlung langwierig und undankbar.

Das klassische Bild der Stuttgarter Hundeseuche mit zerklüfteten Geschwüren im Maul und unstillbarem Erbrechen kennzeichnet nach meinen Erfahrungen die unheilbaren Fälle (Abb. 4).

Vorbeuge

Jeder Impfstoff gegen Leptospirose enthält Kulturen sowohl von *icterohaemorrhagiae* wie von *canicola* und schützt

Auf den Menschen übertragbare Krankheiten

Verschiedene Krankheiten des Hundes bilden auch für den Menschen eine Gefahr. Die Übertragung erfolgt vor allem durch den körperlichen Kontakt mit den Tieren (Abb. 1). Abgesehen von der Tollwut, die über den Speichel eines tollwütigen Hundes beim Biß übertragen wird, kommen besonders Infektionen mit Hautpilzen (siehe S. 77) und mit Spul- und Hakenwürmern in Frage. In bestimmten süd- und südosteuropäischen Ländern, z. B. Jugoslawien, muß darüber hinaus auch mit der Übertragung der gefährlichen Echinokokkose (vom dreigliedrigen Hundebandwurm) gerechnet werden.

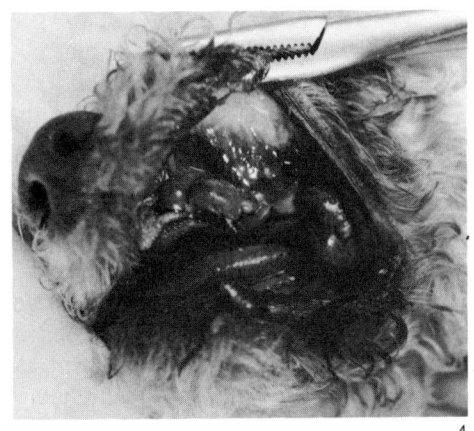

4

gegen beide Formen. Eine doppelte Impfung im ersten Lebensjahr und zweijährige Wiederholungsimpfungen verleihen gegen diese beiden Arten des Erregers einen sicheren Schutz.

Spulwürmer

Der Spulwurm ist dagegen für Kinder eine mögliche Gefahr. Deshalb sollten die fol-

1

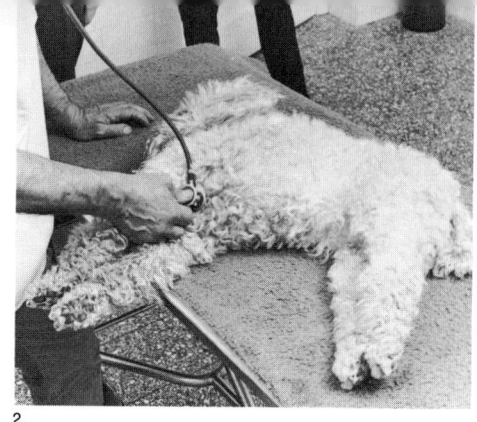

2

genden Ausführungen von allen Hundebesitzern sorgfältig beachtet werden.

Ursache

Der Spulwurm *Toxacara canis* (Abb. 3) ist hauptsächlich bei jungen Hunden und bei trächtigen Hündinnen zu finden.

Die Wurmeier gehen mit dem Hundekot ab und bleiben am Fell oder am Hundelager kleben; die Wurmeier können sich aber auch in den oberen Schichten des Erdbodens ansteckungsfähig erhalten. Wenn nun ein Kind die verwurmte Hündin oder deren Welpen anfaßt (Abb. 4), kommt es mit den klebrigen Wurmeiern in Berührung. Diese entwickeln sich nach dem Abschlucken im Darm zu Larven, die die Darmwand durchbohren und durch den Körper des Kindes wandern können. Dabei sterben praktisch alle Larven ab, aber es ist auch möglich, und zwar 1:1 Mill., daß eine Larve sich im Augenhintergrund des Kindes festsetzt und dort Sehstörungen und sogar Erblindung hervorruft. Selten kommt es zu einer Gehirnentzündung.

Toxacara canis ist vor allem bei sehr jungen Welpen in Mengen zu finden. Die Ansteckung erfolgt durch die Mutter auf dem Blutwege schon vor der Geburt.

Es können jedoch auch in der Milch der Hündin Wurmlarven sein und die Welpen sich auf diese Weise anstecken.

Ab der dritten Woche beginnen die jungen Hunde ihrerseits, Wurmeier auszuscheiden. Nun beginnt der Lebenskreis des Spulwurms erneut. Die Wurmeier werden wiederum von einem Hund aufgenommen und entwickeln sich in dessen Darm zu einer Larvenform. Diese Larven durchbohren die Darmwand und gelangen auf dem Blutweg bis in die Lungen. Von dort wandern sie die Luftröhre hinauf, werden abgeschluckt und kommen wieder in den Darm, dort entwickeln sich nun erst geschlechtsreife Würmer, die erneut Eier legen.

Bei Hunden über 8 Monaten kapselt sich ein Teil der Wurmlarven in den Körpergeweben ein. Wenn es sich bei dem Wirtstier um eine Hündin handelt, erwachen diese »Larven im Wartestand« ab dem 42. Tag der Trächtigkeit zu neuer Aktivität. Über

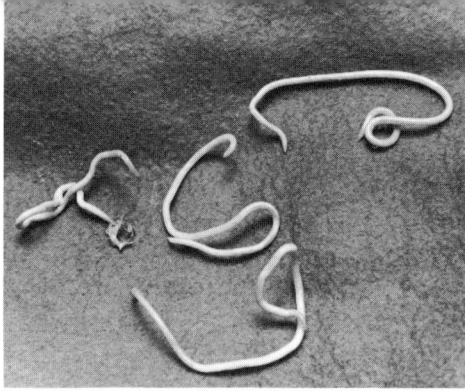

3

die Blutbahn wandern die Larven jetzt in die noch ungeborenen Welpen ein.

Krankheitserscheinungen

Verwurmte Welpen haben aufgetriebene Bäuche, riechen nach Knoblauch und erbrechen bei schwerem Befall gelegentlich auch die langen, weißen Würmer.

Behandlung und Vorbeugung

Bei Befall mit Spul- und Hakenwürmern erste Entwurmung der Welpen mit 2 Wochen, Wiederholung der Wurmkur nach 14 Tagen und nach weiteren 4 Wochen. Letzte planmäßige Wurmkur im Alter von 8 Monaten. Die Larven in den Körpergeweben werden von den gängigen Wurmmitteln nicht erfaßt (Abb. 5). Lassen Sie sich das Wurmmittel von Ihrem Tierarzt geben und achten Sie genau auf die vorgeschriebene Dosierung.

Zuchthündinnen sollten in der ersten Woche der Trächtigkeit entwurmt werden. Wenn Sie einen jungen Hund kaufen, fragen Sie Ihren Tierarzt wegen der Entwurmung, ohne Rücksicht darauf, was Ihnen der Verkäufer gesagt hat.

Der Spulwurm der Katze, *Toxacara cati*, kann für den Menschen ebenso gefährlich werden. Katzen sollten also auch wiederholt entwurmt werden.

Besonders wichtig ist es, die Kinder nach dem Kontakt mit ihren Tieren dazu anzuhalten, ihre Hände sorgfältig zu waschen. Hunde und Katzen müssen von Spielplätzen ferngehalten werden.

Hakenwürmer

Auch Hakenwürmer können für Kinder gefährlich werden.

Ursache

Hakenwürmer kommen mit zwei Arten

4

beim Hund und mit einer Art bei der Katze vor.

Die Eier gehen mit dem Kot ab. Im Freien schlüpfen daraus Larven, die in den Wirtskörper entweder über die Haut oder den Verdauungstrakt gelangen.

Im Körper des Hundes wandern die Larven durch verschiedene Organe bis zur Lunge, dann durch die Luftröhre und den Schlund in den Magendarmkanal, wo sich die Würmer entwickeln. Ein Teil der Larven wandert kurz vor der Geburt in die Milchdrüse und wird über die Milch ausgeschieden, wodurch die Welpen infiziert werden.

Krankheit beim Menschen

Die Larvenwanderung kann auch beim Menschen, vor allem beim Kleinkind erfolgen, wenn es in Kontakt mit den Larven kommt.

Wie bei den Spulwürmern sterben dabei die Larven zumeist ab, verursachen aber erhebliche Entzündungen in den durchwanderten Organen und können zu einer ernsten Erkrankung führen.

Krankheit beim Hund

Welpen erkranken meist erst dann, wenn sie keine Muttermilch mehr erhalten und wenn sie nicht optimal ernährt werden. Auffallend ist eine starke Blutarmut, gelegentlich sieht man entzündliche Hautveränderungen. Bei schwerem Wurmbefall magern die Tiere schnell ab, zeigen eine rasche Ermüdung und sterben an den Folgen einer Darmentzündung, bei der es auch zu blutigem Durchfall kommen kann.

5

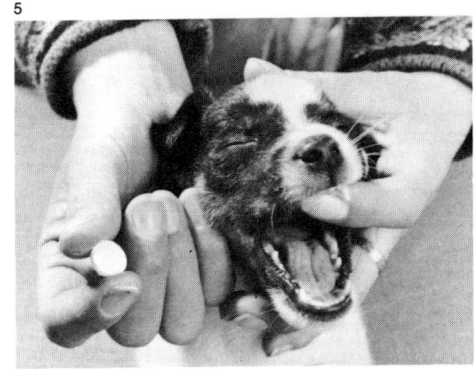

7 Allgemeine Krankheiten und krankhafte Zustände

Die Knochen

Es gibt eine Reihe komplizierter und seltener Knochenerkrankungen, wie zum Beispiel Osteomalazie oder Osteodystrophie, deren Erkennung und Behandlung sehr viel Erfahrung voraussetzen. Es liegt also nahe, daß wir uns im folgenden nur mit den häufigen und einfach festzustellenden Veränderungen befassen. Diese sind:

1. Knochenbrüche,
2. Arthritis,
3. Rachitis,
4. Neubildungen,
5. Knochenentzündung,
6. Knochenhautentzündung,
7. Bandscheibenvorfall und Lähmungen,
8. Kupieren.

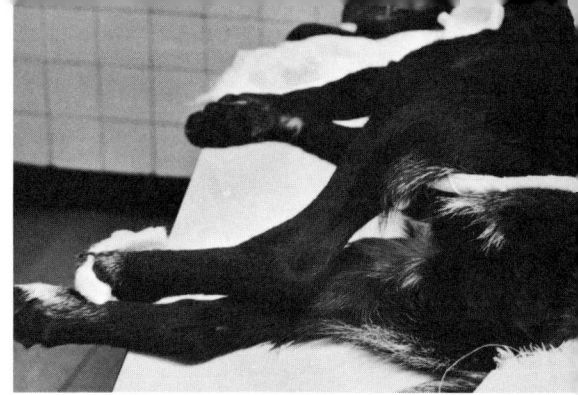

1

Knochenbrüche

In jeder tierärztlichen Praxis sind Knochenbrüche beim Hund an der Tagesordnung (Abb. 1). Ich behaupte sogar, daß sie so häufig sind, daß viele Chirurgen unter den Tierärzten ebenso geschickte Orthopäden sind wie ihre Kollegen aus der Humanmedizin.

Ursachen
Hauptsächlich Straßenunfälle. Die Kombination steigender Verkehr und freilaufende Hunde sorgt für einen ständigen Nachschub an Knochenbrüchen.

Behandlung
Jeder Hund, bei dem der Verdacht auf einen Knochenbruch besteht, sollte sofort zum Tierarzt gebracht werden.
Für einen längeren Transport stellt man das verletzte Bein möglichst ruhig. In Notfällen umwickelt man zwei glatte Holzbrettchen mit Mullbinden und legt sie als Schienen rechts und links am Bein an, packt Watte oder Zellstoff darum und wik-

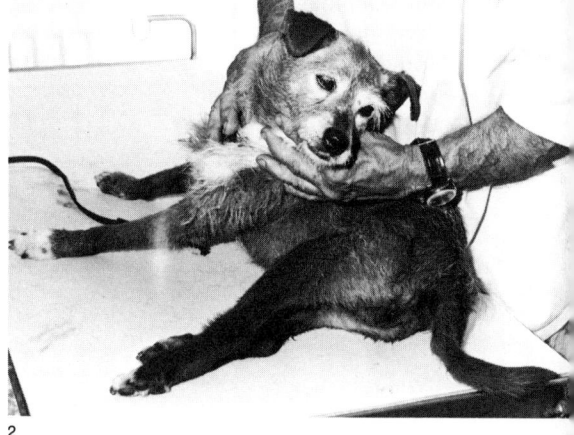

2

kelt das Ganze mit einer Binde fest. Bei Rippenbrüchen, vor allem wenn Luft unter der Haut zu spüren ist, bandagiert man den Brustkorb.
Der Tierarzt wird auf Grund einer Röntgenaufnahme oder Durchleuchtung, eine Entscheidung treffen (Abb. 2).
Je nach Lage und Art des Bruchs wird er ihn schienen, einen Gipsverband anlegen (Abb. 3) oder den Patienten in eine Klinik einweisen. Die hier in Fotos gezeigte Tier-

3

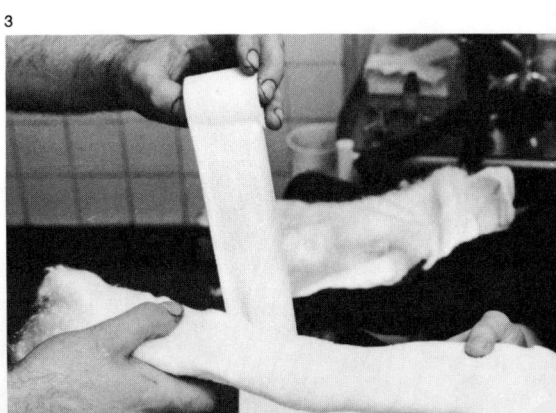

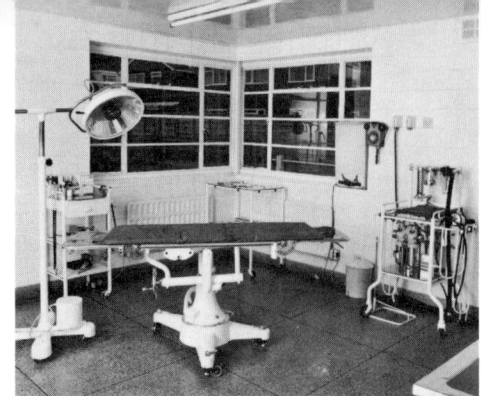

1 Wartezimmer
2 Operationsraum
3 Sprechzimmer
4 und 5. Intensivstation
6 Außenansicht

5

klinik gehört dem Verfasser und bietet Möglichkeiten zur Behandlung, die es mit manchem Krankenhaus aufnehmen können.

Unkomplizierte Knochenbrüche heilen oft auch ohne aufwendige Maßnahmen nur durch Einschränkung der Bewegungsmöglichkeit.

Orthopädische Chirurgie

Knochennagelung, Knochenverschraubung, Knochentransplantation und alle anderen Möglichkeiten der modernen Knochenchirurgie werden heute bei Hunden angewendet. Das bedeutet, daß auch die kompliziertesten Brüche geheilt werden können.

Vielleicht die häufigste Operation ist die Nagelung oder Verschraubung eines gebrochenen Oberschenkelknochens (Abb. 4), da gerade dieser Bruch bei überfahrenen Hunden häufig vorkommt. Die Fotos

auf Seite 112 zeigen die erfolgreiche Technik der Verschraubung der Knochenenden; die Nagelung ist schwieriger zu fotografieren.

Orthopädische Chirurgie ist nicht billig, aber im Interesse des Hundes versuchen die meisten Tierärzte, die Kosten im Rahmen der finanziellen Möglichkeiten des Besitzers zu halten.

Arthritis

Arthritis bedeutet Gelenkentzündung (Abb. 5).

Ursachen
Beim Hund kann eine Gelenkentzündung mit Rheuma zusammen auftreten. Dies muß aber nicht der Fall sein; ich sehe Gelenkschäden meist bei älteren Hunden, die an dem erkrankten Bein einen Unfall hatten. Sehr oft ist das Hüftgelenk betroffen.

Krankheitserscheinungen
Zeitweilig oder ständig steifer Gang oder auch ausgeprägte Lahmheit (Abb. 6).

4

(Röntgenbild)

6

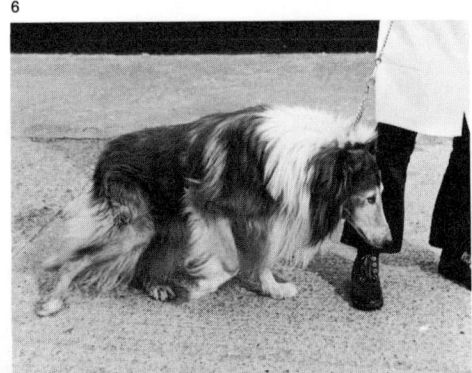

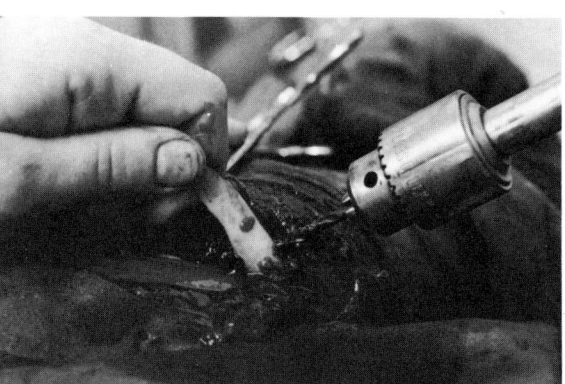

Der Hund äußert Schmerzen, wenn man das erkrankte Gelenk bewegt.
Eine sichere Diagnose setzt sichtbare Veränderungen im Röntgenbild voraus.

Behandlung
Behandlung mit Kortisonen und Butazolidin, manchmal über einen längeren Zeitraum (nur unter tierärztlicher Überwachung, da für herz- oder leberkranke Hunde nicht ungefährlich). Die Erfolge sind aber wechselnd und meist nicht ganz zufriedenstellend.
Hüftgelenksarthrose kann durch eine Operation gebessert oder geheilt werden.

Verschraubung eines gebrochenen Oberschenkelknochens. Drei Stadien der auf S. 111 besprochenen Operation.

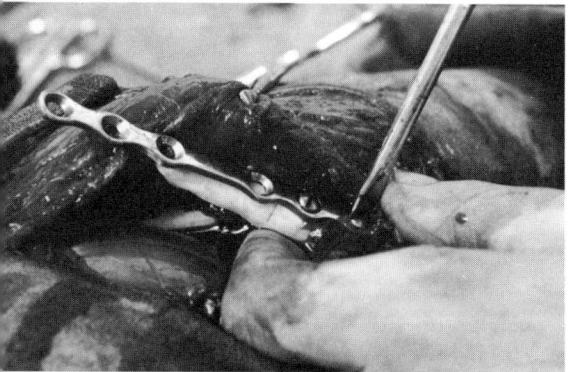

Rachitis

Eine Erkrankung junger Hunde; durch die im allgemeinen viel bessere Ernährung aber nicht annähernd so häufig wie früher.

Ursachen
Mangel an Phosphor in Kombination mit zu wenig Vitamin D. Häufiger ist heutzuta-

ge ein gestörtes Verhältnis von Kalzium zu Phosphor, wenn z. B. viel Haferflocken und Leber gefüttert werden ohne entsprechende Ergänzung durch ein vitaminisiertes Mineralfutter für Hunde, Knochenmehl oder frische Kalbsknochen.

Krankheitserscheinungen
Verdickungen an den Enden der Röhrenknochen und Durchbiegung in der Mitte; mit anderen Worten, der Hund bekommt vorne X- und hinten O-Beine (Abb. 7).
An den Rippen bilden sich Verdickungen an den Übergangsstellen vom Knochen zum Knorpel, also etwa nach dem zweiten Drittel der Rippe, vom Rückgrat aus gerechnet.
Ohne Behandlung bleiben rachitische Junghunde in der Entwicklung zurück, fressen schlecht und leiden unter Durchfällen. Dazu kommt noch ein aufgetriebener Kugelbauch.

Behandlung
Täglich etwas Lebertran und ein Teelöffel Knochenmehl mit dem Futter vermischen.

7

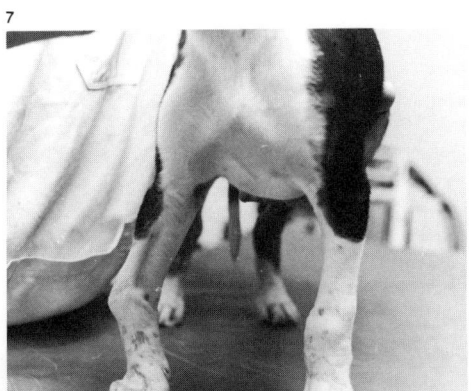

Der Lebertran enthält das notwendige Vitamin D und das Knochenmehl Phosphor und Kalk. Am sichersten ist die Zufütterung eines guten Mineralstoffgemisches. Immer die angegebenen Dosierungen einhalten, das gilt ganz besonders auch für alle Vitaminpräparate. Zuviel ist schädlich!
Bei Rachitis nicht zusätzlich zu Kalkpräparaten noch Futterhefe geben.

Heilt Rachitis vollkommen aus?
Ja, wenn die Behandlung nicht zu spät einsetzt, weil sonst bleibende Knochenveränderungen die Folge sind.

Neubildungen

Osteosarkome, also Knochenkrebs, ist bei Hunden gar nicht selten. Meist tritt er an den Röhrenknochen auf, die Krebszellen wandern in den Knochen ein (Abb. 8). Auch die Kopfknochen sind gelegentlich befallen.

8

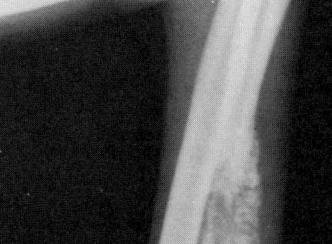

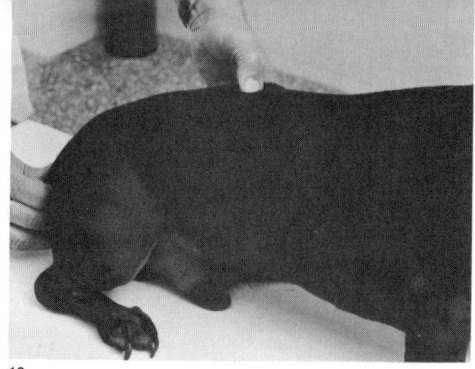

10

Knochenentzündung

Krankheitserscheinungen
Als erstes macht sich im allgemeinen eine Lahmheit bemerkbar. Der angegriffene Teil des Knochens ist um das Doppelte oder sogar das Dreifache seiner normalen Größe verdickt. Im fortgeschrittenen Stadium bricht oder verbiegt sich das Bein, die Schädelknochen werden zu eindrückbarer Masse.

Ursachen
Knochenentzündung oder Ostitis kann durch eine Verletzung oder durch eine Infektion entstehen, manchmal auch im Anschluß an Operationen am Knochen.

Krankheitserscheinungen
Akute Lahmheit und Schmerzen und meist deutliche Schwellung. Bei infektiösen Prozessen kann die Temperatur bis zu 41° C ansteigen.

Behandlung
Sofortige Amputation, wenn der Knochenkrebs am Bein auftritt (Abb. 9).

Behandlung
Wenn die Knochenentzündung durch einen Unfall bedingt ist und ohne Fieber abläuft, braucht der Patient nur Ruhe und der Besitzer Geduld. Bei einer Infektion ist eine Blitzbehandlung mit einem Breitband-Antibiotikum notwendig, und zwar über einen längeren Zeitraum.

Aussichten
Die Prognose ist verhältnismäßig gut. Osteosarkome neigen zwar zur Absiedelung an andere Körperstellen, aber durch die Amputation kann das Leben des Hundes um zwei bis drei Jahre oder auch mehr verlängert werden. Der abgebildete Hund zum Beispiel wurde vor viereinhalb Jahren operiert und versieht in vollem Umfang seinen Dienst als Wachhund.

Knochenhautentzündung

Bei der sogenannten Periostitis entzündet sich die Knochenhaut, die alle Knochen

9   11

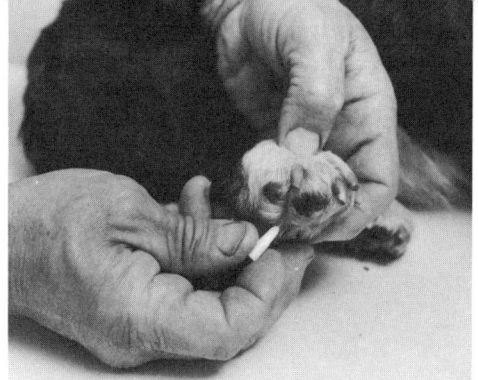

12   13

überzieht. Bei jeder Knochenentzündung erkrankt gleichzeitig die Knochenhaut, Krankheitserscheinungen und Behandlungen sind also für beide Prozesse gleich.

Bandscheibenvorfall und Lähmung

Die Bandscheiben erkranken vornehmlich bei Hunderassen mit langem Rücken wie Dackel (Abb. 10) oder Bassets. Es können jedoch auch Hunde anderer Rassen befallen werden.

Ursachen
Degenerative Prozesse an den Zwischenwirbelscheiben mit verengtem Zwischenwirbelraum verursachen meist schon vor dem akuten Anfall Schmerzen bei bestimmten Bewegungen. Solche Hunde springen nicht mehr auf die Couch. Durch schnelle Drehungen oder dem Versuch, auf etwas hinaufzuspringen (Abb. 11), kommt es zum Bandscheibenvorfall in den Wirbelkanal und zum Druck auf das Rückenmark.

14

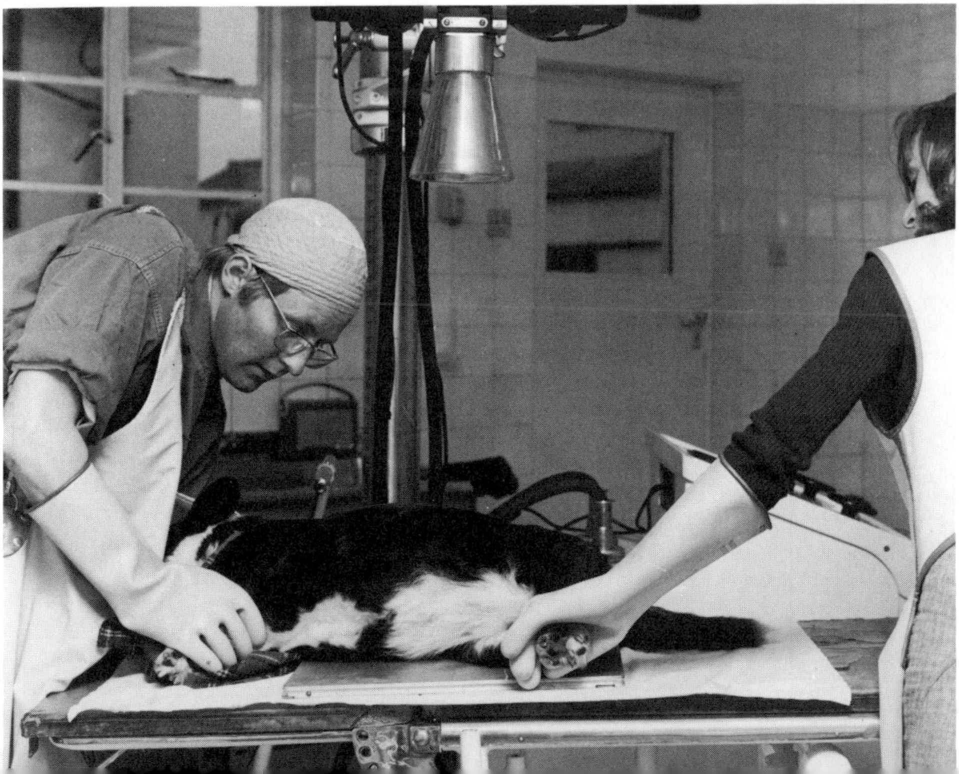

115

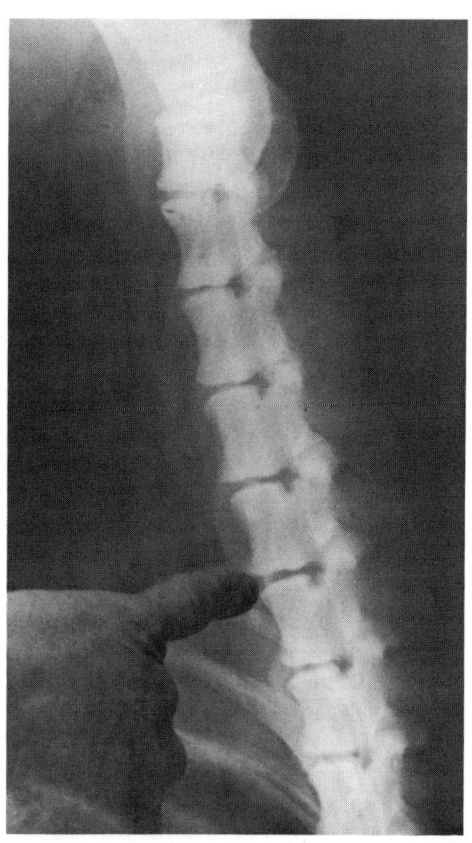

15

Krankheitserscheinungen

Teilweise oder vollständige Lähmung des hinteren Körperteils (Abb. 12). Zu Beginn der Krankheit meist starker Schmerz bei Bewegungsversuchen.

Wenn vollständige Lähmung besteht (Dackellähme), hört jede Schmerzempfindlichkeit auf. Die Reflexe lassen sich an den Hinterbeinen nicht mehr auslösen (Abb. 13).

Die Diagnose wird durch den Röntgenbefund bestätigt (Abb. 14 und 15).

Behandlung

Wenn der Hund sich, wenn auch wackelig, noch auf den Beinen halten kann, besteht kein vollständiger Bandscheibenvorfall und die Heilungsaussichten sind sehr gut. Man muß allerdings mit Rückfällen rechnen.

Die Behandlung besteht in der Verabfolgung von schmerzstillenden Mitteln, Kortisonpräparaten und Vitamin B_{12}. Dazu kommen Wärme in Form von Hundedeckchen, Kurzwelle und Einreibungen.

Es gibt noch weitere Behandlungsmög-

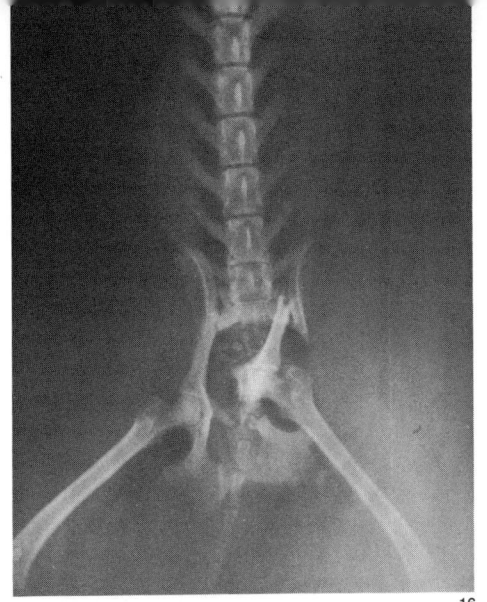

16

17

lichkeiten, aber das Wichtigste ist Geduld. Bei kaum einer anderen Krankheit ist der Erfolg so abhängig von der Mitarbeit des Tierbesitzers.

Beim teilweisen Bandscheibenvorfall bildet sich mit der Zeit eine schützende Bindegewebsschicht am Rückgrat, und der Hund kann bis zum nächsten Anfall wieder laufen. Bewegung mit Maßen ist gut, aber jedes Hinauf- oder Hinunterspringen für solche Hunde streng verboten. Bei der vollständigen Lähmung ist die operative Entfernung des vorgefallenen Bandscheibenmaterials möglich. Die Erfolgsaussichten sind etwa 50%, wobei die Chancen bei einem möglichst baldigen Eingriff wesentlich größer sind.

Andere Arten der Lähmung

Lähmungen können durch einen Hirnschlag (siehe »Hirnblutungen«, S. 218), durch Bruch und Blutungen des Rückgrats infolge von Unfällen, Osteosarkome (siehe »Neubildungen«, S. 113), nervöse Staupe (siehe »Staupe«, S. 94) oder durch

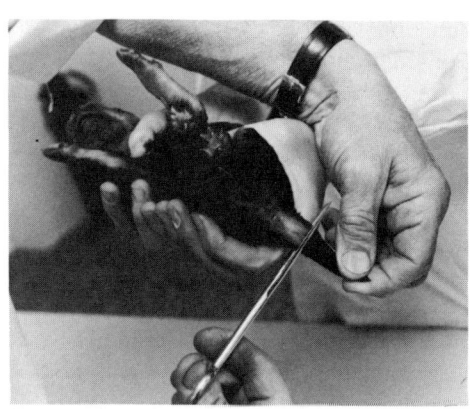

18

einen Beckenbruch (Abb. 16) verursacht sein. Nur der Tierarzt kann feststellen, worum es sich handelt und was sich dagegen machen läßt.

Ein Beckenbruch heilt bei Hunden meist überraschend schnell. Die einzige Behandlung besteht oft nur darin, den Patienten vier bis sechs Wochen auf kleinstem Raum eingesperrt zu halten. Er soll sich möglichst wenig bewegen und kommt am besten in eine Kiste (Abb. 17). Zwei- bis

dreimal am Tag wird der Hund auf den Rasen (in einer Stadtwohnung auf ein paar Bogen Zeitungspapier) gelegt, damit er sich entleeren kann. Durch sanften, aber nachhaltigen Druck mit der flachen Hand in der Weichengegend kann man die gelähmte Blase ausdrücken.

Kupieren

Der Schwanz, in der Fachsprache Rute genannt, darf laut Tierschutzgesetz nur bis zum 8. Lebenstag des Welpen ohne Betäubung kupiert werden (Abb. 18). Das Kupieren der Ohren und anderer Körperteile, z. B. der Afterkrallen, ist grundsätzlich verboten.

Angeborene und vererbte Fehler

Die Hüfte (Zeichnung A)

Leider ist bei vielen Hunderassen häufig und wahllos Inzucht betrieben worden. Durch die dadurch eingetretene Häufung einzelner Erblinien sind bei einer Reihe von Rassen angeborene Fehler in beunruhigender Weise angestiegen.

Nach meiner Ansicht sind die Tage der heute in der Hundezucht üblichen Methoden gezählt. In absehbarer Zeit wird auch hier, ebenso wie bei Pferden, Rindern, Schafen und Schweinen, die geplante Kreuzung zweier Rassen einen festen Platz einnehmen, um Hybriden mit größerer Lebenskraft zu erzielen. Bis zu diesem Zeitpunkt werden wir uns jedoch mit der immer steigenden Zahl von Erbkrankheiten abfinden müssen.

Eine sehr häufige, vererbte und angeborene Fehlentwicklung, die bei praktisch allen Hunderassen vorkommt, ist die

Hüftgelenkdysplasie (HD)

Der Kopf des Oberschenkelknochens hat hierbei in der Hüftgelenkpfanne nicht genügend Halt (siehe Zeichnung B). Es gibt verschiedene Formen der Dysplasie, die nur durch fachgerecht gedeutete Röntgenbilder voneinander unterschieden werden können. Die Krankheitserscheinungen sind dabei immer sehr ähnlich.

Krankheitserscheinungen

Die ersten Anzeichen der seit Geburt bestehenden Veränderung treten meist erst bei Erreichung eines gewissen Kör-

Zeichnung A
Nach der Entfernung von
Gelenkkapsel und Bändern
sieht man die fugenlose
Einpassung des Gelenkkopfes
in die Kapsel

Anatomie des gesunden Hüftgelenks

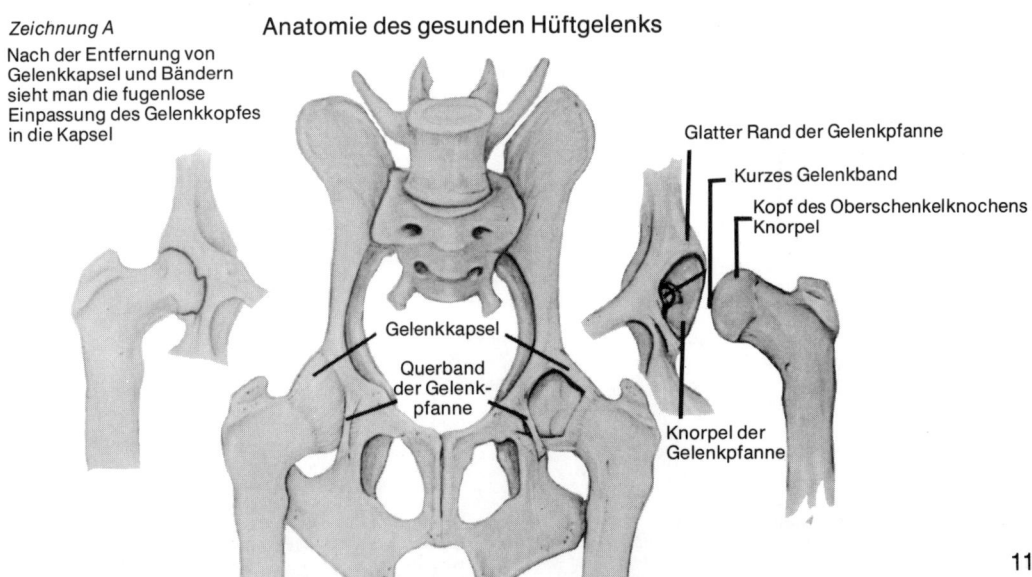

Glatter Rand der Gelenkpfanne

Kurzes Gelenkband

Kopf des Oberschenkelknochens
Knorpel

Gelenkkapsel

Querband
der Gelenk-
pfanne

Knorpel der
Gelenkpfanne

1

2

pergewichts mit 4 bis 6 Monaten auf. Vorher ist eine genaue Diagnose schwierig.

Häufig betroffen sind Deutsche Schäferhunde, Golden Retriever, Boxer, Berner Sennenhund und Neufundländer. Die ersten Anzeichen der Krankheit sind schwerfälliges Aufstehen vom Sitzen (Abb. 1). Dann wird der Gang schwankend und unsicher (Abb. 2) bis zu schwerer Lahmheit.

Behandlung

Diagnose und Behandlung sollen ausschließlich dem Tierarzt überlassen werden. Alle Behandlungsversuche bestehen in chirurgischen Eingriffen. Es gibt sehr komplizierte Operationen, bei denen Pro-

thesen aus Metall und Kunststoff eingesetzt werden. Teils wird dabei nur der Kopf des Oberschenkelknochens, teils das ganze Gelenk durch eine Prothese ersetzt. Eine andere Möglichkeit, die bei einer besonderen Form der Hüftgelenkveränderung, der Perthes'schen Krankheit, angewendet wird, ist die Resektion des Oberschenkelkopfes.

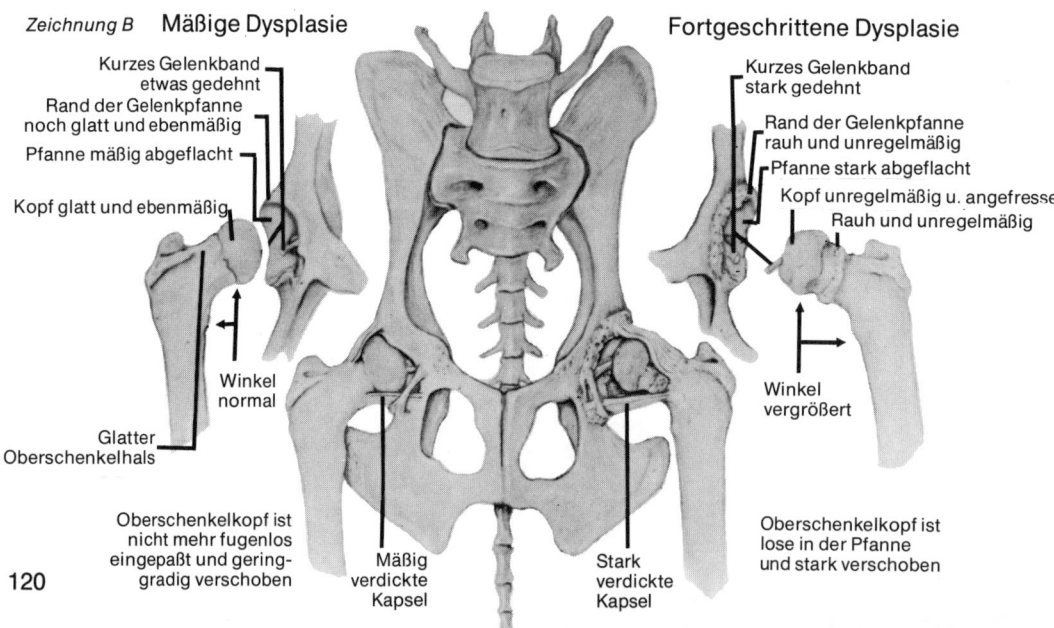

Zeichnung B Mäßige Dysplasie — Fortgeschrittene Dysplasie

Kurzes Gelenkband etwas gedehnt
Rand der Gelenkpfanne noch glatt und ebenmäßig
Pfanne mäßig abgeflacht
Kopf glatt und ebenmäßig
Winkel normal
Glatter Oberschenkelhals
Oberschenkelkopf ist nicht mehr fugenlos eingepaßt und geringgradig verschoben
Mäßig verdickte Kapsel

Kurzes Gelenkband stark gedehnt
Rand der Gelenkpfanne rauh und unregelmäßig
Pfanne stark abgeflacht
Kopf unregelmäßig u. angefressen
Rauh und unregelmäßig
Winkel vergrößert
Stark verdickte Kapsel
Oberschenkelkopf ist lose in der Pfanne und stark verschoben

120

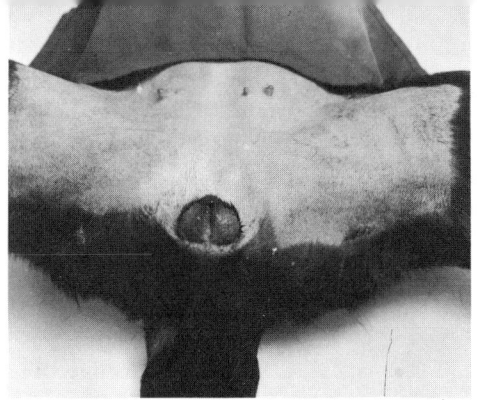
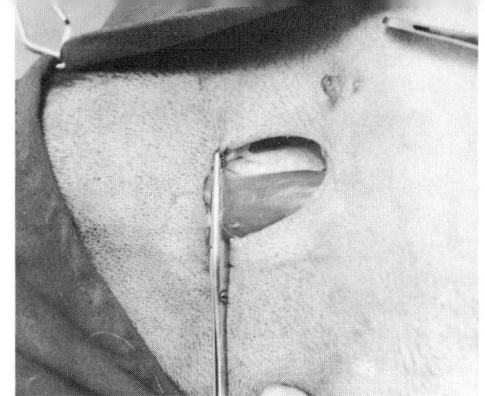

3   4

Bei jungen Hunden kann durch die verhältnismäßig einfache Durchtrennung des *Musculus pectineus* häufig Schmerzfreiheit erzielt werden, weil sich durch diesen Eingriff die Berührungsfläche zwischen Gelenkkopf und Gelenkpfanne verändert. Notfalls führt man die Durchtrennung beiderseitig aus (Abb. 3, 4 und 5).

Leichte Fälle können auch ohne Operation ein erfülltes Hundeleben führen. Eine Schwäche wird vor allem nach Bewegung jedoch bestehen bleiben.

Niemals sollte ein solcher Hund für die Zucht verwendet werden, das gilt ohne Ausnahme sowohl für den Rüden als auch für die Hündin. Sicherheitshalber Zuchttiere röntgenologisch untersuchen lassen.

Das Kniegelenk

Kniescheibenluxation

Eine ebenfalls häufige Erbkrankheit ist die Luxation oder Verlagerung der Kniescheibe (Abb. 6). Nach meiner Erfahrung ist sie am häufigsten bei den kleinen Rassen wie Pudeln, Terriern, Griffons, Pekinesen, Zwergspitzen, Papillons und Chihuahuas, obwohl ich auch Fälle bei Boxern, Bulldoggen und Labrador Retrievern gesehen habe.

Bei der Kniescheibenluxation ist eines, oder sind beide Bänder, die die Kniescheibe an ihrem Platz halten, überdehnt. In der Folge können sie gerissen oder irreparabel beschädigt sein (Abb. 7). Meist handelt es sich um das Kreuzband. Die Kniescheibe ist dann locker und bleibt nicht in ihrer richtigen Lage.

Krankheitserscheinungen

Zeitweises oder ständiges Lahmen des Hinterbeines (Abb. 8). Der Hund kommt von einem Spaziergang mit einem scho-

5

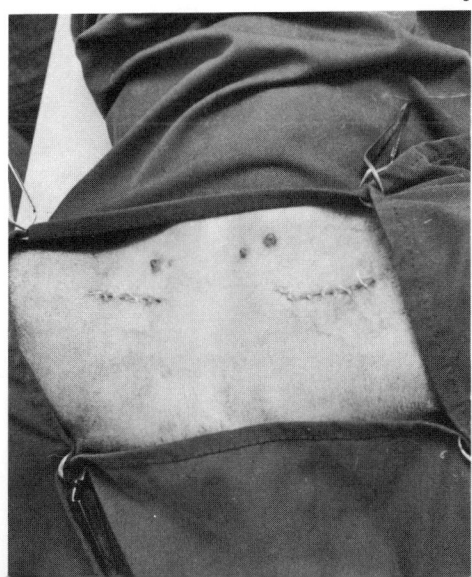

6

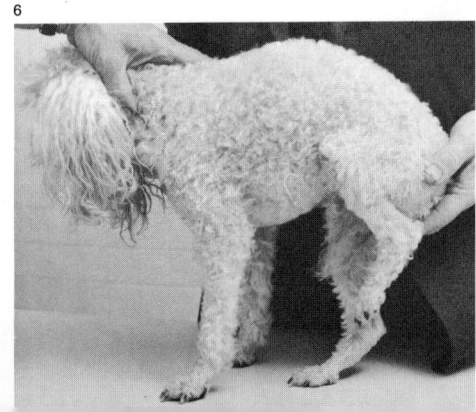

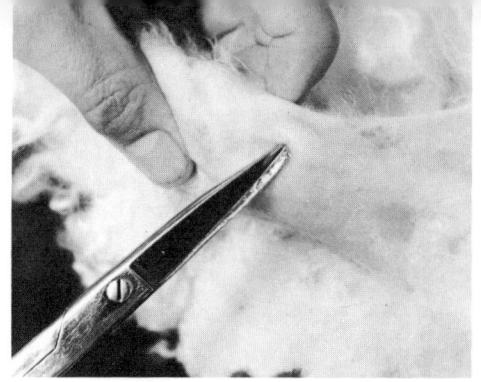

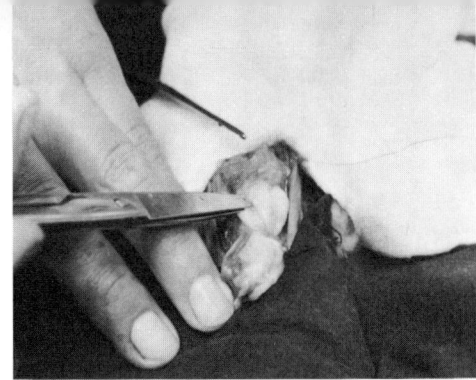

7   9

nenden Bein zurück und kann, muß aber nicht, starke Schmerzen haben. Wenn man das Hinterbein streckt und dabei die Kniescheibe hält, kann man fühlen, wie diese wieder in ihre richtige Lage zurückrutscht.

Behandlung

Sie ist Sache des Tierarztes.

In leichten Fällen, vor allem, wenn beide Beine betroffen sind, entstehen mit der Zeit Verwachsungen und die Lahmheit verschwindet. Wenn sich der Zustand nicht bessert und der Hund das kranke Bein nicht benutzt, muß operiert werden. Je eher, desto besser (Abb. 9).

Der Eingriff besteht in der Trennung der Bänder und der Fixierung der Kniescheibe; die Operation ist in vielen Fällen ein hundertprozentiger Erfolg. Manchmal muß die Kniescheibe auch angebohrt und mit Drähten befestigt werden (Abb. 10).

Vorbeuge

Die einzige Hoffnung für die Zukunft liegt in planmäßiger Zuchtwahl.

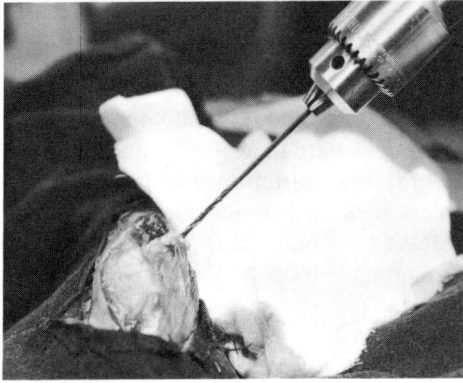

10

Atrophie der Netzhaut

Netzhaut oder Retina heißt die innere Auskleidung des Augapfels, also die eigentliche lichtempflindliche Partie (siehe »Das Auge«, Seite 202). Atrophie bedeutet Schrumpfung, im Fall der Netzhaut sind deren lichtempfindliche Zellen ungenügend entwickelt und verkümmern im allgemeinen immer mehr (Abb. 11). Ich habe solche Fehlentwicklungen der Netzhaut vor allem bei Irischen Settern und Pudeln gesehen.

8   11

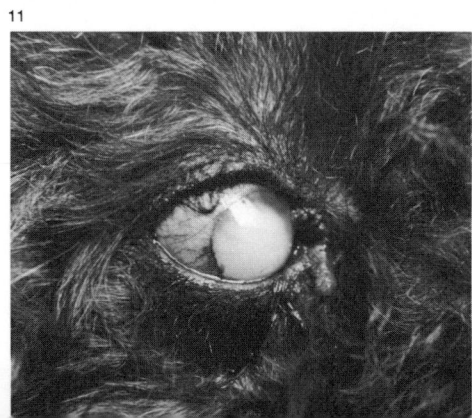

Krankheitserscheinungen
Nachtblindheit ist im allgemeinen das erste Anzeichen einer Sehstörung durch Schrumpfung der Netzhaut. Der Hund rennt gegen Hindernisse, wenn man am Abend noch einmal mit ihm hinausgeht.

Behandlung
Es gibt keine. Der Zustand pflegt sich allmählich zu verschlechtern und führt zu vollständiger Erblindung.

Vorbeuge
Die einzige Hoffnung, erbliche Augenschäden zu vermeiden, liegt in planmäßiger Kreuzungszucht. Mit gesetzlichen Maßnahmen allein läßt sich die gefährliche Zucht mit nahen Verwandten wohl kaum verhindern.

Angeborene Linsentrübung

Katarakt, Grauer Star oder Linsentrübung ist eine Trübung der Linse (siehe »Auge«, S. 202). Im allgemeinen sind beide Augen befallen.

Der Graue Star ist meist eine Krankheit des Alters.

Krankheitserscheinungen
Beim angeborenen Katarakt macht sich die Sehstörung sehr früh bemerkbar; gleich nach dem Kauf wird man beobachten können, daß der Welpe einem Hindernis nicht ausweicht. Der Tierarzt kann mit Hilfe eines Augenspiegels den krankhaften Zustand schnell feststellen (Abb. 12).

Behandlung
Bisher gibt es keine Möglichkeit einer Behandlung; ich arbeite zur Zeit an einer Methode, die erkrankte Linse zu entfernen und durch eine der modernen Kontaktlinsen zu ersetzen. Unnötig zu sagen, daß solche Untersuchungen kostspielig sind, aber sie könnten für die Zukunft eine Möglichkeit ergeben.

Vorbeuge
Schluß mit der Inzucht oder, besser noch, planmäßige Kreuzungen!

12
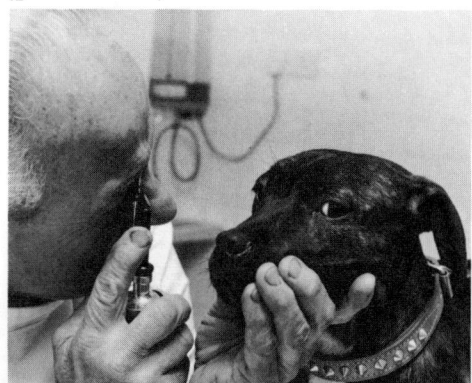

Taubheit

Sie tritt vor allem bei weißen Bullterriern auf, ich habe sie aber auch schon bei Terriern und Pudeln festgestellt (Abb. 13).

Behandlung

Sie ist nicht möglich, aber ein tauber Hund kann lernen, in seiner gewohnten Umgebung ohne wesentliche Behinderung zu leben. Die Gefahr liegt im Straßenverkehr; wenn der Hund nichts hört, ist er sehr viel gefährdeter als ein normaler Hund.

Vorbeuge

Es ist zweifelhaft, ob sich durch Kreuzungszucht erbliche Taubheit ausrotten ließe. Besonders bei weißen Hunden scheint sie mit dem Albino- oder Weißfaktor gekoppelt zu sein und nicht direkt mit der Inzucht zusammenzuhängen.

Hasenscharte

Bei der Hasenscharte besteht zwischen den beiden Hälften der Oberlippe ein mehr oder weniger breiter Spalt (Abb. 14).
Ich habe die Mißbildung bei Bulldogwelpen, aber auch schon bei verschiedenen Zwerghundrassen gesehen.

Krankheitserscheinungen

Schlechte Entwicklung des Welpen selbst bei geringgradiger Ausbildung der Hasenscharte, da das Saugen schwierig oder unmöglich ist. Bei einem größeren Spalt gehen die Welpen schnell ein.

Behandlung

Eine operative Korrektur ist nur selten erfolgreich, da die Hasenscharte meist gemeinsam mit dem sogenannten »Wolfsrachen« auftritt.

13 14

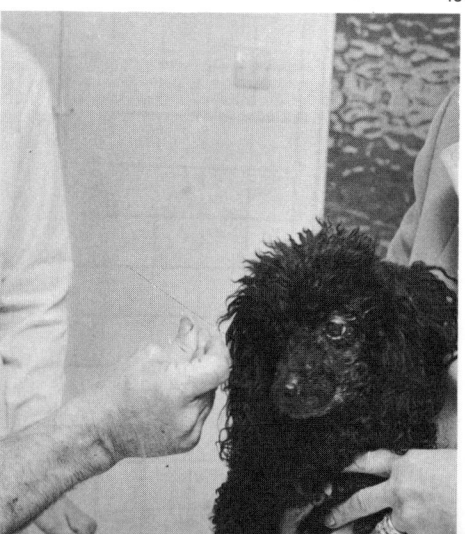 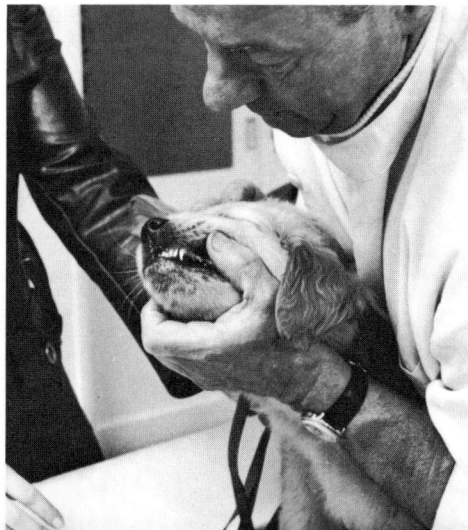

Gespaltener Gaumen

Dieser »Wolfsrachen« genannte erbliche Defekt des Gaumens kommt bei ingezüchteten Welpen der Zwerghundrassen vor. Durch den Gaumen läuft dabei ein Spalt, der auch die knöcherne Schicht betrifft.

Krankheitserscheinungen
Oft sind Welpen mit Wolfsrachen bei der Geburt schon tot, sonst sterben sie meist rasch infolge ihrer Unfähigkeit zu saugen.

Behandlung
Nach meinen Erfahrungen tötet man solche Welpen am besten sofort; die Operation ist nicht nur kostspielig, sondern auch nur in den seltensten Fällen erfolgreich.

Vorbeuge
Inzucht vermeiden.

Eingeweidebrüche

Am häufigsten tritt der Nabelbruch (Abb. 15) als Erbfehler auf (siehe Nabelbruch beim Welpen, S. 33).
Bei älteren Zuchthündinnen kann es, meist im Verlauf der Trächtigkeit, auch zu einem Leistenbruch kommen, bei dem sich im Spalt zwischen Schenkel und Bauchdecke eine Vorwölbung zeigt (Abb. 16).

15

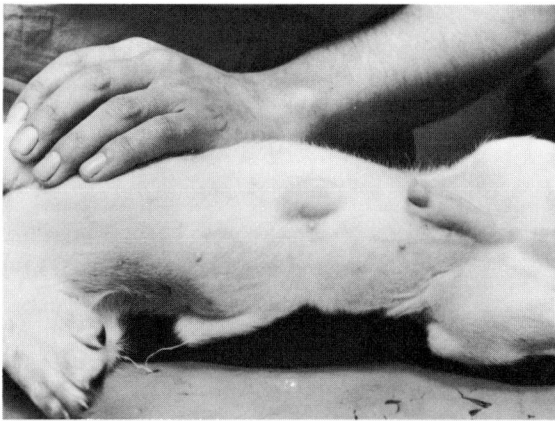

16

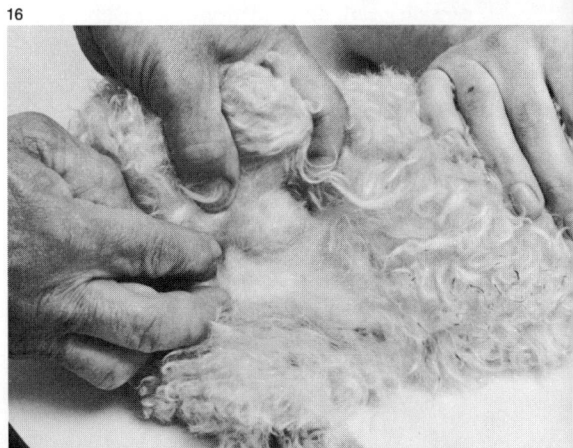

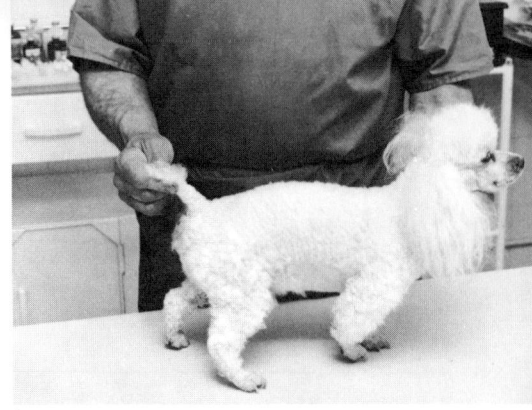
1

Die Muskeln

Die Muskulatur ist bei Hunden besonders gut entwickelt, und unter natürlichen Lebensbedingungen würden in diesem Bereich kaum Störungen auftreten. Aus verschiedenen Gründen sind sie bei unseren Haushunden aber recht häufig.

Muskelentzündung

Unter den Sammelbegriff »Rheuma« fallen verschiedene, schwer voneinander zu trennende schmerzhafte Veränderungen im Bereich der Muskeln. Hier soll vor allem die durch Erkältung ausgelöste Muskelentzündung behandelt werden.

Ursache

Zug, Kälte oder Nässe, vor allem wenn Hunde in einer überheizten Wohnung gehalten werden.

Die idiotische Gewohnheit, Pudel mitten im Winter zu scheren, ist nach meiner Ansicht weitgehend für Rheuma verantwortlich (Abb. 1). Ich sehe oft in meiner Praxis so einen zitternden, vor Schmerzen schreienden, armen kleinen Kerl. Wenn ich dann dem Besitzer die Meinung sage, schaut er mich noch empört an. Ich habe einmal für einen Tierarzt gearbeitet, der zu sagen pflegte: »Auf der ganzen Welt wächst kein Kraut gegen Dummheit.« Er hatte nur zu recht.

Krankheitserscheinungen

Akute Muskelschmerzen; der Hund schreit immer wieder auf, wenn er sich bewegt oder angefaßt oder aufgehoben wird. Der Schmerz scheint dabei von einer Stelle zur anderen zu wandern. Bei Betasten sind einzelne Muskelgruppen angespannt, hart und schmerzhaft (Abb. 2).

Befallen werden Hunde aller Altersgruppen, ich habe sogar einmal Muskelentzündung bei einem Wurf Welpen mit sechs Wochen erlebt.

2

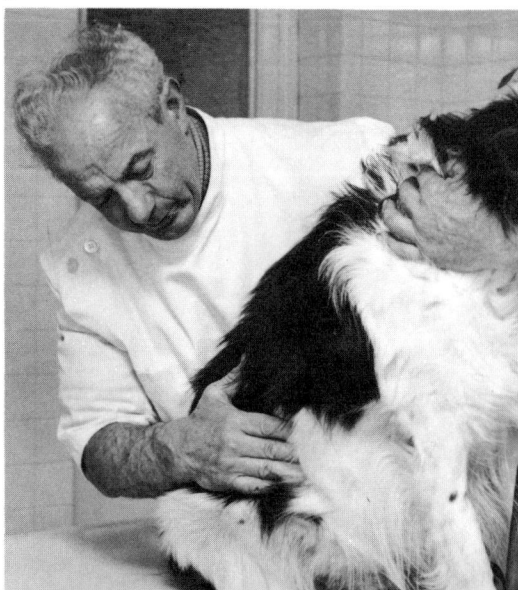

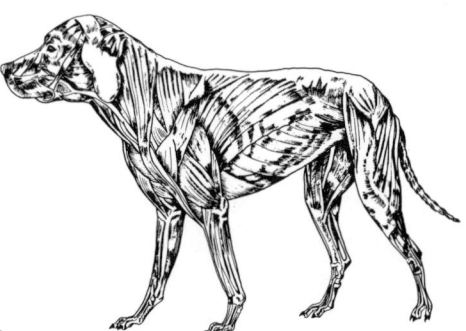

126

3

Behandlung

Sie besteht in Injektionen eines Langzeit-kortisons, wodurch die Schmerzen schlagartig verschwinden. Dann wird der Tierarzt wahrscheinlich ein Butazolidin-präparat verschreiben. Diese Medikamente werden für die Dauer von 7-10 Tagen eingegeben und helfen gegen alle Arten von Muskel- und Gelenkschmerzen. Als erste Hilfe ist Aspirin geeignet, man gibt 60 mg pro Kilo Körpergewicht am Tag, das sind je nach Größe des Tieres 1-4 Tabletten.

Geschorene Pudel müssen bei Kälte ein Hundedeckchen bekommen, das die Lendengegend schützt (Abb. 3). Die Besitzer sollten sich immer an die Regel halten, daß Pudel genau wie Schafe nur bei warmem Sommerwetter geschoren werden dürfen. Selbstverständlich dürfen Jagdhunde mit Rheuma nicht ins Wasser geschickt werden.

Die Prognose akuter Muskelentzündungen ist gut, allerdings muß man immer mit einem Rückfall rechnen, wenn man nicht aufpaßt.

Entzündlicher Rheumatismus

Darunter versteht man vor allem entzündliche Prozesse am Bewegungsapparat, die auf innere Ursachen zurückgehen. Meistens werden ältere Hunde davon betroffen (Abb. 4).

Ursache

Die Voraussetzungen sind dieselben wie bei Muskelentzündungen, nur kommen hier, ebenso wie bei älteren Menschen, Mangel an Bewegung und eine allgemeine Altersabnutzung als auslösende Faktoren hinzu.

Krankheitserscheinungen

Vor allem in der Frühe macht das Aufstehen Mühe und eine allgemeine Steifheit sich bemerkbar (Abb. 5). Im Lauf des Tages bessern sich die Beschwerden oder verschwinden vollständig.

Während der Untersuchung kann man oft keine Schmerzhaftigkeit auslösen, die Muskeln fühlen sich aber unnatürlich angespannt an.

4 5

Behandlung

Ähnlich wie bei Muskelentzündung; bei älteren Hunden kann aber Kortison wegen einer bestehenden Herzschwäche schädlich sein. Jedenfalls muß die Behandlung unter der Aufsicht eines Tierarztes erfolgen.

Auch hier ist Aspirin ein sicheres Mittel, um zunächst die Schmerzen zu lindern.

Muskelschwund

Es kann sich dabei um ein Schwinden von wenig benützten Muskeln handeln, z. B. bei Lahmheiten oder Lähmungen. Es gibt auch beim Hund die angeborene krankhafte Muskelschwäche mit Muskelzittern und Zusammensacken nach Bewegung. Der krankhafte Muskelschwund, die Dystrophie, kommt z.B. bei Greyhounds vor (Abb. 6).

Ursache der Muskeldystrophie

Sie ist nicht vollkommen geklärt, kann jedoch im Zusammenhang mit Mangel an Vitamin E stehen. Der Ausbruch bei Greyhounds, an dessen Untersuchung ich mitgearbeitet habe, war auf die ausschließliche Verfütterung von gekochten Futtermitteln zurückzuführen.

Krankheitserscheinungen

Verlust des Muskeltonus, der Tod tritt durch Herzversagen ein. Die erwähnten Greyhounds fielen während des Rennens tot um.

Behandlung

Injektionen und Eingeben von Vitamin E.

Vorbeuge

Immer etwas Rohes mit dem Futter geben, am besten einige Blätter gut gewaschenes grünes Gemüse abwechselnd mit geriebenen Karotten.

Muskelkrämpfe

Nach meiner Erfahrung treten Muskelkrämpfe vor allem bei Schottenterriern auf (Abb. 7). Es können aber auch Hunde anderer Rassen davon befallen werden,

6   7

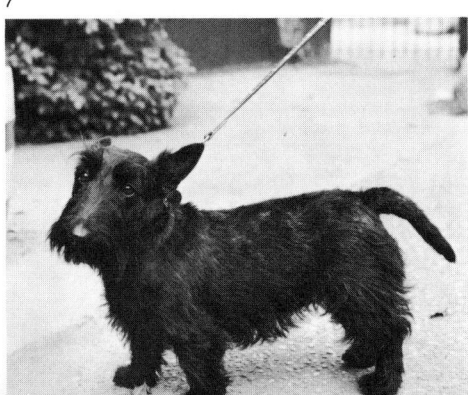

vor allem Stadthunde, die erstmalig auf dem Land frei umherrasen können.

Ursache
Plötzliche körperliche Bewegung, für die die Muskeln nicht trainiert sind.

Krankheitserscheinungen
Bei Schottenterriern, vor allem jüngeren Hunden unter zwei Jahren (Abb. 8), setzen die Krämpfe ganz charakteristisch nach schneller Bewegung ein. Die Hunde rennen ein paar hundert Meter, manchmal auch erheblich weniger, und halten dann abrupt an, fallen um und schreien manchmal vor Schmerzen. Sie bleiben oft auch in verkrampfter Haltung stehen oder hoppeln mit unnatürlicher Beinhaltung. Die Muskeln sind angespannt und hart wie bei Muskelentzündung, der Zustand ist allerdings nicht auf einige Muskelpartien beschränkt und gibt sich nach einigen Minuten wieder.
Es treten manchmal auch leichtverlaufende Fälle auf, bei denen die Tiere nach einem Spaziergang die Treppen nur mit Mühe steigen können.

Behandlung
Da es sich beim Schottenkrampf ursächlich um eine Erkrankung des Gehirns handelt, ähnlich der Epilepsie, bekämpft die Calcium-Therapie oder die Verabfolgung von Nebenschilddrüsenhormon das Übel nicht an der Wurzel. Durch regelmäßige Gaben von Vitamin E und dem Vitamin B-Komplex kann man die Häufigkeit der Anfälle einschränken. Gegen die Übererregbarkeit helfen Beruhigungsmittel wie Valium (0,05 mg pro kg). Im allgemeinen verschwindet die Krampfneigung mit wachsendem Alter.
Das alte Hausmittel, täglich eine Prise Salz ins Futter zu streuen, kann nützlich sein.

Vorbeuge
Ich bin der Ansicht, daß der Schottenkrampf, ebenso wie andere Erbfehler, durch strikte Vermeidung jeglicher Inzucht verschwinden würde.

8

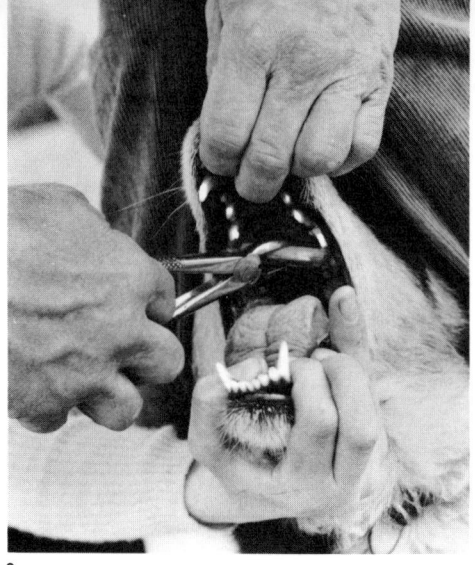

2

Die häufigsten Krankheiten des Maules

Fremdkörper

Krankheitserscheinungen
Der Hund speichelt stark (Abb. 1) und kann nicht fressen. Ein Blick ins Maul zeigt entweder ein Knochen- oder Holzstück, das quer zwischen den Zähnen eingeklemmt ist oder anderweitig an den Zähnen festsitzt.

Behandlung
Ganz einfach: Man muß den Fremdkörper entfernen (Abb. 2). Allerdings kann das oft nur der Tierarzt, da der Hund meist Schmerzen hat und nicht stillhält. Mit Hilfe von je einer Schlinge um den Ober- und Unterkiefer läßt sich das Maul offenhalten.

Blutungen

Krankheitserscheinungen
Im Maul kommt es oft zu heftigen Blutungen, da die Schleimhaut gut durchblutet ist. Blut oder blutiger Schleim tropft aus den Lefzen (Abb. 3).

Ursache
Meist eine Verletzung. Der Hund kann sich bei einem Kampf in die Zuge beißen oder auch die Schleimhaut durch einen Glassplitter, Draht oder einen Knochen verletzen.

Behandlung
Sie ist Sache des Tierarztes. Als Sofortmaßnahme sollte man dem Hund kaltes Wasser mit einer Prise Salz zu trinken geben. Wenn die Verletzung nur klein ist, kommt die Blutung dadurch oft zum Stehen.

Neubildungen

Häufig wiederkehrende Blutungen aus dem Maul stammen meist aus Neubildungen des Zahnfleisches (Abb. 4). Man nennt

1   3

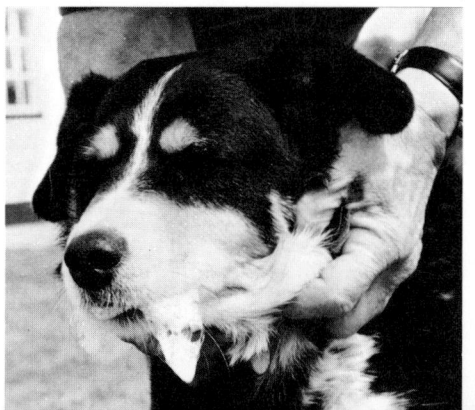

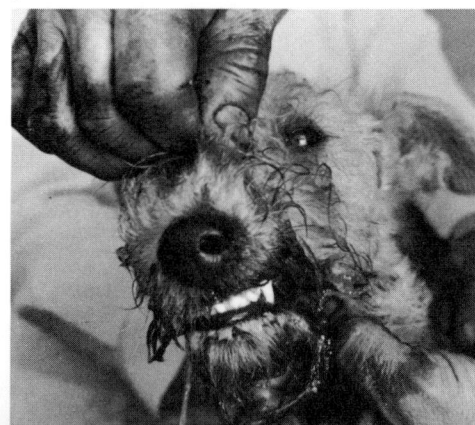

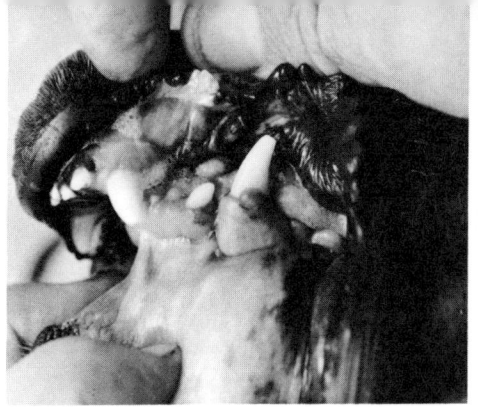
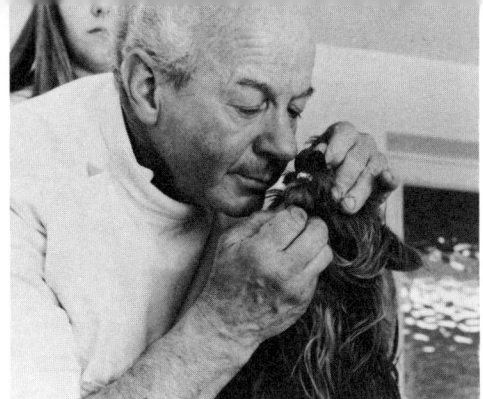

4   5

diese im allgemeinen gutartigen Geschwülste Epulis und kann sie chirurgisch entfernen.

Warzen

Manchmal entwickeln sich bei jüngeren Hunden, selten schon bei Welpen, massenhaft kleine, weiße, oft gestielte Warzen in der Mundschleimhaut.

Ursache
Ein Virus

Behandlung
Der Tierarzt kann aus einer Warze einen Impfstoff herstellen lassen, durch dessen Injektion die Warzen eintrocknen und verschwinden. Der Körper bildet jedoch auch von sich aus Antikörper, und in manchen Fällen erfolgt die Heilung von selbst.

Geschwüre im Maul

Ursachen
1. Schlechte Zähne, Verletzungen des Zahnfleisches und der Innenseite der Lefzen durch scharfe Zahnsteinkanten. Druck der Eckzähne gegen die Lefzen. Darunter leiden hauptsächlich die Rassen mit schwerem Fang und herabhängenden Lefzen wie Spaniels, Pyrenäenhunde und Bloodhounds.
2. Infizierte Schleimhautveränderungen, die vor allem bei Kleinpudeln zum Problem werden können und zu Geruch aus dem Maul führen.
3. Mangel an Vitaminen
4. Nierenkrankheiten
5. Leptospirose (siehe S. 100), kommt heutzutage kaum mehr in Betracht.

Krankheitserscheinungen
Geruch aus dem Maul (Abb. 5). Die Geschwüre sitzen meist an der Innenseite der Lefzen (Abb. 6), am Zahnfleisch oder dem harten Gaumen. Der Hund speichelt manchmal, leckt die Lefzen und frißt nur zögernd.

Behandlung
Der Tierarzt wird versuchen, die Ursache festzustellen. Wichtig ist in jedem Fall die Entfernung von Zahnstein. Bei Verdacht

6

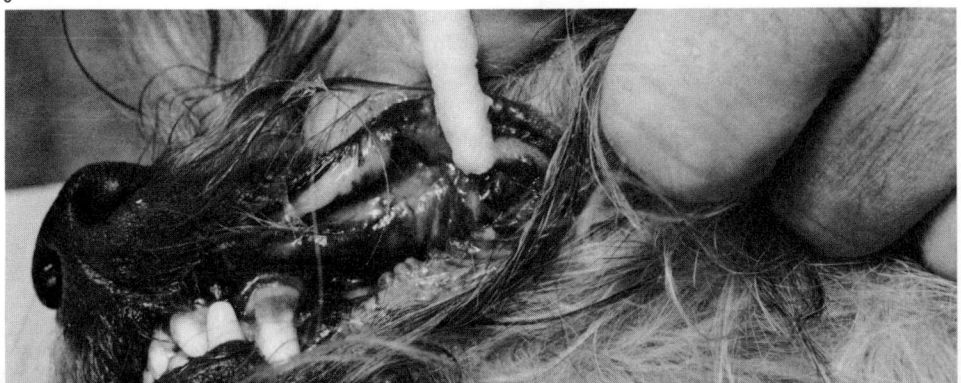

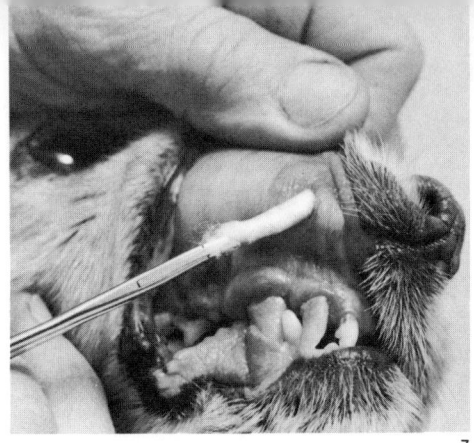

7

auf Vitaminmangel oder Nierenerkran-
kung Einleitung einer entsprechenden Behandlung. Geschwürige Schleimhautent-
zündungen müssen vor allem bei Klein-
hunden energisch behandelt werden,
manchmal brennt sie der Tierarzt aus
(Abb. 7).

Die Zähne

Der Hund ist mit neun Monaten erwachsen und sollte in diesem Alter alle bleibenden Zähne haben. Tatsächlich haben die meisten Hunde schon mit sieben Monaten ein vollständiges Gebiß.

Da über den Zahnwechsel beim Hund oft Mißverständnisse vorliegen, soll dieser im folgenden (Abb. 1) ausführlich erläutert werden.

Längsschnitt durch einen Hundezahn

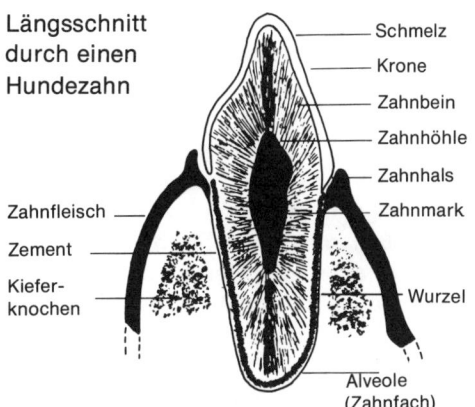

Bau des Zahnes

Jeder Zahn hat zwei Teile: die mit Schmelz überzogene Zahnkrone und die mit Zement überzogene Zahnwurzel. Die Verbindung zwischen beiden nennt man Zahnhals.

Ein Zahn besteht aus vier Geweben. In der Zahnhöhle und dem Wurzelkanal ist das weiche Gewebe der Pulpa oder des Zahnmarks. Hier befinden sich zahlreiche Blutgefäße und Nerven, und von hier wird der Zahn ernährt und das Dentin oder Zahnbein gebildet.

Aus diesem Zahnbein besteht die Hauptmasse des Zahnes; es ist hart und von gelblicher Farbe.

1

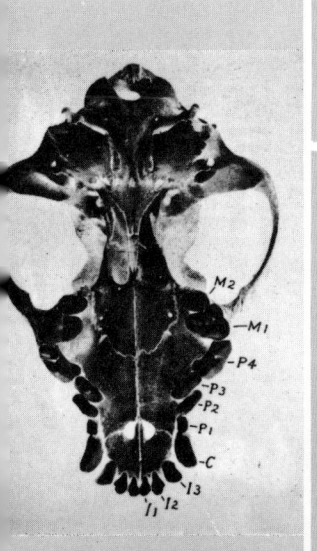

Zahn		Milchzahn Durchbruch (in Wochen)	Bleibender Zahnwechsel (in Monaten)
Incisivus 1 (1_1)	Schneidezahn	4–5	
Incisivus 2 (1_2)	Schneidezahn	4–5	4–5
Incisivus 3 (1_3)	Schneidezahn	4	
Caninus (C)	Eckzahn (Fangzahn)	3–4	4–5
Praemolar 1 (P_1)	Kl. Backenzahn	4–5	
Praemolar 2 (P_2)	Kl. Backenzahn	4–5	
Praemolar 3 (P_3)	Kl. Backenzahn	3–4	
Praemolar 4 (P_4)	Kl. Backenzahn	3–4	
Molar 1 (M_1)	Gr. Backenzahn		4
Molar 2 (M_2)	Gr. Backenzahn		Oberer 5–6 Unterer $4^1/_2$–5
Molar 3	Gr. Backenzahn		6–7

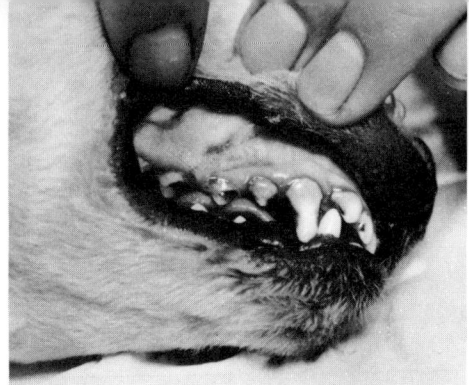

2

Die Zahnwurzel ist eingebettet in die Alveole, eine mit der Wurzelhaut ausgekleidete Vertiefung im Kieferknochen.

Da Hunde Fleischfresser sind, ist ihr Gebiß für die Jagd ausgebildet. Sie schlingen ihre Nahrung herunter und behalten sie nicht lange im Maul.

Die großen, gebogenen Eckzähne dienen zum Ergreifen der Beute, während die Backenzähne eine mehr schneidende als mahlende Funktion haben.

Da beim Haushund Störungen im Bereich der Zähne sehr häufig sind, werde ich das Wesentliche in einfacher Frage- und Antwortform behandeln.

Wodurch verfärben sich die Zähne?
Auf dem Zahnschmelz, vor allem im Bereich vom Zahnhals am Übergang zum Zahnfleisch, bildet sich ein weich-schmieriger Belag (Abb. 2).

Dieser Zahnbelag entsteht durch die Zusammenwirkung von Bakterien, Speichel, zersetzten Futterresten und gewissen Enzymen.

Woher kommt Zahnstein?
Wenn sich einmal Zahnbelag gebildet hat, schlägt sich an diesen Stellen Zahnstein aus den Mineralstoffen des Speichels nieder (Abb. 3). Je länger Zahnstein nicht entfernt wird, desto dicker und störender wird die Ablagerung.

Wodurch entsteht übler Mundgeruch?
Am häufigsten durch die Ablagerung von Zahnbelag und Zahnstein. Es gibt aber auch Hunde mit tadellos sauberen Zähnen, die aus dem Maul riechen (Abb. 4). Meistens liegen in solchen Fällen Magen-Darm-Störungen vor, die mit Erfolg vom Tierarzt behandelt werden können.

Ist schlechter Mundgeruch schädlich?
Wenn er die Folge von Zahnbelag oder Zahnstein ist, führt dieser Zustand zu Zahnlockerung und später zum Verfall der Zähne. Mundgeruch als Folge eines »schlechten Magens« stört vor allem den Hundebesitzer.

3　4

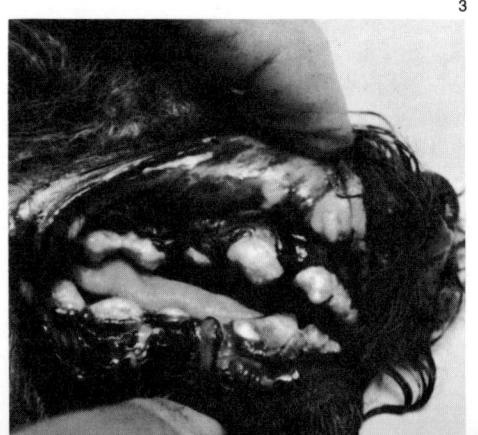 

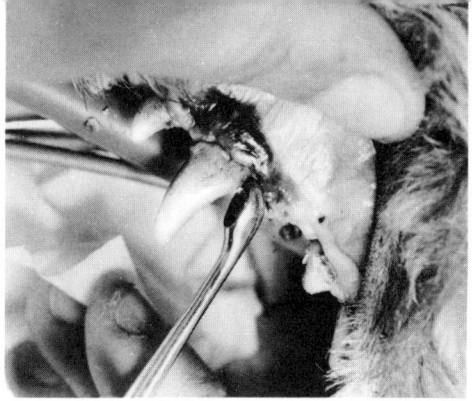

5

Was kann man dagegen tun?
Die naheliegende Antwort ist: »Zum Tierarzt gehen und den Zahnstein entfernen
lassen.« Der Mensch sollte zweimal im
Jahr zum Zahnarzt gehen, beim Hund
empfehle ich mindestens eine Untersuchung und gegebenenfalls Behandlung
der Zähne pro Jahr.
Zahnbelag- und Zahnsteinentfernung sind
kein Problem. Bei manchen Hunden wird
allerdings eine beruhigende Spritze von-
nöten sein (Abb. 5).

Der erste Backenzahn

Der Zahn, der beim Hund am häufigsten
Schwierigkeiten macht, ist der erste große
Backenzahn im Oberkiefer (Abb. 6). Es
handelt sich dabei um einen besonders
starken Zahn mit zwei Wurzeln. Hier setzt
bei älteren Hunden am ehesten Zahnfäule
ein. Man erkennt meist erst an einer
Schwellung am Oberkiefer unterhalb des
Auges den Zahnverfall.
In diesem Stadium kann man manchmal
auch Anzeichen von Schmerzen beobachten, der Hund frißt schlecht und macht
einen kranken Eindruck.
Wenn der kranke Zahn nicht gezogen
wird, kann der unter der Schwellung liegende Abszeß aufbrechen, und es bildet
sich eine Fistel (Abb. 7).

Behandlung
Ziehen des kranken Zahns so bald wie
möglich unter allgemeiner Betäubung
(Abb. 8).

6

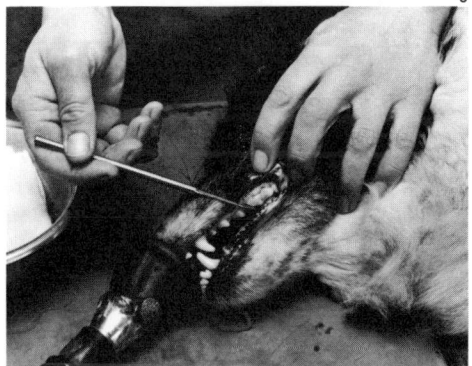

7   8

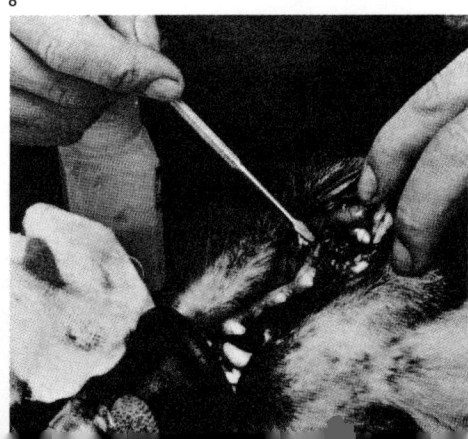

Können Zahnkrankheiten verhindert werden?

Ja. Nötig ist nur der jährliche Besuch beim Tierarzt.

Regelmäßige Zahnreinigung mit Zahnpasta, Zahnreinigungspulver oder einem Mundspülmittel verhindert weitgehend die Bildung von Zahnbelag und Zahnstein. Ich glaube aber nicht, daß viele Hundebesitzer dies konsequent durchführen.

Einfacher und vor allem bei weicher Kost unbedingt zu empfehlen, ist das Abreiben der Zähne mit einer Zitronenspalte mindestens einmal in der Woche. Bei sehr schlechtem Zahnfleisch (Abb. 9) reinigt man die Zähne mit einem Wattebausch mit einer 3%igen Lösung von Wasserstoffsuperoxyd und bestreicht sie regelmäßig mit Cional.

Ein Mittel, das hilft, ein gesundes Gebiß zu erhalten, ist der Kalbs- oder Gelenkknochen einmal in der Woche. Der Hund freut sich darüber, und die Zähne bleiben sauber. *Aber niemals Schinken- oder Schweinekotelettknochen und niemals die Röhrenknochen von Geflügel geben!* Scharfe Wirbel- oder Rippenknochen sind besonders gefährlich. Diese kleinen Knochen können im Schlund oder im Dünndarm steckenbleiben und müssen dann herausoperiert werden.

9

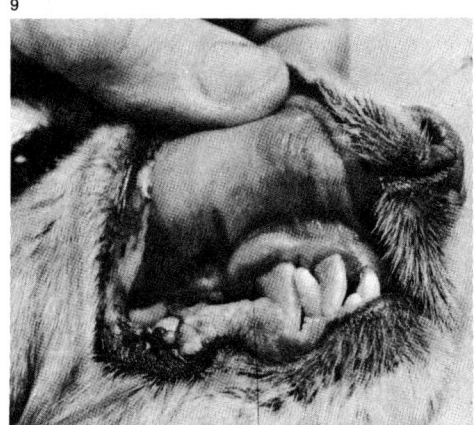

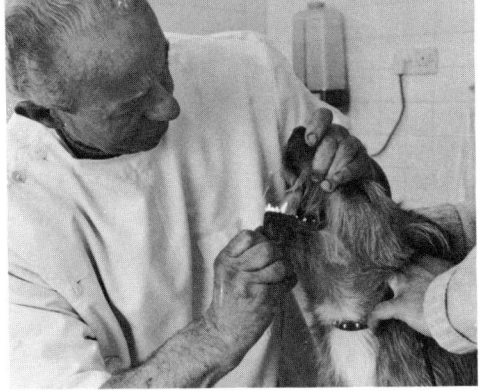

2

Krankheiten des Halses

Mandelentzündung

Ebenso wie der Mensch hat der Hund zwei Mandeln; sie liegen links und rechts hinten im Rachen. In den Mandeln werden die durch den Mund und die Nase eindringenden Infektionserreger abgefangen. Mandelentzündung kann ein- oder beidseitig auftreten und stellt die Abwehrreaktion dieser Wachtposten des Körpers dar.

Ursache
Infektion durch Bakterien oder Viren.

Krankheitserscheinungen
Das erste Anzeichen einer Mandelentzündung ist die Verweigerung des Futters (Abb. 1). Der Hund kann auch Schwierigkeiten haben, Wasser zu schlucken, und hustet oder würgt gelegentlich.
Meist ist die Körpertemperatur erhöht, der Patient kann auch speicheln oder Schleimfäden am Maul haben.
Ein tierärztlicher Blick ins Maul genügt, um die geschwollenen Mandeln zu erkennen.

Behandlung
Die Infektion spricht meist sehr rasch auf Antibiotika an.

Rachenentzündung

Der Rachen ist die Höhle hinten im Maul (Abb. 2). Beim Hund ist sie deutlich abgesetzt und gut entwickelt. Pharyngitis oder Rachenentzündung bedeutet, daß die Schleimhaut in diesem Bereich entzündet ist.

Ursache
Nach meiner Erfahrung entstehen Rachenentzündungen meist durch Verletzungen, z. B. durch spitze Knochen, Holzsplitter, Glasscherben, Nadeln und ähnliches. Auch durch ätzende Stoffe kann es zu Entzündungen kommen.
Virusinfektionen der Atmungsorgane wie Zwingerhusten greifen manchmal auch auf den Rachenraum über.

Krankheitserscheinungen
Starkes Speicheln und Verweigern jegli-

1

4

chen Futters. Oft wird auch kein Wasser aufgenommen. Fieber haben diese Hunde nur selten. Wenn ein Fremdkörper im Rachen steckt (Nadeln!) kratzen die Hunde mit der Pfote am Kopf und schieben die Schnauze am Boden entlang.

Behandlung

Entfernung des eventuell vorhandenen Fremdkörpers (Abb. 3). Antibiotika in Kombination mit entzündungshemmenden Medikamenten.
Das Eingeben von Flüssigkeiten wie Milch, Traubenzuckerlösung oder Wasser mittels einer Magensonde kann nötig sein, wenn der Patient sehr lange nicht schlucken kann. Vor dem Verhungern braucht man allerdings beim Hund in den seltensten Fällen Angst zu haben. Bei Rachenentzündungen ist es aber zweckmässig, etwa eine Woche nur breiige Kost zu füttern.

Fremdkörper im Schlund

Krankheitserscheinungen

Der Welpe oder Hund hat Hunger; er frißt gierig, aber innerhalb von Sekunden bricht er das Gefressene wieder heraus. Wasser oder Milch werden meist ebenfalls erbrochen, bleiben aber manchmal unten.

Behandlung

Ein sofortiger Besuch beim Tierarzt, der den Fremdkörperverdacht durch eine Röntgenuntersuchung klärt.
Wenn der Fall frisch ist, kann man unter Umständen durch Injektion eines Brechmittels versuchen, den Fremdkörper nach oben zu bringen. Das volle Gewicht des Mageninhalts genügt oft, um den steckengebliebenen Gegenstand hochzudrücken. Ich habe mit dieser Methode bei einer ganzen Reihe von Fällen Erfolg gehabt (Abb. 4).
Wenn es so nicht geht, versucht der Tierarzt vermutlich den Fremdkörper mit einer

3

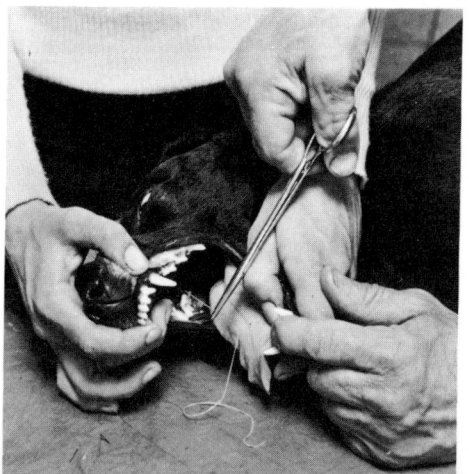

Sonde in den Magen zu stoßen oder aber ihn mit einer Zange herauszuziehen.

Nach meiner Erfahrung kann jedoch ein Fremdkörper, der durch Erbrechen nicht hochgewürgt wird, nur chirurgisch entfernt werden. Das bedeutet aber Eröffnung des Magens oder des Brustraums, da im allgemeinen die Knochen im untersten Teil des Schlundes festsitzen.

Die eindrucksvollste Operation in dieser Richtung, die ich selbst vorgenommen habe, war die Entfernung eines Angelhakens. Ich holte ihn bei einem kleinen Jack-Russell-Terrier aus dem Brustteil des Schlundes heraus.

Kehlkopfentzündung

Der Larynx oder der Kehlkopf ist die Verbindung zwischen Maul und Luftröhre (Zeichnung A). Hier wird die einströmende Luft in die Luftröhre und weiter in die Bronchien und die Lungenbläschen geleitet. Der Kehlkopfdeckel verhindert das Eindringen von Flüssigkeit oder Futterteilchen. Bei einer Kehlkopfentzündung ist die Schleimhaut in diesem Gebiet entzündet.

Ursache
Bakterielle Infektion im Gefolge einer die Widerstandskraft herabsetzenden Krankheit. Kehlkopfentzündung tritt meist gemeinsam mit Mandel- und/oder Luftröhrenentzündung auf. Als eigenständige Krankheit habe ich Entzündungen des Kehlkopfes nur selten gesehen.

Krankheitserscheinungen
Erhöhte Temperatur zusammen mit anhaltendem Husten, der durch Druck auf den Kehlkopf ausgelöst werden kann. Der Husten geht oft in ein Würgen über, so daß man meint, der Hund will erbrechen.

Behandlung
Eine Antibiotikabehandlung über fünf bis sieben Tage erzielt meist einen durchschlagenden Erfolg. Vor der Entdeckung des Penicillins mußte man abwarten, bis die Natur sich selber half, und das dauerte bis zu drei Wochen und noch länger.

Zeichnung A

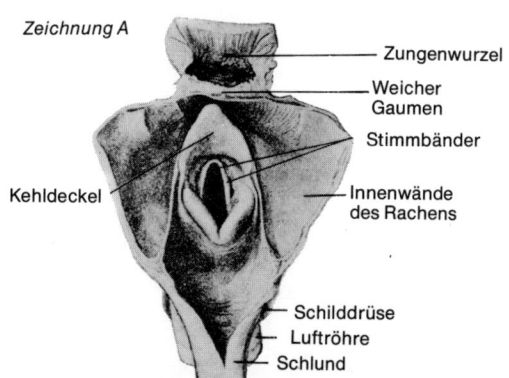

Zungenwurzel

Weicher Gaumen

Stimmbänder

Kehldeckel

Innenwände des Rachens

Schilddrüse
Luftröhre
Schlund

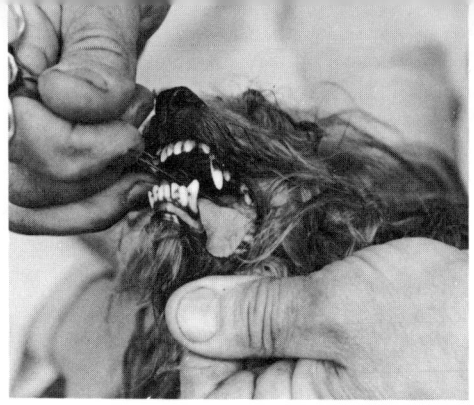

5

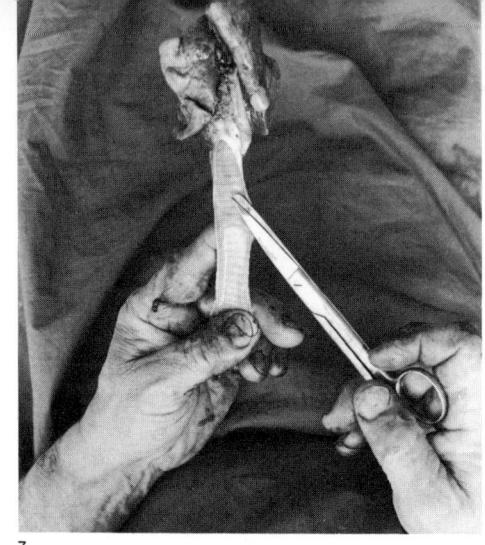

7

Neubildungen

Krebs im Rachenraum ist bei Hunden gar nicht so selten, verhältnismäßig häufig erkranken die Mandeln (Abb. 5).

Krankheitserscheinungen

Befallen werden fast nur ältere Hunde. Der Patient frißt nicht mehr, liegt viel und bekommt bei dem Versuch Wasser zu trinken, manchmal leichte Krämpfe. Das gewaltsame Öffnen des Maules löst starke Schmerzen aus (Abb. 6). Die Diagnose ist schwierig und erfordert das Können eines erfahrenen Tierarztes.

Behandlung

Euthanasie. Hunde mit Krebs im Hals haben es in dieser Beziehung besser als ihre menschlichen Leidensgefährten.

Die Luftröhre

Die Trachea oder Luftröhre führt als Rohr vom Kehlkopf bis zu der Bifurkation der Luftröhrenäste (Zeichnung B). Die In-

nenauskleidung besteht aus einer mit Flimmerepithel besetzten Schleimhaut (Abb. 7).

Luftröhrenentzündung

Die Entzündung der Luftröhrenschleimhaut ist nach meinen Beobachtungen selten und sehr schwer festzustellen. Im all-

Zeichnung B

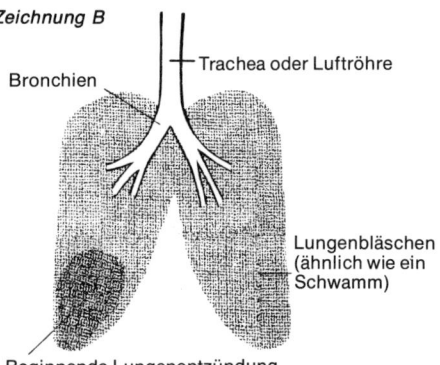

Bronchien

Trachea oder Luftröhre

Lungenbläschen (ähnlich wie ein Schwamm)

Beginnende Lungenentzündung
Lungenbläschen voll entzündlichem Exudat

6

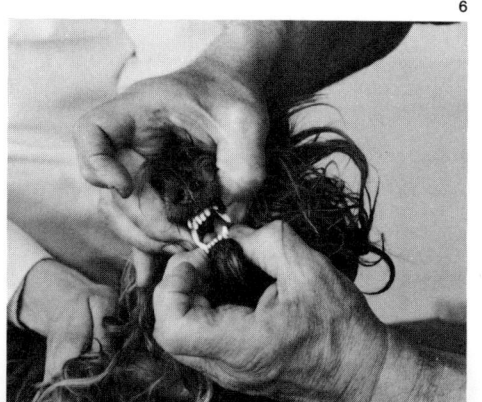

gemeinen tritt sie auch nur im Zusammenhang mit Mandelentzündung oder Bronchitis auf.

Ursache
Bakterielle Infektion oder Verletzung durch das Einatmen eines Fremdkörpers.

Krankheitserscheinungen
Ständiger Hustenreiz ohne erkennbare Ursache. Bei einer typischen Tracheaentzündung besteht kein Fieber.

Behandlung
Sinnvoll nur durch den Tierarzt. Ehe die Behandlung mit Antibiotika und antientzündlichen Medikamenten begonnen wird, ist es zweckmäßig, durch Röntgenkontrolle die Möglichkeit eines Fremdkörpers auszuschließen.

Fremdkörper in der Luftröhre und im Kehlkopf

Besonders Welpen können gelegentlich eine Nadel oder einen Knochensplitter im Hals haben. Sie schlingen Fremdkörper mit dem Futter in sich hinein, die sich dann meist im Kehlkopf festsetzen.

Krankheitserscheinungen
Sie sind sehr heftig und bestehen in akutem Hustenreiz und dem ständigen Kratzen der Halsgegend mit den Hinterpfoten. Der Welpe frißt und trinkt nichts. Manchmal verstopft der Fremdkörper die Luftröhre vollständig, und das Tier droht zu ersticken. Es japst mit blauer Zunge nach Luft.

Behandlung
Sofort zum Tierarzt fahren. Wenn im Röntgenbild ein tiefer sitzender Fremdkörper erkennbar ist, wird er im allgemeinen unter Allgemeinnarkose entfernt werden müssen (Abb. 8). Glücklicherweise sitzen die Fremdkörper meist im oberen Bereich und können mit einer Zange erfaßt werden. Wenn sie tiefer in die Luftröhre gerutscht sind, muß operiert werden.
Wenn die Gefahr des Erstickens besteht, hängt das Leben des Tieres davon ab, wie

8

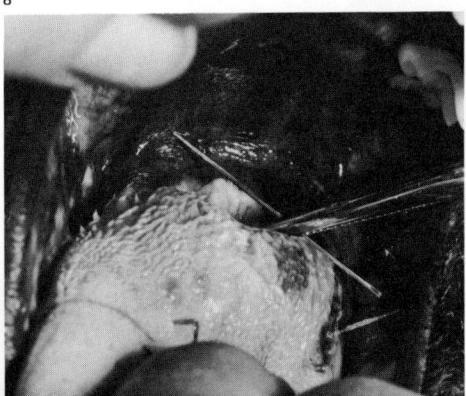

schnell ein Tierarzt erreichbar ist. Er kann notfalls sofort einen Luftröhrenschnitt machen, damit Luft und somit der lebensnotwendige Sauerstoff in die Lunge kommt, und dann erst den Fremdkörper entfernen. Als Sofortmaßnahme ist es zweckmäßig, selber zu versuchen, mit der Hand tief ins Maul zu fassen, um eventuell den Fremdkörper zu erreichen. Auf jeden Fall den Welpen an den Hinterbeinen hochhalten und am Hals entlang kopfwärts nach unten streichen.

Vorbeuge
Niemals kleine, spitze Knochen mit dem Hundefutter mischen, besonders bei jungen Hunden ist das sehr gefährlich. Keine Nadeln im Aktionsbereich von Welpen (und auch von Katzen) herumliegen lassen! Schon einige Male habe ich einem hustenden Welpen ins Maul geschaut und hinten im Rachen einen Faden herausragen sehen.

Die Bronchien

Die Bronchien sind die Verzweigungen der Luftröhre in der Lunge (Zeichnung B). Sie teilen sich zuerst in zwei starke Hauptäste und dann in immer kleiner werdende Verzweigungen, bis sie zuletzt in den Lungenbläschen enden, jenen kleinsten Luftkammern, die ähnlich wie ein Schwamm das eigentliche Lungengewebe ausmachen. Ebenso wie die Luftröhre sind auch die Bronchien mit einem Flimmerepithel ausgekleidet.

Bronchitis

So bezeichnet man die Entzündung der Schleimhaut in den Bronchien. Ebenso wie bei älteren Menschen ist auch bei älteren Hunden Bronchitis ein häufiges Leiden.

Ursachen
Virusinfektionen wie Staupe, bei denen es durch zusätzlich eingewanderte Krankheitskeime zur Bronchitis kommt (siehe

S. 92). Reizhusten durch Schadstoffe in der Luft, Entzündung durch wandernde Wurmlarven, vor allem von Spulwürmern, und Bronchitis als Folge von Haltungsfehlern im Zusammenhang mit Erkältungen und Stress, z. B. durch Transporte. Bei alten Hunden kann chronischer Husten eine Folge von Herzschwäche sein.

Krankheitserscheinungen

Es gibt die akute und die viel häufigere chronische Form. Bei akuter Bronchitis haben die Hunde hohes Fieber (40,5-41° C), schwere Hustenanfälle und fressen nicht. Ein erfahrener Tierarzt kann mit dem Hörrohr den genauen Sitz der Erkrankung in der Lunge feststellen.

Bei chronischer Bronchitis ist die Temperatur im allgemeinen gar nicht oder nur geringfügig erhöht; typisch für die chronische Form sind die immer wiederkehrenden Schübe der Erkrankung. Der Patient bringt beim Husten manchmal schmutziggraue Brocken hoch; es sind die abgestoßenen Schleimhautfetzen.

Behandlung

Akute Fälle werden durch Behandlung mit Antibiotika und entzündungshemmenden Medikamenten oft schlagartig besser. Bei chronischer Bronchitis wird man auf die althergebrachten Mittel gegen Husten nicht verzichten können. Bei ausgesprochenem bellenden Reizhusten kann man hustenstillende Medikamente verwenden. Ist der Husten feucht, gibt man schleimlösende Hustensäfte z. B. Biosolvon. Sehr gut sind feuchte Wickel über die Rippen, Einreibung mit Kampferspiritus und vor allem zeitweiliges Einsperren in ein Badezimmer voller Wasserdampf versetzt mit einem Inhalationsmittel z. B. Kamillenextrakt. Verschleppte Fälle sind schwer auszuheilen, deshalb Husten nie vernachlässigen.

Vorbeuge

Da Staupe eine überaus häufige Ursache von Bronchitis ist, sei auf die termingerechte Impfung noch einmal hingewiesen.

Zwingerhusten
(Kennel Cough)

Seit die Mehrzahl aller Hunde gegen Staupe geimpft wird, haben andere Viruskrankheiten an Bedeutung gewonnen. Der sogenannte »Zwingerhusten« (Abb. 9) ist eine Erkältungskrankheit, vergleichbar dem grippalen Infekt des Menschen.

Ursachen
Verschiedene Viren und Bakterien. Eine Rolle können auch Influenzaviren des Menschen spielen.

Krankheitserscheinungen
Es erkranken hauptsächlich Welpen, aber auch ältere Hunde können sich anstecken.
Das hervorstechende Symptom ist heftiger Husten, der sich unter Würgen bis zum Erbrechen steigern kann. Es sieht oft so aus, als habe der Hund einen Fremdkörper im Hals, wobei er dann allerdings nicht mehr schlucken könnte. Fieber besteht fast immer nur in den ersten 24 Stunden und wird leicht übersehen. Im weitern bleibt der Hund fieberfrei, es sei denn, er zieht sich eine Lungenentzündung zu. Um nichts zu versäumen, sollte man täglich bis zur Genesung die Körpertemperatur kontrollieren, erneutes Fieber ist ein Alarmzeichen, daß Antibiotika gespritzt werden müssen.

9

Behandlung

Wie bei jeder Virusinfektion, haben Antibiotika nur dann eine Wirkung, wenn sich zusätzlich bakterielle Krankheitskeime im Organismus angesiedelt haben. Es gibt jedoch jetzt Immunitätsverstärker (PIND-AVI nach Mayr), die bei sofortiger Anwendung überraschend schnell zur Heilung führen. Diese »Paramunisierung« sollte mehrmals wiederholt werden, da die Wirkung nur einige Tage anhält.

Wichtig sind gute Fütterung und tadellose Unterbringung mit viel Frischluft ohne Zug. Antibiotika und Kortisonpräparate können zusätzlich gegeben werden, um sekundäre Lungenkomplikationen zu vermeiden.

Vorbeugung

Es gibt einen Impfstoff, der auch kombiniert mit der Staupeimpfung angewendet werden kann. Wie bei jeder Impfung muß aber auch die Zwingerhustenvakzine einige Wochen vor der mutmaßlichen Gefährdung gespritzt werden.

Neubildungen in den Bronchien

Bronchialkrebs scheint beim Hund sehr selten vorzukommen, ich habe nie einen derartigen Fall in meiner Praxis gesehen.

Krankheiten der Nase und der Nasengänge

Entzündung der Nasenschleimhaut

Man nennt diesen Zustand auch Schnupfen oder lateinisch *Coryza*; er kann akut oder chronisch auftreten.

Ursache

Ein akuter Nasenkatarrh ist oft das Anfangsstadium einer Staupeinfektion. Es gibt aber auch Nasenschleimhautentzündungen, die nach dem Einatmen von reizenden Gasen oder kleinen Fremdkörpern wie Grannen oder von Larven gewisser Fliegen auftreten. Die eigentliche Ursache ist immer eine Infektion der Schleimhaut, die dann eintritt, wenn die Widerstandskraft des Organismus geschwächt ist. Ähnlich wie beim Menschen kann zum Beispiel Zugluft einen Schnupfen auslösen.

Krankheitserscheinungen

Akuter Schnupfen:
Das erste Anzeichen ist im allgemeinen Niesen. Aus den Nasenlöchern rinnt reichlich wäßriges Sekret (Abb. 1), das sich bald in dicken, gelben Eiter verwandelt.

Die Nasengänge sind verschwollen und gerötet, und oft entzünden sich auch die Lidbindehäute. Zumindest an einem Auge ist meist Ausfluß zu sehen, weil durch die Entzündung der Tränennasenkanal verstopft wird.

Die Temperatur ist im allgemeinen bis zu 39°-39,5° C erhöht.

Chronischer Schnupfen:
Wenn der Nasenausfluß aus einem oder beiden Nasenlöchern anhält oder immer wieder kommt, hat sich ein chronischer Schnupfen entwickelt (Abb. 2).

Stinkender Eiter aus der Nase spricht für eine Knocheneiterung oder einen schlechten Zahn. Es können sich dabei auch geschwürige Entzündungen bilden.

Bei einseitigem Nasenausfluß sollte man an einen Fremdkörper, eine Pilzinfektion oder eine Geschwulst (Neubildung) denken.

Eine trockene Nase ist oft ein Anzeichen für eine fieberhafte innere Erkrankung (Fieber messen!).

1

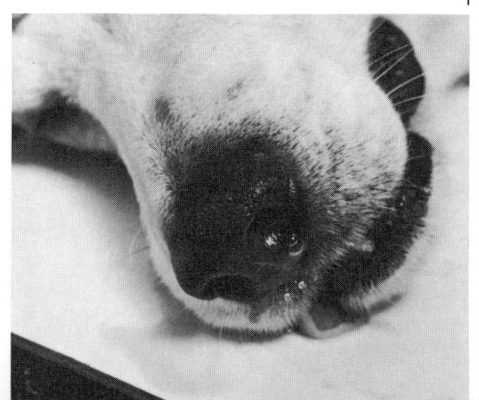

2

Behandlung

Bei eitrigem Schnupfen gehört der Hund in die Hände des Tierarztes. Falls der Hund nicht korrekt geimpft sein sollte, ist das allererste Schnupfenanzeichen ein Alarmsignal für Staupe.

Einfacher Schnupfen bei staupegeimpften Hunden kann durch ein Kamilledampfbad behandelt werden. Man hält den Kopf des Hundes über eine Schüssel mit heißem Kamillentee, wischt dann die Nasenlöcher sauber und schmiert sie mit Vaseline ein.

Nasenbluten

Ursachen

1. Verletzungen der Nasenschleimhaut;
2. starkes Niesen durch Einatmen von Staub oder Pfeffer oder Ähnlichem;
3. Neubildungen in den Nasengängen, zum Beispiel Polypen. Tritt im allgemeinen nur bei älteren Hunden auf;
4. Überanstrengung, z. B. bei Hunderennen;
5. allgemeine Blutungsneigung, z. B. bei einer Kumarinvergiftung (Rattengift).

Krankheitserscheinungen

Blut rinnt aus einem oder aus beiden Nasenlöchern (Abb. 3). Wenn es sich um einen Tumor handelt, ist die Blutung fast immer einseitig und kann bei fortgeschrittenem Krebswachstum von einer Auftreibung auf dem Nasenrücken begleitet sein.

3
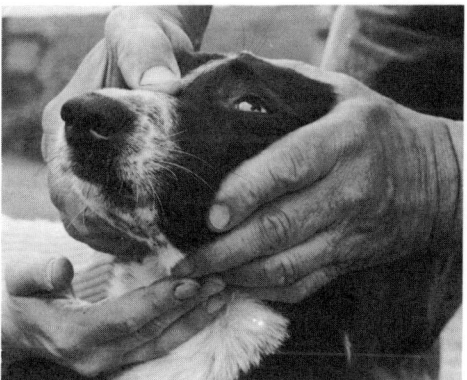

Die Nebenhöhlen

Behandlung

Handelt es sich um eine heftige Blutung, sofort den Tierarzt hinzuziehen. Die meisten Leute tun das sowieso, da eine Blutung im allgemeinen Panik auslöst.

Eine unbedeutende Blutung aus nur einem Nasenloch hält meist nicht lange an und vergeht ohne Behandlung.

Als erste Hilfe kann man kalte Umschläge auf den Nasenrücken legen oder aber bei großem Blutverlust eines der Nasenlöcher mit Verbandmull oder Watte zustopfen (Abb. 4).

Mit dem lateinischen Wort *Sinus* bezeichnet man die Höhlen im Schädel. Diese Hohlräume stehen mit der Nase in Verbindung und sind ebenso wie diese mit Schleimhaut ausgekleidet.

Die Kieferhöhle ist klein, sie liegt unter dem Oberkieferknochen direkt neben dem Nasengang. Die Stirnhöhle ist bei den größeren Hunderassen groß, jedoch verhältnismäßig klein bei den Zwerghunden. Sie liegt unter dem Stirnbein und ist in zwei mit der Kieferhöhle verbundenen Kammern unterteilt (siehe Zeichnung).

4

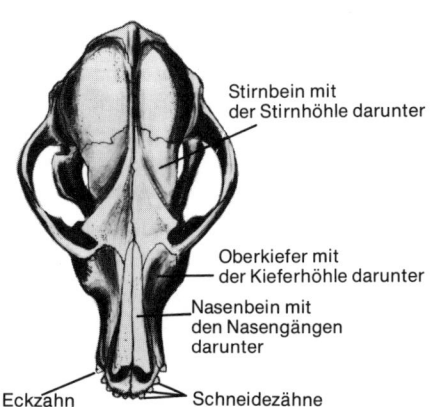

Stirnbein mit der Stirnhöhle darunter

Oberkiefer mit der Kieferhöhle darunter

Nasenbein mit den Nasengängen darunter

Eckzahn

Schneidezähne

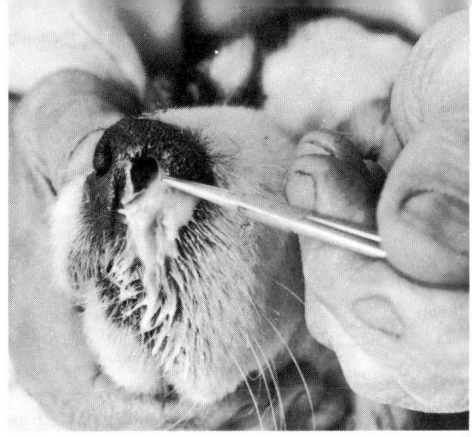

1
2

Entzündung der Nebenhöhlen

Ursache

Es kann sich um eine fortschreitende, von den Nasengängen ausgehende Schleimhautentzündung der Nebenhöhlen handeln oder aber um eine entzündliche Reaktion auf einen Parasiten *(Linguatula serrata)*. In beiden Fällen kann es zu einer Füllung der Nebenhöhle mit einer blutigen Flüssigkeit oder mit dickflüssigem Eiter kommen, dem sogenannten Empyem. Auch eine krebsartige Neubildung in diesem Bereich kann zur Eiterabsonderung führen.

Krankheitserscheinungen

Reichlich oder nur spärlich aus einem oder beiden Nasenlöchern abfließender Eiter, meist ist der Ausfluß einseitig (Abb. 1). Riecht er unangenehm, muß man an eine Knocheneiterung oder an einen eitrigen Zahn denken (Abb. 2). Der Hund kann Gleichgewichtsstörungen oder eine einseitige Kopfhaltung zeigen, besonders wenn die Stirnhöhle voller Eiter ist.

Behandlung

Hier kann nur der Tierarzt helfen. Vielleicht versucht er es mit Dampfbädern, wahrscheinlich muß die erkrankte Nebenhöhle jedoch eröffnet werden, damit der Eiter abfließen kann. Diese Operation wird unter Narkose mit einem Trepan vorgenommen (Abb. 3). Eine Neubildung kann im allgemeinen entfernt werden, bösartige Geschwülste sind allerdings inoperabel.

3

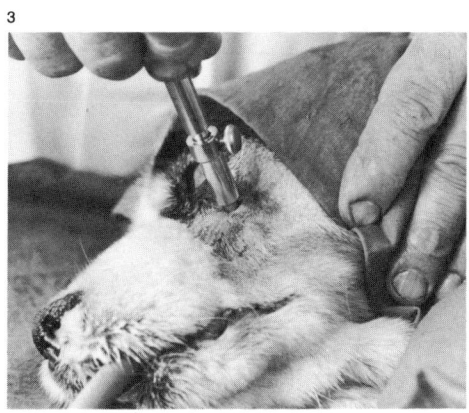

Die Schilddrüse und die Nebenschilddrüse

Die Schilddrüsen sitzen beim Hund direkt unter dem Kopf nahe der Luftröhre (Abb. 1). Die Schilddrüse ist eine Drüse der inneren Sekretion, d. h., sie gibt das von ihr produzierte Hormon direkt in das Blut ab. Das Thyroxin spielt eine große Rolle im Stoffwechsel und ist vor allem für die Bildung der Haare wichtig.

In die Schilddrüsen eingebettet oder ganz in ihrer Nähe liegen die Nebenschilddrüsen. Sie kontrollieren unter anderem den Calciumspiegel im Blut; Calcium ist einer der beiden wichtigsten Mineralstoffe für die Funktion der Muskeln.

Krankhafte Veränderungen der Schilddrüse

Vergrößerungen der Schilddrüse nennt man Kropf, dabei kann die Produktion von Schilddrüsenhormon ungestört, erhöht oder vermindert sein. Kropf beim Welpen ist meist harmlos und vergeht, wenn man einige Zeit täglich einen Tropfen Jodtinktur auf einen Liter Trinkwasser gibt. Kropf bei älteren Hunden kann Folge einer Neubildung sein und muß operiert werden. Ausschließliche Fleischfütterung kann zu Jodmangel und dadurch zu einer Vergrößerung der Schilddrüse führen.

Hypothyreose

Unter diesem Ausdruck versteht man einen Mangel an wirksamem Schilddrüsenhormon.

Krankheitserscheinungen

Haarausfall. Ich habe völlig kahle Hunde gesehen, die durch das Einnehmen von Schilddrüsenextrakt ihr volles Haarkleid wiederbekamen (siehe Haarausfall S. 79).

Mangel an Schilddrüsenhormon verursacht bei alten Hunden auch extreme Fettleibigkeit und bei Hündinnen am Ende der Trächtigkeit allgemeine Lethargie (Abb. 2).

Behandlung

Das tägliche Eingeben von Schilddrüsenextrakt in Tablettenform behebt die Störungen schlagartig, Diagnose und Dosierung sind aber Sache des Tierarztes.

1

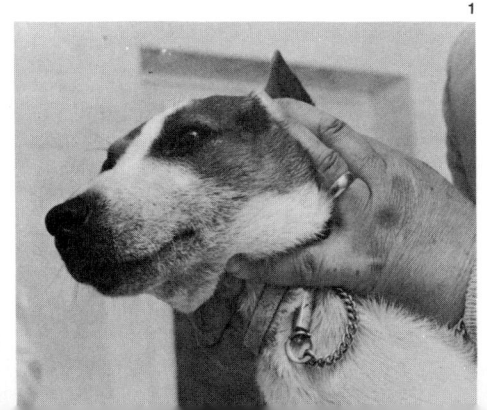

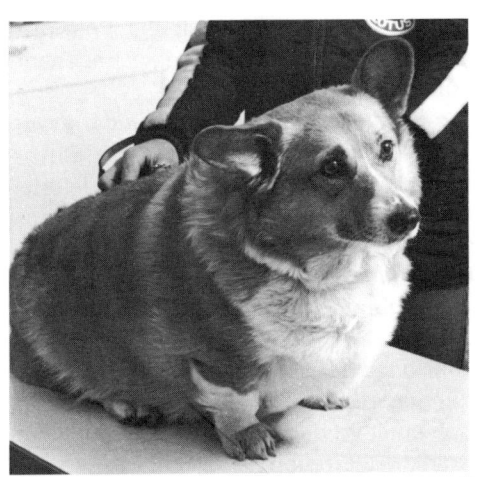

2

Vorbeuge
Es ist unmöglich, Störungen der Schilddrüse vorauszusehen.

Störungen der Nebenschilddrüsen

Mangelnde Funktion der Nebenschilddrüse oder der Epithelkörperchen bedingt Krämpfe, in erster Linie die echte Tetanie. Störungen der Nebenschilddrüse können aber auch ein Faktor bei den Krämpfen im Verlauf der Nervenstaupe (siehe »Staupe«, S. 93) und der Epilepsie (siehe »Krämpfe, S. 216) sein. Bei der Behandlung aller dieser Erkrankungen kann es von Vorteil sein, neben den Hauptmedikamenten zusätzlich Schilddrüsen- und Nebenschilddrüsenpräparate zu verordnen.
Störungen der Funktion der Nebenschilddrüse können auch zu Knochenerkrankungen führen, bei jungen Hunden z. B. zu Knochenauftreibungen an den Kiefern.

Die Lunge

Lungenentzündung

Die lateinische Bezeichnung Pneumonie bedeutet Luftmangel. Auf der Zeichnung kann man erkennen, daß die beiden Lungenhälften wie zwei Schwämme aus einer Menge kleiner Bläschen bestehen. Diese Bläschen füllen sich beim Einatmen mit Luft; der Sauerstoff tritt dabei aus der eingeatmeten Luft in die zahllosen kleinen Blutgefäße über, die als feines Netz in der Wand der Bläschen liegen. Zur gleichen Zeit gibt das Blut als Abbauprodukt Kohlendioxyd in den Innenraum der Lungenbläschen ab. Diese verbrauchte Luft wird beim Ausatmen ausgestoßen. Sauerstoff ist für den Organismus lebenswichtig, er wird bei der Erzeugung von Wärme, Energie und den Stoffwechselvorgängen gebraucht. Ohne Atmung kein Leben.

Wenn die Bronchien und die von ihnen versorgten Lungenbläschen als Folge einer Infektion entzündet sind, spricht man von Bronchopneumonie oder Lungenentzündung.

Die Bezeichnung Lungenentzündung wird auch für Schäden durch äußere Einwirkungen wie Einatmen von Schadstoffen oder Unfallfolgen verwendet.

Ursachen

Lungenblutungen oder Luftansammlungen im Brustraum durch Unfälle im Verkehr oder Schußverletzungen (Abb. 1).

Lungenentzündung als Folge einer Infektion entsteht durch die Einwanderung von Krankheitserregern in das Lungengewebe. Dies geschieht hauptsächlich, wenn die Widerstandskraft des Hundes auf irgendeine Weise herabgesetzt ist, zum Beispiel durch Unterkühlung, Ernährungsfehler oder Krankheit (siehe »Staupe«, S. 93). Bei einer anderen Form der Lungenentzündung füllen sich die Lungenbläschen

1

Die Außenseite von zwei Lungenläppchen

1. Ast der Lungenarterie, der sich über den Lungenbläschen verzweigt
2. Endzweig des Bronchialbaumes
3. Kapillargefäße
4. Lungenbläschen oder Alveolen 4

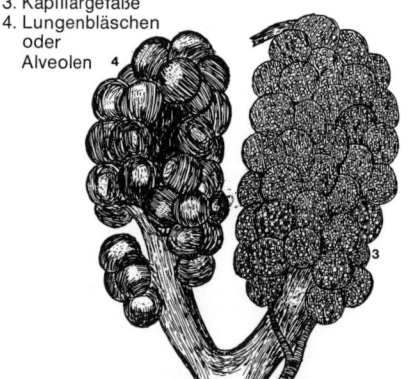

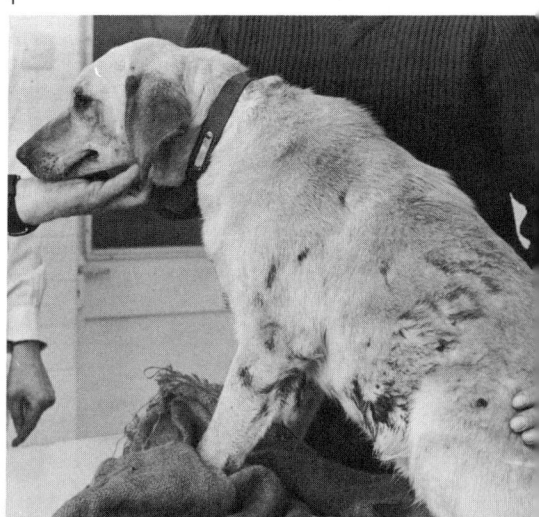

mit Flüssigkeit, d. h. mit Lymphe. Diese Lungenstauung ist die Folge einer Herzschwäche und kommt vor allem bei alten Hunden vor (siehe »Herzasthma«, S. 156).

Krankheitserscheinungen
Schnelle und angestrengte Atmung und Husten. Es gibt aber auch Lungenentzündungen, bei denen der Hund nicht hustet (Abb. 2). Das Fieber steigt bei infektiösen Lungenentzündungen bis zu 41° C an.
Ein für Lungenentzündung typischer Atmungstyp besteht aus kurzem Einatmen und länger ausgedehntem Ausatmen, meist begleitet von einem Stöhnen.
Der Tierarzt kann mit Hilfe des Stethoskops die Lunge abhorchen und dabei die erkrankten Partien feststellen. Zu Beginn einer Lungenentzündung hört man ein Rasseln und später ein dumpfes Geräusch in den nicht mehr am Luftaustausch teilnehmenden, mit Sekret gefüllten Lungenteilen.

Behandlung
Ein Breitbandantibiotikum soll so früh wie möglich gegeben und nicht vorzeitig abgesetzt werden. Der Ausdruck »Breitband« bedeutet, daß durch das Medikament eine große Anzahl von Erregern erfaßt werden. Gerade bei Lungenentzündungen verschreibt der Tierarzt gerne solche Antibiotika, da hier meist verschiedene Krankheitserreger eine Rolle spielen.
Jeder länger als einige Wochen andauernde Husten gehört in tierärztliche Behandlung, der Übergang von Bronchitis zu Lungenentzündung und Lungenemphysem ist fließend, und verschleppte Fälle heilen nur schwer aus.

Vorbeuge
Da Staupe die häufigste Ursache von Lungenentzündung beim Hund ist, soll noch einmal auf die Wichtigkeit der Impfung hingewiesen werden.

2

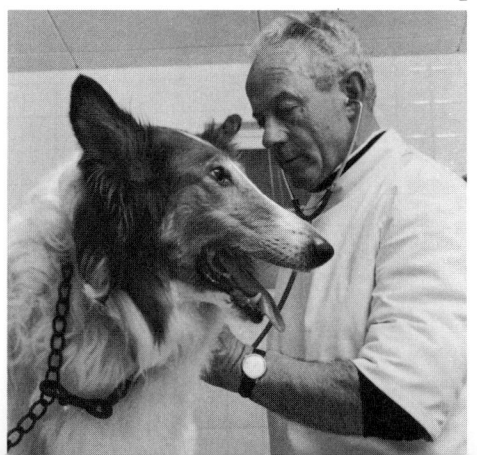

Lungenkrebs

Er kommt bei Hunden vor, ist jedoch recht selten. Im Lauf meines Tierarztlebens habe ich höchstens ein halbes Dutzend solcher Fälle gesehen. Wahrscheinlich deshalb, weil Hunde zu klug sind, um zu rauchen! Ich muß gestehen, daß, wenn ich so die Leute an ihren Zigaretten oder Pfeifen nuckeln sehe, mir Zweifel kommen, ob wir tatsächlich in der Rangordnung höher stehen als die Hunde!

Ursache
Die Ursachen von Krebs beim Hund sind noch nicht völlig geklärt, aber sicher spielt die verminderte Widerstandskraft der Gewebe eine Rolle. Bei den wenigen Fällen, die ich gesehen habe, handelte es sich um alte Hunde mit chronischer Bronchitis oder Asthma.

Krankheitserscheinungen
Sehr ähnlich wie bei Lungenstauung. Vor allem leidet der Patient an ständigem Husten. Ehe die Atmung so erschwert ist, daß beim Ausatmen ein Stöhnen hörbar wird, ist im allgemeinen schon ein größerer Lungenteil erfaßt. Die Diagnose kann nur anhand eines Röntgenbilds durch einen erfahrenen Tierarzt gestellt werden.

Behandlung
Hängt von dem Ausmaß der befallenen Lungenpartie ab. Wenn nur eine Lungenhälfte erkrankt ist, kann der Krebs mit dieser zusammen entfernt werden. Ich freue mich sagen zu können, daß eine solche Operation bei dem letzten Fall von Lungenkrebs in meiner Praxis erfolgreich verlaufen ist.
Der Patient ist jetzt, fast zwei Jahre danach, noch am Leben.

Tuberkulose

Lungentuberkulose kann bei Hunden auch heute noch vorkommen, vor allem in der Stadt. Da die Tuberkulose des Menschen aber immer seltener wird, tritt sie auch bei Hunden kaum mehr auf.

Ursache
Infektion mit Tuberkulosebakterien.
Früher war Milch von tuberkulösen Kühen die Hauptinfektionsquelle, seit aber bei uns alle Rinderbestände tuberkulosefrei sind, können sich Hunde nur noch bei tuberkulosekranken Menschen oder anderen Tieren anstecken.

Krankheitserscheinungen
Sie sind ähnlich wie bei Lungenkrebs oder Asthma; der ständige Husten wird allerdings bei Tuberkulose meist von einem schleimig-eitrigen Auswurf begleitet. Der Tierarzt stellt die Diagnose durch die mikroskopische Untersuchung des herausgehusteten Schleims.

Behandlung
Ebenso wie der Mensch kann auch ein tuberkulöser Hund erfolgreich mit Streptomycin als Injektion über einen längeren Zeitraum behandelt werden. Voraussetzung ist allerdings eine frühzeitige Erkennung der Infektion. Bei einem chronischen Husten, vor allem wenn er mit viel Auswurf verbunden ist, muß der Hund unbedingt tierärztlich untersucht werden. Denken Sie daran, daß ein Hund mit Lungentuberkulose eine Gefahr für Ihre Kinder darstellt.

Asthma

Es gibt bei Hunden zwei Typen von Asthma: Asthma als Folge einer Allergie und Herzasthma. Der erste Typ kann, ebenso wie beim Menschen, ererbt sein, ist aber viel seltener als Herzasthma.

Allergisches Asthma

Dieser Zustand entspricht dem Bronchialasthma des Menschen und ist die Folge einer meist ererbten Allergie gegen Haare, Staub, Pollen oder ähnliche Substanzen. Schon der Welpe kann daran leiden.

Krankheitserscheinungen
Häufig wiederkehrende Hustenanfälle mit Atemnot (Abb. 3).

3

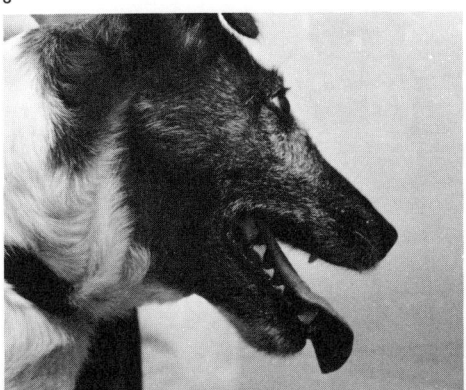

Die Auskultation, d. h. die Abhorchung der Lunge, ergibt typische Rassel- und Reibegeräusche.

Dieses Rasseln entsteht in den Hohlräumen der Lunge, die bei den ständigen Hustenanfällen aus den kleinen Lungenbläschen durch das Zerreißen der feinen Wände gebildet werden. Wenn nun die Atmungsluft durch diese größeren Luftsäcke streicht, hört man die typischen Asthmageräusche (Abb. 4).

Behandlung

Es liegt auf der Hand, daß die Häufigkeit der Anfälle in einem direkten Verhältnis zu deren Schwere steht und damit zu dem Schaden, den sie in der Lunge anrichten. Das einzige Mittel, mit dem man allergisch bedingte Asthmaanfälle beim Hund kupieren kann, ist Kortison. Man muß es in sehr geringer Dosis mehr oder weniger fortlaufend verabfolgen. Es hilft und ermöglicht dem Hund ein einigermaßen beschwerdefreies Leben. Akute Anfälle kann man durch die Injektion von Langzeitkortisonen behandeln.

Herzasthma

Ursache

Dieser Zustand wird durch eine mangelhafte Leistung des Herzens bedingt und kommt beinahe ausschließlich bei alten Hunden vor. Das Blut kreist nicht mehr so schnell in den Gefäßen, wie es sollte, und deswegen wird das austretende Blutplasma nicht wie normal von den Lymphgefäßen abgefangen und dem Kreislauf wieder zugeführt. Statt dessen versickert es in den Körpergeweben. Auf diese Weise gelangt Lymphflüssigkeit auch in die lufthaltigen Lungenbläschen und es kommt zu einem Lungenödem.

Krankheitserscheinungen

Das erste Anzeichen einer Herzschwäche ist unweigerlich Husten, ein typisches Zeichen ist auch nächtliches Umherwandern. Der Vorbericht enthält außerdem meist den Hinweis auf rasches Ermüden und das Alter des Hundes.

Der Puls wird beim Hund an der Innenseite des Oberschenkels gefühlt. Für den Laien ist es einfacher, durch die Brustwand die Herzschläge zu zählen, man legt dabei die flache Hand in Höhe der Ellenbogen gegen die Rippen. Große Hunde haben, etwa wie der Mensch, 60-80 Herzschläge pro Minute, kleine Hunde können einen Puls bis zu 120 haben.

4

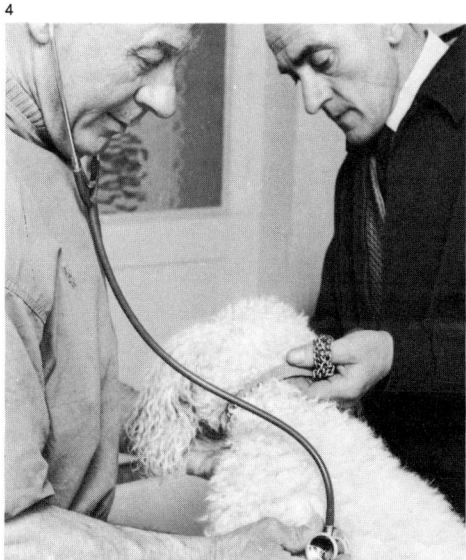

Im Zustand der Ruhe schlägt das Hundeherz nicht gleichmäßig, es geht beim Einatmen schneller und beim Ausatmen merklich langsamer. Steigt die Zahl der Herzschläge durch Bewegung über 120, sollen die Unregelmäßigkeiten der Schlagfolge verschwinden. Wenn also der Puls eines Hundes erhöht und immer noch unregelmäßig ist, gleich zum Tierarzt gehen.

Dann wird es nicht zu den fortgeschrittenen Fällen von Herzasthma kommen, bei denen der Hund schnauft, es nicht mehr aushält, auf der Seite zu liegen, und ödematöse Flüssigkeitsansammlungen unter der Haut und in der Bauchhöhle entstehen.

Prognose

Die Aussichten sind gut, wenn der Patient früh genug behandelt wird. Mit einer geeigneten Herztherapie kann ein derartiger Hund noch jahrelang vergnügt leben. Ich habe vor kurzem einen siebzehnjährigen Hund eingeschläfert, den ich sechs Jahre lang behandelt hatte.

Behandlung

Sie muß ständig und unter Aufsicht des Tierarztes erfolgen. Anregende Herzmittel zusammen mit wassertreibenden Medikamenten bilden die Basis jeder erfolgreichen Behandlung. Das Herzmittel beschleunigt den Kreislauf, und das harntreibende Mittel fördert die Ausscheidung von Flüssigkeit durch die Nieren. Aber, wie ich schon sagte, die Behandlung muß sorgfältig durchgeführt werden, d. h. der Hund muß täglich seine Tabletten bekommen. Wenn die richtige Dosierung sich dann eingespielt hat, braucht der Patient nur noch einmal im Monat beim Tierarzt vorgestellt zu werden.

Akute Fälle erhalten das wassertreibende Medikament als Injektion, vor allem wenn eine Bauchwassersucht vorliegt (Abb. 5).

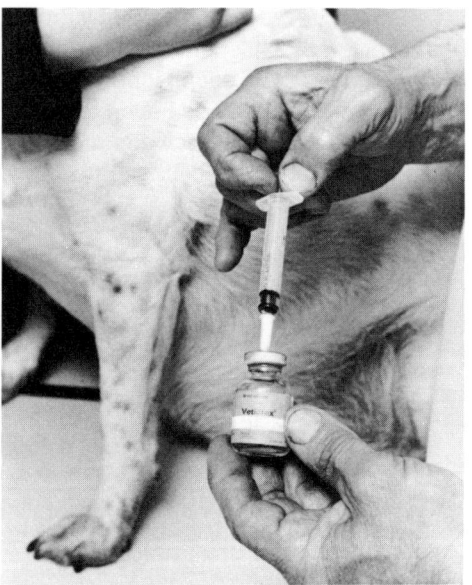

5

Ungewöhnliche Veränderungen im Brustraum

Es gibt verschiedene krankhafte Zustände im Brustraum, aber nur einer davon kommt beim erwachsenen Hund häufiger vor.

Der Zwerchfellbruch

Er ist eine Folge eines Zwerchfelldefektes. Diese aus kräftigen Muskeln bestehende Trennwand zwischen dem Brust- und dem Bauchraum kann reißen oder auch von Geburt an unvollständig sein (Abb. 1).

Ursache
Der Riß entsteht fast immer bei Autounfällen, ich habe allerdings einen Zwerchfellbruch auch im Anschluß an das Überspringen eines hohen Zaunes gesehen (Abb. 2).

Krankheitserscheinungen
Ähnlich wie bei Asthma: Hustenanfälle und Atemstörungen, besonders nach Spaziergängen oder sonstiger heftiger Bewegung. Der Hund probiert beim Hinlegen lange herum, ehe er eine bequeme Lage findet. Der Tierarzt kann die Diagnose durch Abhorchen und durch eine Röntgenaufnahme nach Eingabe eines Kontrastmittels stellen.

Behandlung
Sofortige Operation bietet gute Chancen für eine vollständige Heilung. Wenn der Zustand nicht operativ beseitigt wird, besteht die Gefahr, daß bei einer Abwärtsbewegung die Därme und der Magen in den Brustraum rutschen und der Hund durch den Druck erstickt. Es handelt sich dabei um eine größere Operation, die entweder vom Bauchraum oder von der Brust aus vorgenommen werden kann. In jedem Fall ist es schwierig, den Riß im Zwerchfell zu erreichen, und noch schwieriger, ihn zuzunähen.

Allgemeiner Ratschlag
Wenn nach einem Verkehrsunfall der Hund schwer atmet oder hustet, nicht zögern, ihn zum Tierarzt zu bringen.

1

2

Das Herz und die Blutgefäße

Der Schlag des Herzens ist beim Hund unregelmäßig, und es gehört viel Erfahrung dazu, krankhafte Veränderungen am Puls festzustellen. Die Diagnose von Herzschäden muß daher dem Tierarzt überlassen bleiben. Es gibt aber eine Reihe von Anzeichen für Krankheiten des Herzens, die einfach zu erkennen sind und die auch der aufmerksame Hundebesitzer beobachten kann. Oft kann er dadurch das Leben seines vierbeinigen Gefährten retten.

Wir haben schon von dem häufigsten Krankheitsbild, dem des Herzasthmas, gesprochen; es bleiben aber noch verschiedene andere Herzzustände, auf die man achten sollte. Besonders ältere Gebrauchshunde oder Hunde, die schwer krank waren, sind gefährdet.

Krankheiten der Herzklappen

Der Kreislauf des Hundes entspricht dem des Menschen und dem der anderen Tiere. Das aus den Geweben zurückfließende Blut, dem der Sauerstoff entnommen worden ist, läuft in den Venen zunächst in die beiden großen Hohlvenen (siehe Zeichnung) und von dort in den rechten Vorhof des Herzens.

Vom rechten Vorhof läuft das noch immer sauerstoffarme Blut durch die Trikuspidalklappe in die rechte Herzkammer. Das Blut wird dabei durch die Kontraktion des rechten Vorhofes fortbewegt. Von der rechten Kammer wird das Blut durch Kontraktion der rechten Herzkammerwand durch die Lungenarterie in die Lungen gepumpt.

Herz des Hundes, linke Ansicht

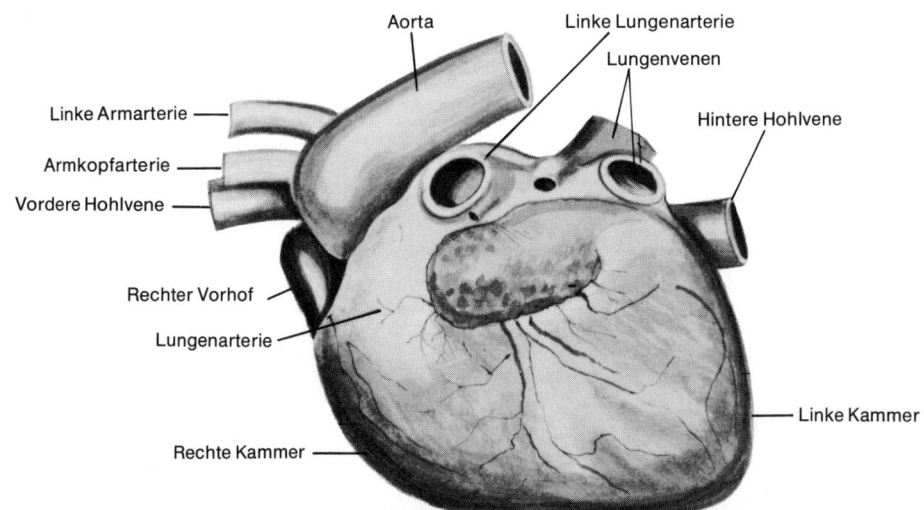

Aorta — Linke Lungenarterie — Lungenvenen — Linke Armarterie — Armkopfarterie — Vordere Hohlvene — Hintere Hohlvene — Rechter Vorhof — Lungenarterie — Linke Kammer — Rechte Kammer

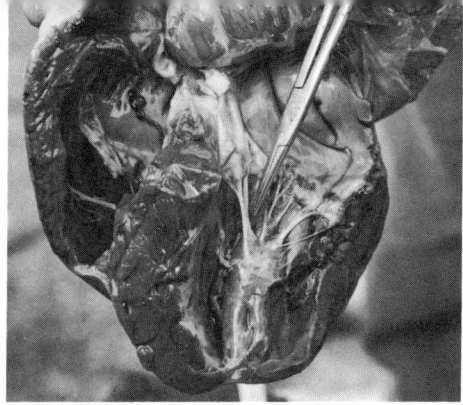

1

Dort gibt das venöse Blut in den luftgefüllten Lungenbläschen das angesammelte Kohlendioxyd ab und reichert sich mit Sauerstoff an.

Aus dem sogenannten Kleinen Kreislauf gelangt das Blut durch die Lungenvenen in den linken Vorhof zurück. Vor dort geht es durch die Mitralklappe in die linke Kammer (Abb. 1).

Wenn sich die linke Kammer zusammenzieht, wird das Blut durch die Aorta, die große Schlagader, in den ganzen Körper gepumpt. Dieser Vorgang wiederholt sich ständig während des ganzen Lebens. Da die Herzkammern mehr Arbeit leisten müssen als die Vorkammern, sind ihre Muskelwände entsprechend dicker, wobei die Wand der linken Kammer besonders kräftig entwickelt ist (Abb. 2).

Außer den Mitral- und Trikuspidalklappen gibt es noch mehrere andere Klappen, um die vom Herzen abgehenden Arterien während der Herztätigkeit zu sperren. Herzklappenfehler nennt man die angeborenen oder erworbenen Schäden an diesen wichtigen Teilen des Herzens.

Angeborene Klappenfehler

Welpen werden manchmal mit unvollständig schließenden Herzklappen geboren.

Krankheitserscheinungen
Schlapp und antriebslos schlafen diese Hunde sehr viel (Abb. 3), ermüden rasch und atmen schon nach kleinsten Anstrengungen beschleunigt. Ihre Zunge und die Maulschleimhaut sind bläulich.

Es handelt sich dabei um das gleiche Bild wie bei den sogenannten »Blauen Babys«.

Behandlung
Ersatz der nicht schließenden Klappe durch eine Kunststoffklappe. Bis jetzt ist diese Methode nur an Versuchstieren erprobt worden, ich nehme aber an, daß in Zukunft die Kleintierpraktiker diese Operation ebenso häufig und erfolgreich durchführen werden wie ihre Kollegen von der Humanmedizin.

Stimulierende Herzmittel haben wenig Zweck.

2   3

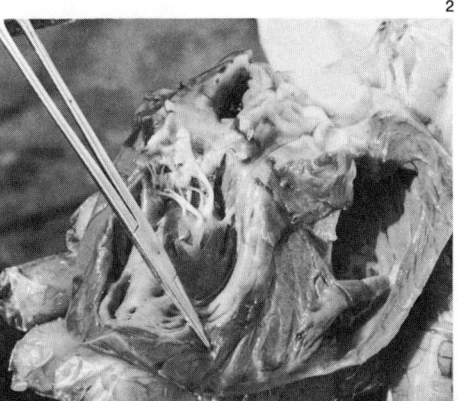

Blutpfropfbildung im Herzen

Die Thrombusbildung im Herzen, also der Verschluß eines der Hauptgefäße (Abb. 4), kommt auch beim Hund vor und entspricht dem Herzinfarkt des Menschen.

Akute Herzanfälle sind allerdings bei Hunden weit seltener als beim Menschen, vermutlich weil der durchschnittliche Hund vernünftiger ernährt wird und mehr Bewegung hat als der Durchschnittsmensch.

Krankheitserscheinungen

Für den Laien sind Thrombosen im Herzen von Herzanfällen durch Klappenfehler kaum zu unterscheiden. Nur kommt es beim »Herzinfarkt« selten zum Blauwerden von Zunge und Schleimhäuten.

Ein Aufschrei, gefolgt vom Zusammenbrechen des Hundes, ist immer ein ernstes Warnsignal (Abb. 5). Bei komplettem Verschluß durch den Blutpfropf ist der Hund bald tot.

Behandlung

Wenn er den Anfall übersteht, bringen Sie den Hund so schnell wie möglich zum Tierarzt.

Die Diagnose beruht auf dem Ausschluß anderer Herzkrankheiten. Die Behandlung besteht, ebenso wie beim Menschen, in beruhigenden und gerinnungshemmenden Medikamenten.

Herzklappenfehler bei ausgewachsenen Hunden

Derartige Veränderungen sieht man fast nur bei Hunden über 5 Jahren und häufiger bei Rüden.

Krankheitserscheinungen

Sie ähneln denen bei Herzmuskelschwäche (siehe »Herzasthma« S. 157), wobei auch hier Husten und nächtliche Unruhe die ersten Anzeichen sind. Dazu kommen bei Stauungen im großen Kreislauf Bauch-

4

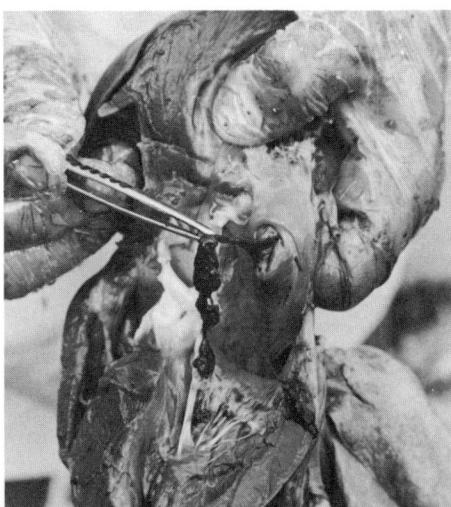

wassersucht und Mattigkeit. Herzkranke Hunde können, ähnlich der Angina pectoris des Menschen, auch plötzlich auftretende Schmerzzustände erleiden. Durch eine gleichzeitige Mangeldurchblutung des Gehirns kann es dabei zu Krämpfen und Bewußtlosigkeit kommen. Meist jaulen die Hunde jedoch nur ohne ersichtlichen Grund plötzlich auf. Ein unregelmäßiger Puls bei über 120 Herzschlägen pro Minute spricht dabei für einen Herzanfall.

Behandlung

Sie ist Sache des Tierarztes, dem Besitzer obliegt die sorgfältige Verabreichung der angeordneten Medikamente. In einem Notfall sollte man das Herz massieren. Man nimmt dafür den Brustkorb zwischen beide Hände und drückt ihn etwa im Rhythmus des menschlichen Herzens zusammen und läßt wieder los. Das wiederholt man, bis das Herz wieder schlägt. Bei Herzschwäche infolge großer Anstrengung wirkt starker Kaffee mit Zucker anregend.

Vorbeugung

Die eigentliche Ursache der krankhaften Veränderungen der Herzklappen steht noch nicht fest. Streß, Mangel an Bewegung und zuviel Stärke im Futter sind jedoch auch bei Hunden schädlich für das Herz.

Herzverpflanzung beim Hund?

Technisch absolut möglich; experimentelle Herzverpflanzungen sind beim Hund schon oft vorgenommen worden.

5

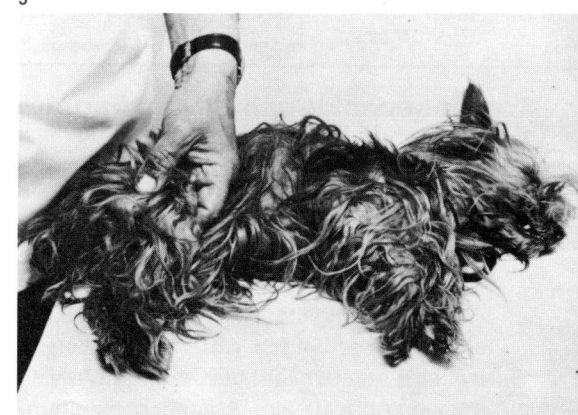

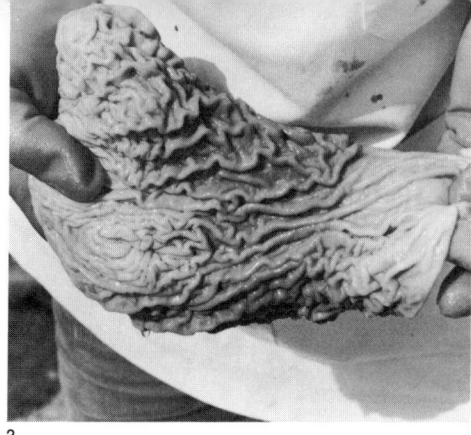

2

Der Magen

Der Magen des Hundes ist ein gutentwikkeltes Organ (Abb. 1), das in der Lage ist, Fleisch und Knochen zu verdauen. Je nach der Rasse faßt ein Hundemagen von einem bis zu drei Litern Inhalt. Ebenso wie beim Menschen und anderen Säugetieren ist der Magen mit Schleimhaut ausgekleidet, beim Hund ist diese aber in ihrer ganzen Ausdehnung mit Magendrüsen durchsetzt (Abb. 2). Diese Drüsen sondern die Verdauungssekrete ab und bedingen vermutlich durch ihre große Anzahl die Bereitschaft von Hunden und Katzen, sehr leicht zu erbrechen.

Magenschleimhautentzündung

Auch *Gastritis* genannt, beruht auf der Entzündung der sehr drüsenreichen Schleimhaut (Abb. 3).

Ursache

Durch den angeborenen Trieb des Beutemachens schlingen vor allem Welpen wahllos auch unverdauliche Dinge in sich hinein (Abb. 4); eine Magenschleimhautentzündung ist die Folge.

Die ernsteren Fälle werden durch eine Infektion mit Bakterien verursacht, die häufig mit stinkendem Fleisch und alten Knochen aufgenommen werden. Vor allem Salmonellen und *Clostridium botulinum* können in verdorbenem Fleisch (Vorsicht vor nicht einwandfreien Konserven!) enthalten sein. Diese Erreger sind gefährlich und schwierig zu behandeln.

Es kommen aber auch Viren in Frage. Gerade in den letzten Jahren hatte ich überwiegend mit Virusinfektionen des Magen-Darm-Kanals zu tun. Sie sind, wie die Magen-Darm-Grippen des Menschen, ansteckend.

Krankheitserscheinungen

Das vorherrschende Symptom ist Erbrechen. Ein gelegentliches Erbrechen ist dabei bedeutungslos, auch völlig gesunde Hunde brechen oft ohne jeden ersichtlichen Grund.

Bei Gastritis ist das Erbrechen heftig und anhaltend (Abb. 5).

Der Hund frißt nichts mehr, will aber in den meisten Fällen ständig trinken. Das Wasser wird aber sofort wieder erbrochen. Vor

1

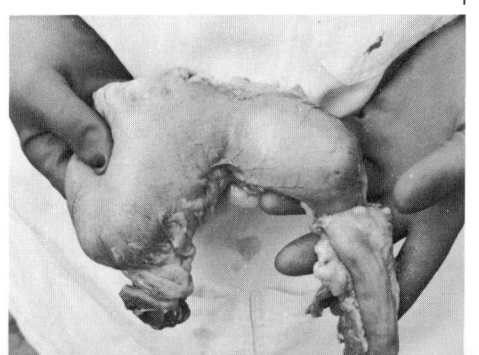

3

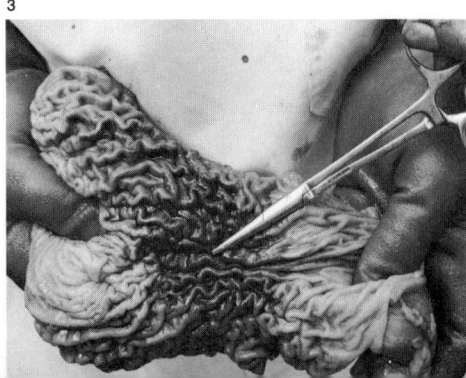

allem die Zungenspitze färbt sich bräunlich, der Hund ist lethargisch, und durch den Flüssigkeitsverlust trocknen die Gewebe aus.

Fieber besteht im allgemeinen nicht, in schwereren Fällen kann es zu Untertemperatur kommen. Nur bei den Infektionskrankheiten (siehe »Staupe«, S. 93) ist die Temperatur anfangs erhöht.

Bei Infektionen mit Bakterien oder Viren erkrankt oft gleichzeitig auch der Darm (siehe »Darmentzündung«, S. 169).

Behandlung

Schnell zum Tierarzt, nichts ist schrecklicher als ständiges Erbrechen!

Der Tierarzt wird ein krampflösendes oder ein beruhigendes Mittel spritzen und damit das Erbrechen mehr oder weniger sofort unterbinden. Die Behandlung der entzündeten Magenschleimhaut erfolgt dann durch das Eingeben entsprechender Medikamente.

Während der Behandlung dürfen die Hunde mindestens 24 Stunden nichts fressen, Flüssigkeit in Form von schwach gesalzenem Tee oder Wasser muß aber unbedingt zur Verfügung stehen, um der Austrocknung zu begegnen.

Bei schwerem Erbrechen kann man Eisstückchen in einer Schüssel anbieten oder eingeben. Ein Hausmittel sind ein Teelöffel Natron in einem kleinen Glas Wasser mit etwas Zitronensaft, man gibt die Mischung löffelweise ein.

Am zweiten Tag beginnt man mit Fleischbrühe, in leichten Fällen auch bereits mit fester Nahrung in begrenzter Menge und aufgeteilt auf mehrere kleine Mahlzeiten. Geeignet ist breiiges Futter aus durchgedrehtem, rohem Fleisch, Quark oder weichgekochtem Ei, vermischt mit etwas gekochtem Reis oder Weißbrot.

Nach weiteren 48 Stunden kann man zur üblichen Fütterung zurückkehren.

Vorbeuge

Da die schwersten Magenentzündungen im Verlauf von Staupe auftreten, immer an die zeitgerechte Impfung denken!

Zwei Fragen tauchen in diesem Zusammenhang immer wieder auf:

Warum fressen junge Hunde alles, was sie erwischen können, und vor allem, warum fressen sie ihren eigenen Kot (Abb. 6)?

Junge Hunde haben den instinktiven Drang, alles zu benagen; dieser Trieb setzt sich zusammen aus Neugierde und der Notwendigkeit, Zähne und Kaumuskulatur zu entwickeln. Wenn sie aber tatsächlich jeden Dreck fressen, sind sie wahrscheinlich hungrig. Vermutlich fehlt ihnen das nötige Eiweiß im Futter. Solche Welpen bekommen meistens hauptsächlich Stärke als Flocken oder Hundekuchen und zu wenig Fleisch oder andere Proteinträger. Das einfachste Heilmittel ist die richtige Fütterung (siehe »Fütterung« S. 16).
Das Fressen von Kot beruht auf einer anderen Ursache. Hier drückt sich ein Mangel an Mineralstoffen aus, und zwar speziell an Phosphor. Man gibt deshalb Knochenmehl ins Futter; ein Teelöffel voll am Tag ist reichlich. Knochenmehl bekommt man über den Fachhandel von Düngemitteln oder von Tierkörperverwertungsanstalten. Am leichtesten kauft man die kleinen Mengen, die man braucht, in Gartenbaugeschäften.
Die natürliche Versorgungsquelle mit Phosphor ist Knochen für den Hund, am besten ein Kalbsknochen. Schon deshalb sollte vor allem der heranwachsende Hund einmal in der Woche einen großen Knochen bekommen.

Fremdkörper im Magen

Ursache
Viele junge Hunde, aber oft auch ältere Tiere, apportieren mit Leidenschaft. Nicht nur die Jagdhundrassen schleppen unentwegt Steine und Stöcke an, die ihnen ihre zweibeinigen Spielgefährten zuwerfen (Abb. 7). Dieses schöne Spiel macht aber nicht nur allen Beteiligten Freude, es ist auch mit einer Gefahr verbunden. Früher oder später wird dabei so mancher Stein verschluckt und bleibt im Magen liegen.
Junge Hunde verschlucken aber auch Knöpfe, Münzen, Tischtennisbälle usw.

6 7

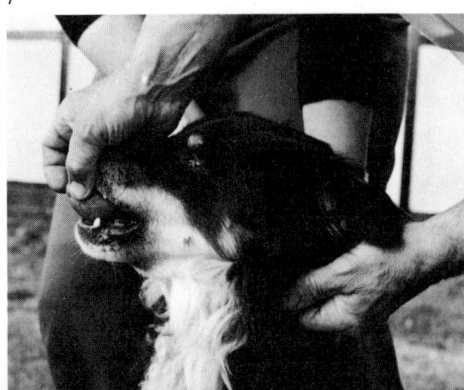

Krankheitserscheinungen

Wenn der Fremdkörper keine scharfen Spitzen oder Kanten hat, kann er lange im Magen liegen, ohne irgendwelche Symptome hervorzurufen. Eigentlich sind alle Fremdkörper im Magen, die ich behandelt habe, nur deshalb aufgefallen, weil der Hundebesitzer ihr Verschlucken beobachtet hatte.

Krankheitserscheinungen treten meist erst dann auf, wenn der Fremdkörper im Darm festsitzt (siehe S. 174).

Behandlung

Nachdem man die Lage des Fremdkörpers durch Röntgen festgestellt hat, injiziert man ein Brechmittel, damit der Hund den verschluckten Gegenstand hochwürgt und ausspuckt (Abb. 8). Wenn der Patient noch frißt, verschreibe ich eine ausgiebige Mahlzeit eine Stunde vor Verabfolgung der Spritze. In der großen Mehrzahl aller Fälle führt diese Methode zum Erfolg.

Wenn es sich allerdings um einen spitzen oder scharfen Gegenstand wie eine Nadel oder ein Stück Glas handelt, muß sofort operiert werden.

Diese Operation nennt man Gastrotomie. Sie besteht in der Eröffnung des Magens unter Vollnarkose und verläuft fast immer erfolgreich.

Magenkrebs

Relativ selten bei Hunden. Ich habe bisher nur einen Fall gesehen, und dabei handelte es sich um einen ausgebreiteten Krebs.

Krankheitserscheinungen

Sie würden ähnlich denen einer chronischen Gastritis sein.

Erkennung

Nur durch Röntgen mit Kontrastmittel.

Magenerweiterung und Magendrehung

Betrifft überwiegend Hunde großer Rassen (Abb. 9).

8

9

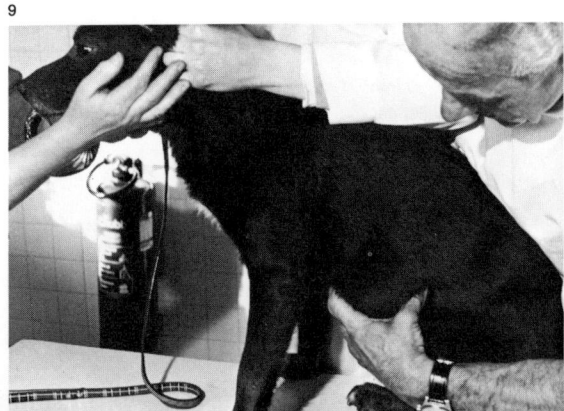

Ursache

Meist bei Hunden, die nur einmal am Tag gefüttert werden, dann aber viel suppige Nahrung aufnehmen.

Krankheitserscheinungen

Der Magen füllt sich mit Gas und kann sich verdrehen, dadurch krampfhafte Versuche zu erbrechen, Aufblähen und Atemnot. Schnell einsetzende Hinfälligkeit und Kreislaufschwäche mit blauroter Verfärbung der Zunge.

Behandlung

Sofortige Einführung einer Magensonde und Operation durch den Tierarzt.

Verengung des Magenausgangs

Der Pylorus oder Pförtner am Übergang des Magens in den Dünndarm kann bei Welpen von Geburt an krampfhaft verengt sein.

Krankheitserscheinungen

Dauerndes Erbrechen trotz Behandlung. Der Welpe entwickelt sich schlecht und wird laufend hinfälliger.

Behandlung

Wenn ein Welpe diese Erscheinung zeigt, gehört er schnellstens in die Hände des Tierarztes.
Eine verhältnismäßig einfache Operation, die Durchtrennung des Muskelringes um den Pförtner, bringt fast immer eine vollständige Heilung.
Es gibt noch zwei andere angeborene Schäden, die sich bei Welpen genau wie der Pförtnerkrampf äußern: der persistierende Aortenbogen und ein abnormaler Schlund. Beides ist selten und kann nur durch Röntgenaufnahmen geklärt und notfalls chirurgisch behandelt werden (Abb. 10).
Beim ständigen Erbrechen muß ein Welpe also schnellstens in tierärztliche Behandlung.

Magen des Hundes

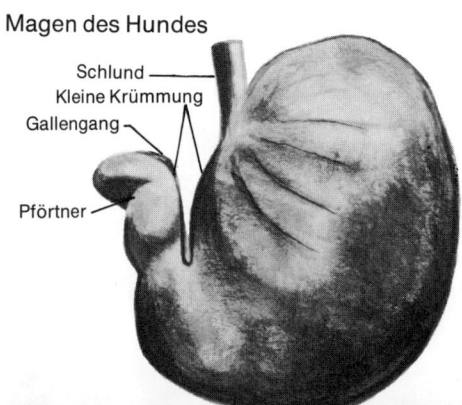

Schlund
Kleine Krümmung
Gallengang
Pförtner

10

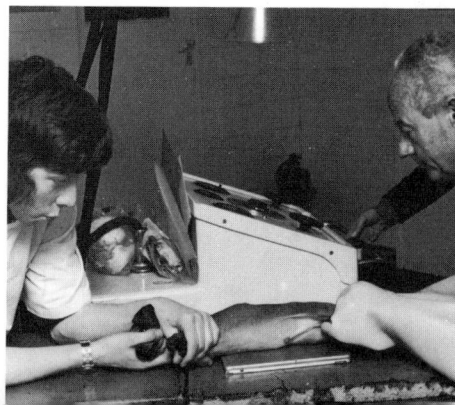

Die Därme

Die Därme des Hundes werden in Zwölffingerdarm, Leerdarm und Krummdarm – die
Dünndärme –, und Blinddarm, Grimmdarm und Mastdarm – die Dickdärme –
unterteilt (Abb. 1). Sie sind verhältnismäßig kurz.
Die Dünndärme dienen der Verdauung
und der Aufnahme der Nährstoffe. Wie bei
allen Fleischfressern ist der Verdauungstrakt des Hundes widerstandsfähig, und
Störungen in diesem Bereich sind selten.
Die häufigste unter ihnen, das Festsetzen
eines Fremdkörpers, wird auf Seite 174
behandelt.

1

Darmentzündung

Es gibt die akute und die chronische Entzündung der Darmschleimhaut.

Ursachen
Fütterungsfehler, Infektionen mit Viren,
Bakterien oder Kokzidien, Erkältungen,
Wurmbefall, Vergiftungen (siehe »Arsen-
vergiftung« S. 224) und Leber- und Bauch-
speicheldrüsenerkrankungen.

Krankheitserscheinungen
Akuter Durchfall (Abb. 2) und Bauch-
schmerzen. Meist ist auch der Magen
betroffen (Gastroenteritis) und es tritt
Erbrechen auf. Wenn Blut im Erbrochenen
oder Kot ist, spricht man von einer »hä-
morrhagischen« Entzündung.

Behandlung
Zunächst immer 2 Tage hungern lassen,
erlaubt sind nur roher Karottensaft oder
roher, geriebener Apfel. Als Getränk

2

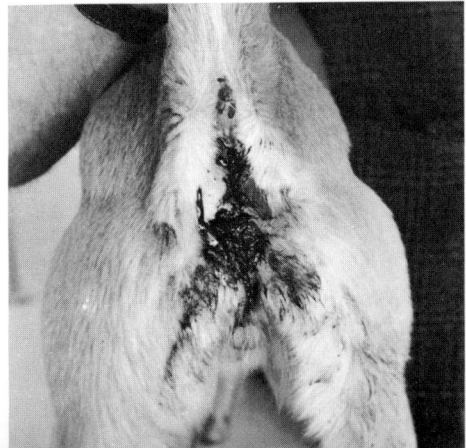

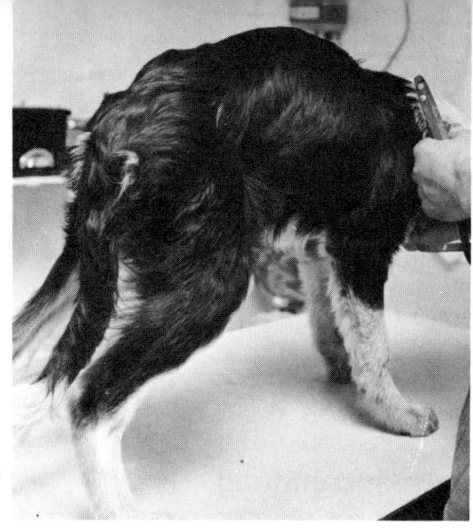

3

schwach gesalzenen Kamillentee oder besser noch eine Lösung aus 3.5 g Kochsalz, 2.5 g doppeltkohlensaures Natron, 1.5 g Kaliumchlorid und 20 g Traubenzukker auf einen Liter Wasser.

Bei Fieber soll man stets sofort zum Tierarzt gehen, er wird ein Breitbandantibiotikum spritzen und die notwendigen Medikamente verordnen. Nicht auf eigene Faust für den Menschen bestimmte Präparate verabfolgen. Als erstes Futter nach den Fasttagen gibt man durchgedrehtes rohes Fleisch mit geriebenem Zwieback.

Chronischer Durchfall

Hauptsächlich bei jungen Hunden im Alter bis zu 10 Monaten (Abb. 3).

Ursache
Meist schwerer Befall mit Rundwürmern. Auch Bandwurmbefall verursacht Durchfall.

Krankheitserscheinungen
Ständig weicher Stuhlgang und schlechter Allgemeinzustand.

Behandlung
Im Abstand von 10 Tagen ein Entwurmungsmittel (Abb. 4), am besten nach einer Kotuntersuchung durch den Tierarzt. Gleichzeitig gibt man Tierkohle oder ein anders absorbierendes Mittel ins Futter. Nie eine Wurmkur bei akutem Durchfall vornehmen!

Dickdarmentzündung

Lateinisch *Kolitis* genannt, handelt es sich dabei um eine chronische Darmentzündung, die Hunde aller Altersklassen befällt.

4

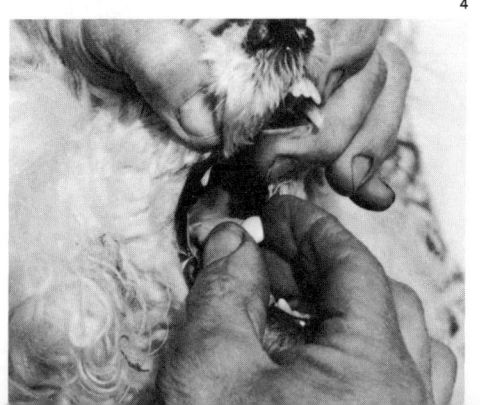

Ursache
Die Entzündung der Grimmdarmschleim-
haut tritt meist als Begleiterscheinung von
chronischen Störungen auf.

Krankheitserscheinungen
Der immer weiche Stuhlgang ist auf der
Oberfläche mit einer schleimigen Haut
überzogen (Abb. 5). Es handelt sich dabei
um eine abgestoßene oberste Schicht der
Darmschleimhaut.

Behandlung
Sorgfältige Diät und drei Monate lang täglich Tierkohle zu jeder Mahlzeit. Ich empfehle drei Mahlzeiten am Tag, bestehend
aus reinen Proteinträgern wie Fleisch,
Eiern, Quark und einer ganz kleinen Menge rohem, grünem Gemüse. Dazu jedesmal ein gestrichener Teelöffel Kohle.
Es gibt auch geeignete kombinierte Präparate.

5
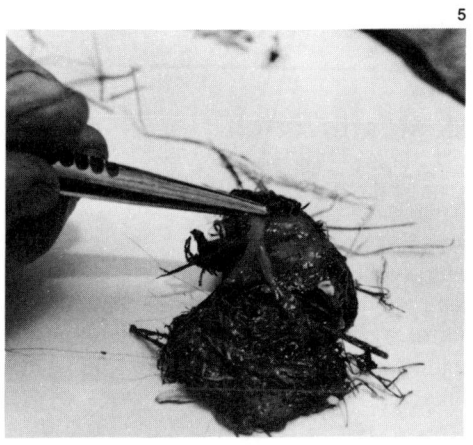

Dickdarmverstopfung

Vor allem ältere Hunde, die keine Bewegung haben und viel Knochen und Hundekuchen fressen, haben manchmal harten,
trockenen Kot, den sie nur unter Beschwerden absetzen können. Solchen
Hunden fehlen Ballaststoffe im Futter.
Man kann sie durch tägliche Gaben von
Weizenkleie bereitstellen. Stuhlgangför-
dernd ist Leinsamenschrot, im Bedarfsfall
kann auch Paraffinöl gegeben werden. Für
Menschen bestimmte Abführmittel sind
fast alle für Hunde ungeeignet.

Einschiebung eines Darmabschnitts

Die sogenannte Invagination bedeutet, daß ein Darmstück sich wie ein ausgezogener Strumpf oder Handschuh einstülpt. Es ist ohne Zweifel die schmerzhafteste Darmstörung, glücklicherweise tritt sie fast ausnahmslos bei Welpen auf.

Ursache

Meist erkranken Welpen, die an schwerem Wurmbefall (Abb. 6), oft aber auch gleichzeitig an Durchfall leiden. Es kann auch Durchfall allein schuld sein, oder aber man findet keine eindeutige Ursache.

Krankheitserscheinungen

Akuter Schmerz und schneller Tod, wenn nicht rasch eine Behandlung erfolgt. Das Tier krümmt sich vor Schmerzen, und sein Bauch wird aufgetrieben (Abb. 7).

Behandlung

Schnellstens zum Tierarzt! Er wird den eingeschobenen Darm durch Abtasten

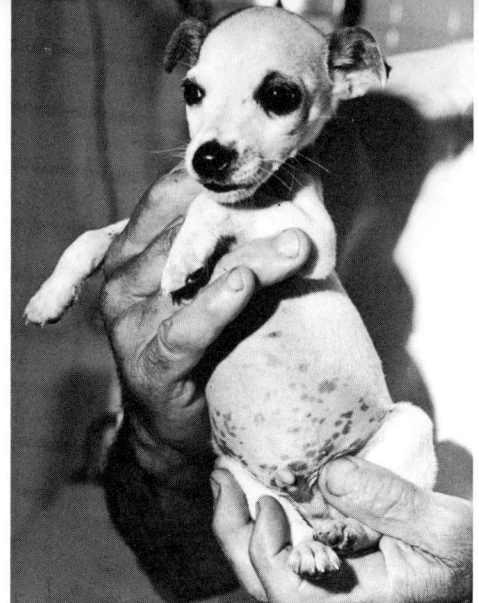

7

feststellen (Abb. 8) und sofort operieren. Dabei wird der Bauch unter Betäubung eröffnet und das ganze eingeschobene Darmstück entfernt.

Vorbeuge

Regelmäßige Entwurmung und richtige Fütterung.

Mastdarmvorfall

Tritt hauptsächlich bei Welpen auf.

Ursache

Langanhaltender Durchfall, oft auch zusammen mit Wurmbefall. Es kann auch nur eine der beiden Störungen vorhanden sein. Sehr selten ist eine Verstopfung die Ursache.

6

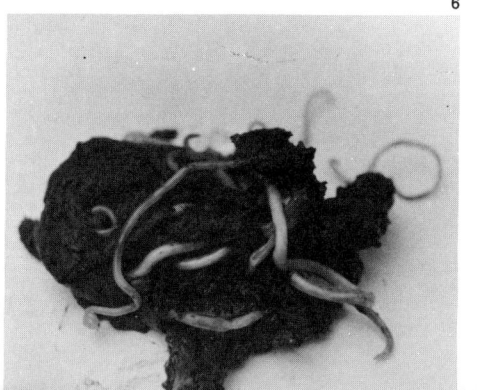

8

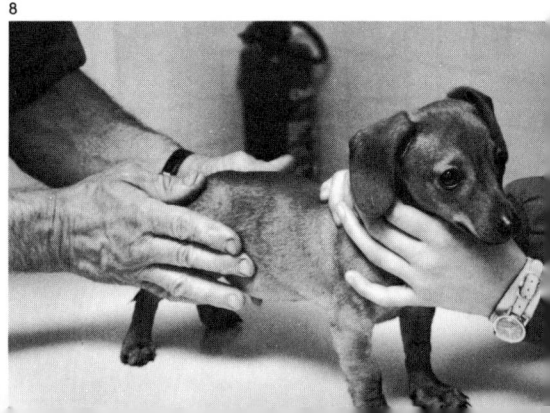

Krankheitserscheinungen

Die Schleimhaut der Analregion und meistens auch die Innenauskleidung des Endabschnitts vom Mastdarm werden aus der Afteröffnung hervorgestülpt. Das Ganze sieht dann aus wie eine große Himbeere. Der Hund zeigt Unbehagen und leckt unausgesetzt an der Vorwölbung.

Behandlung

Der Tierarzt stülpt die hervorgetrene Schleimhaut wieder zurück in den Mastdarm und näht das Ganze.

Ich operiere immer unter örtlicher Betäubung und lege die Tabaksbeutelnaht doppelt um ein eingeschobenes Thermometer herum an. So bleibt eine entsprechende Öffnung für den Stuhlgang. Ich spritze dazu ein Langzeitantibiotikum, um für mindestens eine Woche den Keimgehalt möglichst gering zu halten. Diese Vorsorge ist meines Erachtens für den Operationserfolg entscheidend.

Darmkrebs

Darmkrebs ist bei Hunden relativ selten.

Krankheitserscheinungen

Tritt fast ausschließlich bei älteren Hunden auf.

Im allgemeinen macht sich zuerst eine Neigung zu Verstopfung bemerkbar. Der Hund drückt angestrengt beim Kotabsatz und schreit dabei manchmal auf, als ob ein knochenhaltiger Stuhl ihm Schmerzen bereiten würde.

Eine rektale Untersuchung durch den Tierarzt klärt die Situation (Abb. 9).

Behandlung

Wie die meisten inneren Tumoren beim Hund ist auch der Mastdarmkrebs im allgemeinen durch eine Operation nicht heilbar. Er ist überdies oft sehr schmerzhaft,

9

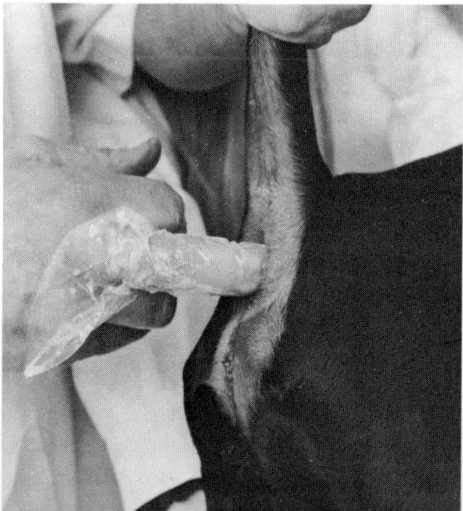

und der Hund sollte möglichst bald durch eine Spritze erlöst werden.

Fremdkörper im Dünndarm

Im Magen verursachen Fremdkörper häufig keine Beschwerden (siehe S. 166), im Dünndarm bleiben dann Gummibälle, Plastikspielzeug und mit tödlicher Sicherheit Pfirsichkerne stecken.

Vorgeschichte
Fremdkörper im Darm treten am häufigsten bei den Hunden auf, deren Besitzer ihnen Steine oder Stöckchen zum Apportieren zuwerfen. Vor allem Jagdhunde lieben derartige Spiele.
Nach meiner Erfahrung sind die meisten Fremdkörper im Darm verschluckte Steine; ich habe allerdings auch schon abgebrochene Holzstöcke, Plastikspielzeug, ungezählte Bälle und eingebohrte Nadeln herausgeholt. Natürlich schafft es manchmal auch der besagte kleine Knochen, sich durch den Schlund hindurchzuzwängen,

um dann im Dünndarm steckenzubleiben (Abb. 10).
Wahrscheinlich war mein interessantester Fall ein Labrador Retriever. Er kam mit dem Vorbericht, daß es in seinem Magen »schepperte«, wenn er rannte. Das Röntgenbild zeigte einen ganzen Haufen abgerundeter Steine im Magen; tatsächlich waren es deren zehn.
Solange die Steine im Magen bleiben, schaden sie dem Hund im allgemeinen nicht. Die Schwierigkeiten beginnen, wenn ein Stein im Darm steckenbleibt, meist im Dünndarm.

Krankheitserscheinungen
Das erste Zeichen ist Erbrechen eine Weile nach der Mahlzeit; im allgemeinen dauert es etwa eine Stunde, bis das Futter wieder hochkommt.
Nachdem sich das einige Male wiederholt hat, weigert sich der Hund, etwas zu fressen oder zu trinken. Er sieht krank aus, und die Maulschleimhaut wird kalt und klebrig. Kot wird nicht mehr abgesetzt. Ein

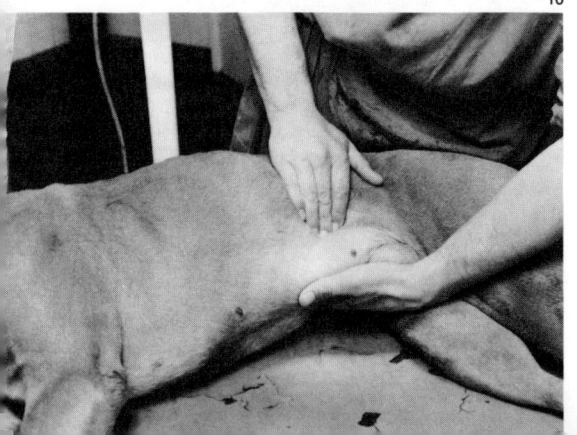

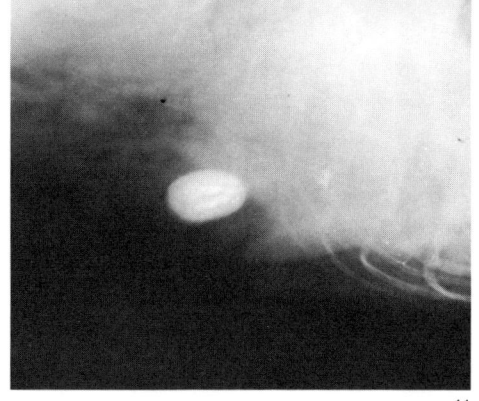

11

fast sicheres Zeichen für einen Fremdkörper ist es, wenn beim Fiebermessen pappiger Schleim am Thermometer klebt.

Behandlung
Der Tierarzt klärt die Lage durch eine Röntgenaufnahme und operiert sofort (Abb. 11 u. 12).
Der Teil des Darmes, in dem der Fremdkörper steckt, ist immer beschädigt und entzündet. Es muß im gesunden Darmabschnitt operiert werden, d. h. der Fremdkörper vor der Eröffnung des Darmes ein Stück verschoben werden. Die Heilung erfolgt dann rascher (Abb. 12).

Nachbehandlung
Im allgemeinen wird der Tierarzt Anweisungen geben, aber die Regel ist, daß der Hund zwei oder drei Tage nur Flüssigkeiten bekommt. Mindestens drei weitere Tage soll dem Patienten nur weiches Futter gereicht werden.

Welche Chancen hat die Operation?
Wenn sie einigermaßen rechtzeitig erfolgt, sind die Chancen sehr gut. Ich habe aber auch schon eindrucksvolle Erfolge bei verschleppten Fällen gesehen.

Vorbeugung
Erwischt ein Hund irrtümlich spitzige Knochen oder ist man sich nicht sicher, ob eine Nadel verschluckt worden ist, füttert man gekochten Lauch oder Spargel mit Hackfleisch vermischt. Die Fasern des Gemüses wickeln sich um den Fremdkörper und können manche Operation ersparen.

12

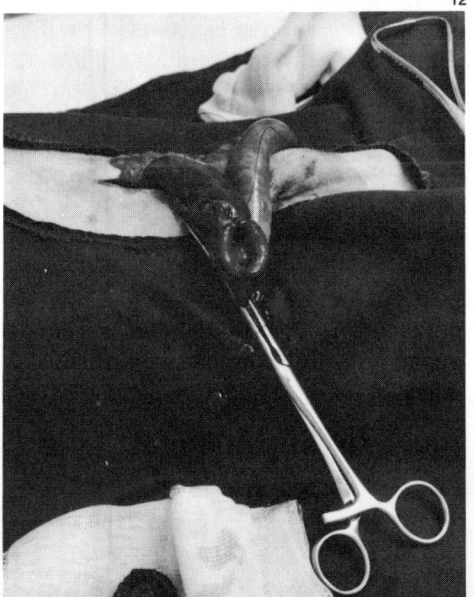

Krankheiten von Prostata, Mastdarm und After

Entzündung der Prostata (Vorsteherdrüse)

Es gibt beim Rüden eine häufige Ursache für Verstopfung: die Entzündung oder Vergrößerung der Prostata. Sie tritt überwiegend bei älteren Hunden auf.

Krankheitserscheinungen
Der Patient hat Schwierigkeiten beim Kotabsatz. Er hockt sich immer wieder hin und drückt ohne Erfolg (Abb. 1). Auch der Allgemeinzustand ist manchmal gestört, und der Hund frißt schlecht und neigt zum Erbrechen. Ganz typisch ist auch der abstehend getragene Schwanz.

Behandlung
Tierärztliche Behandlung ist notwendig. Nach Bestätigung der Diagnose durch eine rektale Untersuchung (Abb. 2) wird eine Prostata-Entzündung mit Antibiotika und schmerzstillenden Mittel bekämpft. Vergrößerungen der Prostata werden durch Verabfolgung von Hormonen behandelt. Die Vergrößerung der Prostata entsteht oft durch eine krebsartige Neubildung des Drüsengewebes, die durch die im Alter veränderten männlichen Hormone ausgelöst wird. Große Mengen weiblicher Geschlechtshormone führen bei der Mehrzahl derartiger Fälle zur Rückbildung der Veränderung. Rückfälle sind allerdings recht häufig.

Beim Nachlassen des Erfolges – und oft auch schon, um Rückfälle zu vermeiden – kann der Hund kastriert werden.
Auch die chirurgische Entfernung der Prostata ist möglich ebenso wie die Elektrokoagulation.

Knochen im Mastdarm

Als letzte der Ursachen einer Mastdarmverstopfung soll das Festsetzen von Knochenteilen vor dem Afterausgang besprochen werden. Hier handelt es sich um steinharte Kotbrocken, die mit schlecht zerkauten und unverdauten Knochensplittern durchsetzt sind.

1 2

 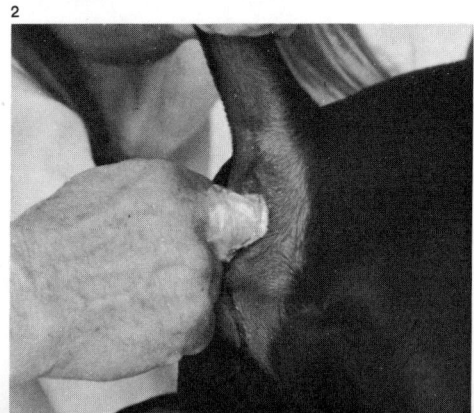

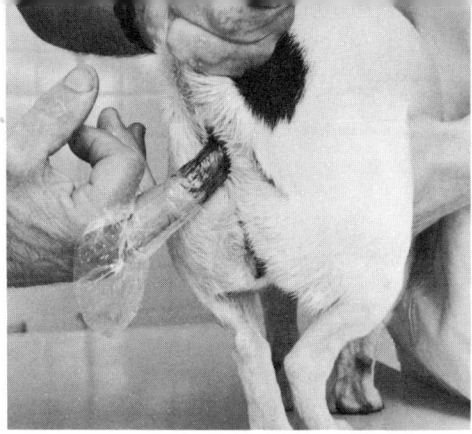

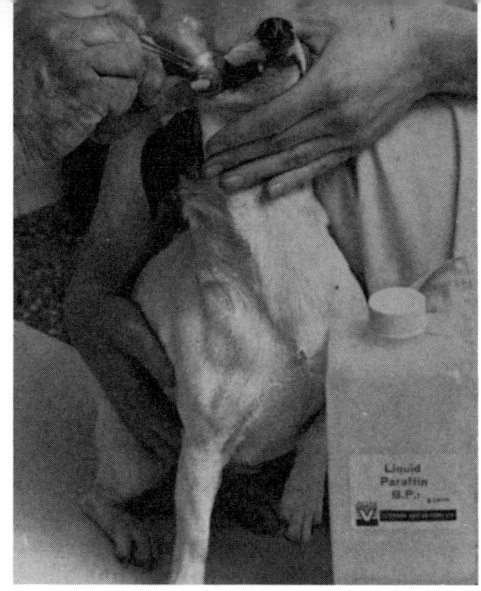

3

Krankheitserscheinungen
Sie sind genau dieselben wie bei der Prostatavergrößerung. Nur das Alter der Patienten spielt hierbei keine solche Rolle, denn an Verstopfung durch Knochen erkranken auch jüngere Hunde und vor allem auch Hündinnen! Mit dem Finger kann man die harten Kotbrocken fühlen, manchmal haben die Knochensplitter die Darmschleimhaut schon verletzt, und man sieht Blut (Abb. 3).

Behandlung
Der Tierarzt wird Paraffinöl eingeben (Abb. 4), im allgemeinen aber versuchen, die verhärteten Kotbrocken herauszuholen.
Ich mache zu diesem Zweck Einläufe mit Paraffinöl als Gleitmittel, damit die Schleimhaut und die Kotbrocken schlüpfrig werden.
Als nächster Schritt folgt dann das Herausholen der Brocken mit einer Geburtshilfezange oder aber die Zertrümmerung derselben mit den Fingern und dem Griff eines Teelöffels. Mit entsprechender Vor-

4

sicht können dann die verkleinerten Stücke herausgeholt werden.
Es ist eine heikle Arbeit, die Erfahrung und Geduld erfordert, um Schäden an Darm und After zu vermeiden. Im allgemeinen kann sie nur ein Tierarzt machen. An ältere Hunde oder solche, die schon einmal derartig verstopft waren, keine harten Rinderknochen verfüttern.

Analbeutelentzündung

Hierbei handelt es sich zweifelsohne um die häufigste Erkrankung im Bereich des Afters (Abb. 5); vor allem kleinere Rassen, z. B Dackel, leiden darunter.

Krankheitserscheinungen
Das erste Symptom ist meist das sogenannte »Schlittenfahren«; der Hund zieht sein Hinterteil über den Teppich oder

5

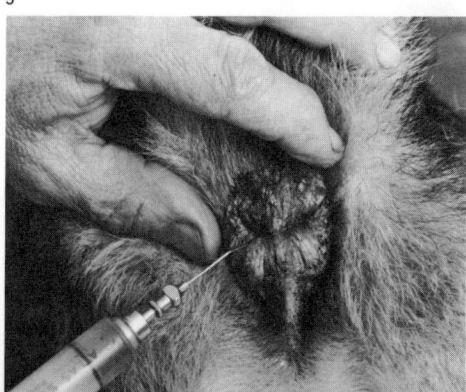

177

Rasen. Er ist auch unruhig, fährt plötzlich hoch, rennt herum und dreht sich dabei im Kreis, in dem Versuch, sich hinten zu lekken. Ein unausrottbares Ammenmärchen verbindet »Schlittenfahren« mit Würmern. Immer wieder höre ich das von den Hundebesitzern, wenn sie mit »rutschenden« Hunden in meine Sprechstunde kommen.

Ursache

Beiderseits des Afters hat der Hund eine Drüse, die Analdrüse (Abb. 6). Sie sondert ein übelriechendes Sekret ab, das bei der Stuhlentleerung den After gleitfähig machen soll.

Da unsere heutigen Hunde durch die veränderte Fütterung meist keinen harten Stuhl mehr haben, werden diese Drüsen nicht mehr gebraucht. Sie entleeren sich nicht und entzünden sich.

Behandlung

Zum Tierarzt gehen. Er wird den übelrie-

chenden Inhalt der Analdrüsen ausdrükken (Abb. 7) und eine desinfizierende und keimabtötende Salbe einbringen.

Wenn der Zustand anhält oder immer wieder Schwierigkeiten bereitet, können die Drüsen auch chirurgisch entfernt werden. Ich habe die besten Resultate durch Einspritzen von Lugolscher Lösung nach dem Ausdrücken erzielt. Nach dreimaliger Behandlung im Abstand von einer Woche war der krankhafte Prozeß abgeheilt. Das Jod verödet offensichtlich die Drüsenzellen und unterbindet die weitere Absonderung des Sekretes (Abb. 8).

Abszesse am After

Manchmal infizieren sich die Analdrüsen, und es bildet sich ein Abszeß.

Krankheitserscheinungen

Der Hund hat Schmerzen, vor allem wenn er Kot absetzen will. Er schreit oder ver-

6   7

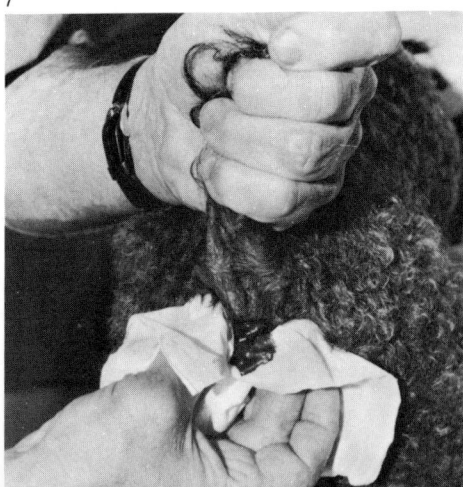

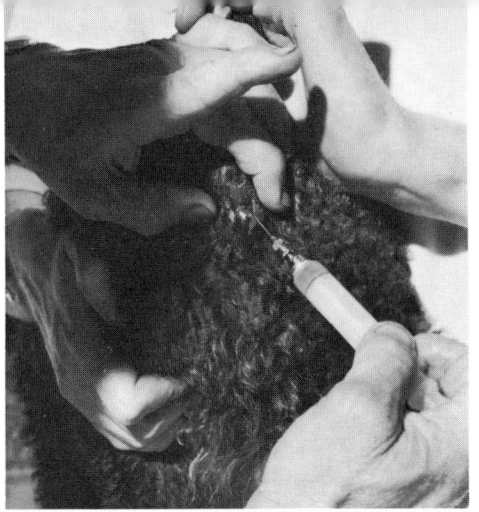
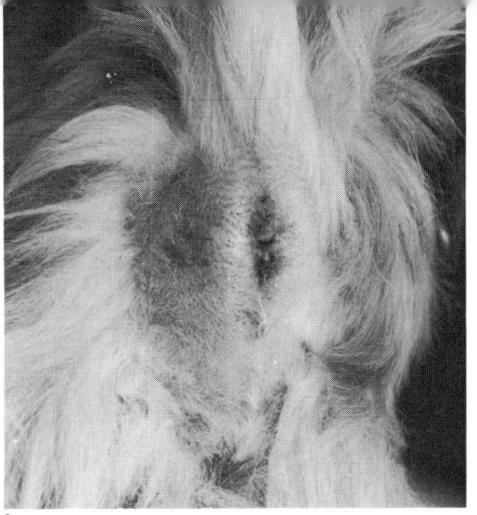

8 9

sucht zu beißen, wenn man den Schwanz oder das Hinterteil anfaßt.
Die Untersuchung ergibt eine schmerzhafte, einseitige Anschwellung unter dem Schwanz (Abb. 9). Der Hund hat meistens Fieber bis 40,5 oder 41° C (Normaltemperatur 37,5 – 38,7° C).

Behandlung
Durch die Infektion ist das sonst übliche Ausdrücken der Drüse nicht möglich, der Abszeß muß also gespalten werden. Es erübrigt sich zu sagen: nur durch den Tierarzt.

Vorbeuge
Verstopfung der Analdrüsen und Analdrüsenabszesse lassen sich durch regelmäßige tierärztliche Kontrolle verhindern.

Analschrunden

Schrunden am Analring können mit den Anfangsstadien eines Abszesses verwechselt werden.

Ursache
Die infizierte Wunde am Afterausgang ist vermutlich durch eine Verletzung durch Knochensplitter entstanden.

Krankheitserscheinungen
Ähnlich denen bei einem Abszeß am After; der Hund heult aber vor Schmerzen, wenn er versucht, Kot abzusetzen.

Behandlung
Nach meiner Erfahrung kann eine Analfissur nur chirurgisch völlig ausgeheilt werden. Das ganze infizierte Gebiet muß entfernt werden. Gelegentlich ist aber auch die wiederholte Ätzung der entzündeten Stelle erfolgreich (Abb. 10).

10

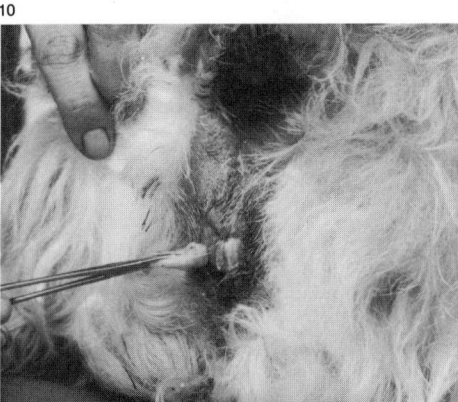

Hämorrhoiden

Es sind dies Ausbuchtungen der Venen im Mastdarm, die sich ähnlich äußern wie Analfissuren oder ein Analabszeß. Die Schmerzen zeigen sich hauptsächlich bei der Kotentleerung. Hämorrhoiden sind ein Leiden alter, fetter Hunde, treten aber nie so ausgeprägt auf wie beim Menschen.

Ursache
Nach meiner Erfahrung eine Folge häufiger Verstopfungen durch die Verfütterung von zuviel Knochen.

Erkennung und Behandlung
Muß dem Tierarzt überlassen bleiben.

Vorbeuge
Verstopfungen können verhindert werden, wenn der Hund in der Woche nur einen großen Knochen bekommt. Er wird mit Vergnügen daran herumnagen und dadurch die Zähne gesund erhalten, jedoch nicht so viel davon fressen, daß er Verstopfung bekommt.

Adenome am After

Ein Analadenom ist eine Neubildung, also ein Tumor, am After. Meist sitzt es unter dem Schwanz (Abb. 11, 12) als halbkugelige Auftreibung. Rüden sind dabei häufiger befallen als Hündinnen. Vor allem ältere Hunde entwickeln diese Adenome.

Krankheitserscheinungen
Der Patient leckt sich hinten. Sieht man dann nach, findet man die knollenartige Neubildung.

11

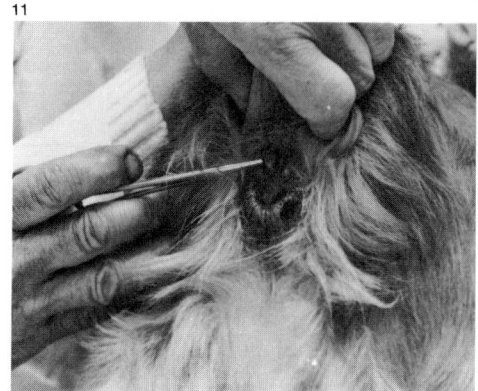

Behandlung

Adenome, wie sie auch für die Vergrößerung der Prostata verantwortlich sind, können durch weibliches Geschlechtshormon beeinflußt werden.

Ich selber halte mehr von der chirurgischen Entfernung der Neubildungen. Hormoninjektionen wende ich nur an, um die Knoten vor einer Operation zu verkleinern

Häufig wiederholte Injektionen von weiblichem Geschlechtshormon scheinen in manchen Fällen Nierenentzündungen auszulösen.

Durch die Anwendung des Kryokauters (Abb. 13) können die Neubildung durch Vereisung entfernt werden. Manchmal ist eine Wiederholung der Behandlung nach 3 Wochen notwendig.

12   13

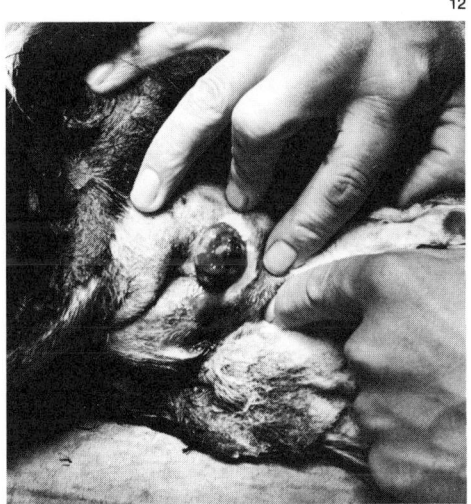 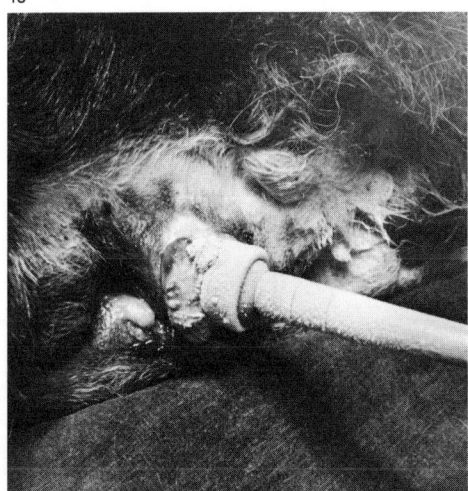

Die Leber

Die Leber kann man als körpereigene chemische Fabrik bezeichnen. Hier werden die Grundnahrungsstoffe, also Eiweiß, Stärke, Mineralstoffe und Vitamine, aufbereitet und von hier aus zu den verschiedenen Körperteilen transportiert. Die Bedeutung der Leber ist darum ebenso groß wie die des Herzens.
Wenn man die ungeheuere Arbeit, die eine Leber zu leisten hat und die Wichtigkeit ihrer Funktionen bedenkt, werden Leberstörungen verhältnismäßig selten festgestellt. Durch neuere und verfeinerte Untersuchungsmethoden hat sich allerdings herausgestellt, daß auch beim Hund Leberschäden häufiger vorkommen, als man früher angenommen hat. Die beiden Infektionskrankheiten, die vor allem die Leberzellen schädigen, Leptospirose und Virushepatitis, werden an anderer Stelle dieses Buches besprochen. Im nachstehenden werden Leberkrebs, Leberabszesse, Lebertuberkulose und Leistungsminderung der Leber erörtert.

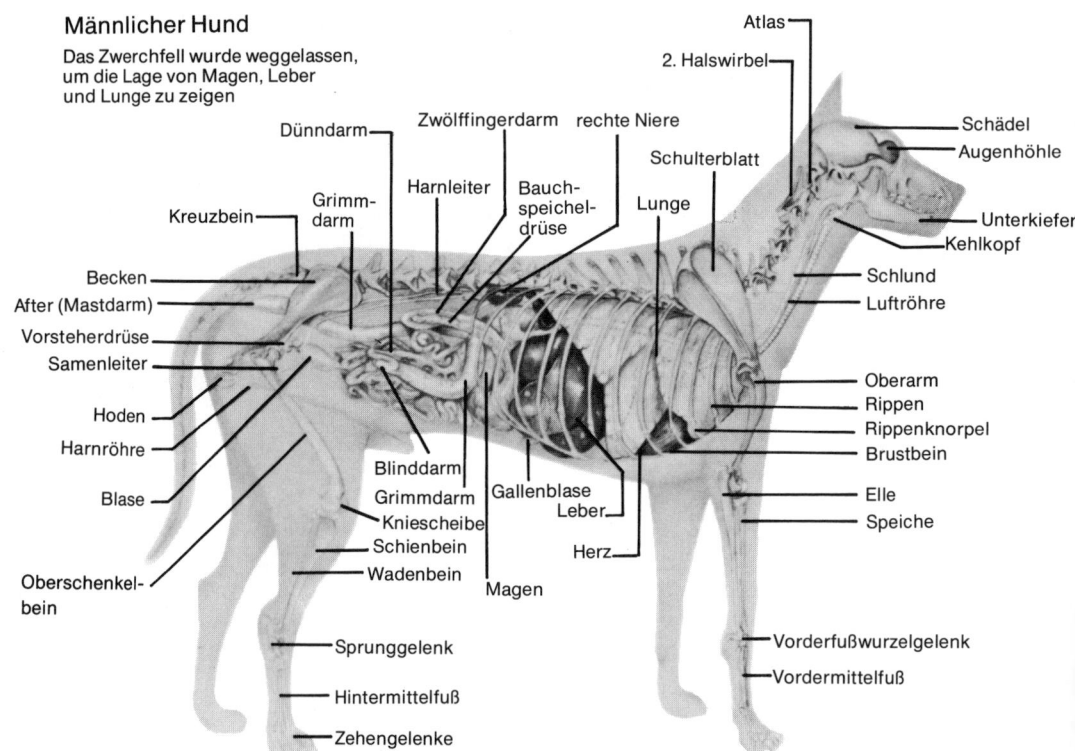

Männlicher Hund

Das Zwerchfell wurde weggelassen, um die Lage von Magen, Leber und Lunge zu zeigen

Atlas
2. Halswirbel
Dünndarm
Zwölffingerdarm   rechte Niere
Schädel
Augenhöhle
Harnleiter   Bauchspeicheldrüse
Schulterblatt
Grimmdarm
Lunge
Kreuzbein
Unterkiefer
Kehlkopf
Becken
Schlund
After (Mastdarm)
Luftröhre
Vorsteherdrüse
Samenleiter
Oberarm
Hoden
Rippen
Harnröhre
Rippenknorpel
Blinddarm
Brustbein
Blase
Grimmdarm   Gallenblase
Leber
Elle
Kniescheibe
Speiche
Schienbein
Herz
Wadenbein
Oberschenkelbein
Magen
Sprunggelenk
Vorderfußwurzelgelenk
Vordermittelfuß
Hintermittelfuß
Zehengelenke

182

Leberkrebs

Krankheitserscheinungen
Ausgesprochene Niedergeschlagenheit, Erbrechen und vollständige Futterverweigerung.
Die Schleimhaut im Maul und die Lidbindehäute sind blaß und gelblich getönt. Im allgemeinen ist Bauchwassersucht vorhanden (Abb. 1). Das bedeutet, daß sich im Bauchraum Lymphflüssigkeit ansammelt, die die krebskranken Leberlymphknoten nicht durchfließen kann. Sorgfältiges Abtasten des Bauches ermöglicht es dem Tierarzt, die vergrößerte und verhärtete Leber zu fühlen. Die Diagnose kann durch Röntgenaufnahmen bestätigt werden.

Behandlung
Leberkrebs ist nicht immer hoffnungslos. Ich rate in solchen Fällen zur sofortigen Probelaparotomie, d. h. zur Eröffnung der Bauchhöhle, um das Ausmaß der Neubildung festzustellen (Abb. 2). Wenn genügend funktionsfähiges Lebergewebe erhalten ist, zögere ich nicht, den erkrankten Leberlappen zu entfernen.

Eine Reihe solcher Fälle haben die Operation bisher recht munter einige Jahre überlebt.

Leberabszeß

Ursache
Ein Abszeß kann sich in der Leber als Folge einer Infektion entwickeln oder aber an einer Stelle entstehen, die durch wandernde Parasitenlarven geschädigt wurde (siehe »Darmparasiten«, S. 105).

Krankheitserscheinungen
Diese zeigen sich erst, wenn der Abszeß so groß ist, daß er die Funktionsfähigkeit der Leber beeinträchtigt.
Die Krankheitserscheinungen sind dann dieselben wie bei Leberkrebs.

1

2

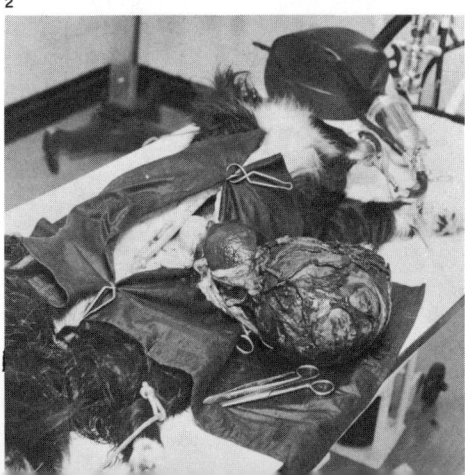

Behandlung
Eröffnung der Bauchhöhle, um festzustellen, worum es sich handelt. Das erkrankte Lebergewebe wird entfernt. Ich habe zwar bisher nur einige solche Fälle operiert, bei denen lag die Erfolgsquote jedoch hoch.

Tuberkulose

Sie ist sehr selten geworden, Hunde können sich jedoch durch erkrankte Menschen anstecken. Neben Lungentuberkulose kommt die Tuberkulose der Verdauungsorgane vor, die Leber ist dabei fast immer vergrößert und mit Krankheitsherden durchsetzt.

Krankheitserscheinungen
Abmagerung, mäßige Temperaturerhöhung, schlechtes Fell und mangelnder Appetit.

Behandlung
Sie ist bei beginnender Tuberkulose möglich, zeigen sich bei der Eröffnung der Bauchhöhle jedoch bereits Leberveränderungen, sollte man mit der Euthanasie nicht zögern.

Leistungsminderung der Leber

Sie kann durch Verdauungsstörungen, Nierenerkrankungen, Herzschwäche, im Verlauf von Infektionskrankheiten, durch Parasiten und Vergiftungen ausgelöst werden.

Krankheitserscheinungen
Sie werden meist erst bei fortgeschrittener Erkrankung der Leber erkannt und bestehen zunächst in unklaren Verdauungsstörungen mit Erbrechen, fettigem, lehmfarbenem Kot und ausgesprochener Mattigkeit und Interesselosigkeit. Bei beginnender Leberverhärtung (Zirrhose) macht sich die Umfangsvermehrung des Bauches durch Bauchwassersucht bemerkbar. Gelbsucht liegt keinesfalls immer vor, wenn man bei einem Hund die Gelbfärbung an den Augen erkennen kann, ist die Krankheit bereits weit forgeschritten.

Behandlung
Sie obliegt dem Tierarzt, der Hundebesitzer muß für leichtverdauliches, fettarmes Futter sorgen. Wärme und Ruhe sind wichtig.

Die Milz

Die Milz ist ein reich durchblutetes Organ und liegt in der Nähe des Magens in Verbindung mit dem Netz direkt der seitlichen Bauchwand an (Abb. 1).

Eine ihrer Funktionen ist die Blutspeicherung. Auch an der Bildung von roten und weißen Blutkörperchen hat die Milz Anteil, ebenso wie an der Vorbereitung des Abbaus von ausgedienten roten Blutkörperchen. Sie ist aber nicht unbedingt für den Körper notwendig, denn die Milz kann zur Gänze entfernt werden, ohne das Leben zu gefährden.

Die zwei Störungen, die im Zusammenhang mit der Milz in der Hundepraxis vorkommen können, sind:

1. Milzriß,
2. Milztumor.

Milzriß

Eine häufige Folge von Straßenunfällen (Abb. 2).

Krankheitserscheinungen

Ein akuter Schockzustand mit weißen Schleimhäuten und schmerzhaftem, aufgetriebenem Bauch.

Behandlung

Sofortige Operation. Wenn ein Hund mit Milzriß in größerer Ausdehnung nicht umgehend operiert wird, stirbt er an Verblutung; sein Leben hängt von der Schnelligkeit tierärztlicher Hilfe ab.

Milztumor

Krankheitserscheinungen

Der Hund frißt schlecht und wird apathisch. Seine Lidbindehäute werden blaß und glasig (Abb. 3). Der Leib ist aufgetrieben und schmerzempfindlich.

Ein Milztumor ist gar nicht so einfach zu erkennen, und auch Röntgenaufnahmen ermöglichen oft keine klare Diagnose. Klarheit wird erst durch die Eröffnung der Bauchhöhle geschaffen.

1 2

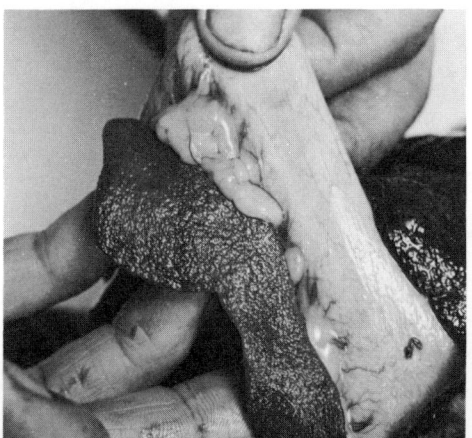

Behandlung

Chirurgische Entfernung der Milz (Abb. 4) und anschließende Antibiotikabehandlung wird die Krankheitserscheinungen manchmal beseitigen. Die Milz ist offenbar für das Leben des Hundes nicht unbedingt erforderlich. Nach einer verhältnismäßig kurzen Zeit der Rekonvaleszenz ist das Tier wieder vollkommen gesund und kann eine normale Lebensspanne erreichen.

3   4

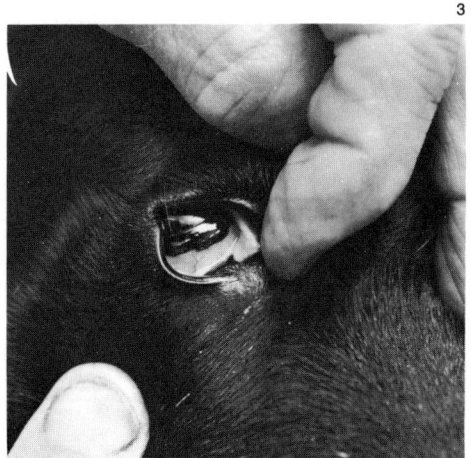 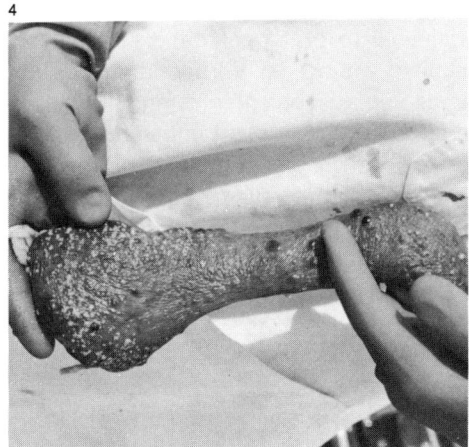

Die Lymphe und die Lymphknoten

Lymphe ist eine wäßrige Flüssigkeit ähnlich dem Blutplasma. Sie spielt eine lebenswichtige Rolle beim Transport der Nahrungsstoffe vom Blut in die Körpergewebe.

Manche Körperteile, wie zum Beispiel die Hornhaut des Auges (Abb. 1) oder die Knorpelgewebe, sind bei ihrer Ernährung vollständig auf den Lymphstrom angewiesen.

Mindestens ebenso wichtig ist die Funktion der Lymphe beim Abtransport von Abbaustoffen. Sie schwemmt diese durch kleinste Gefäße, in ihrer Art ähnlich den Venen, in größere Lymphgefäße. Diese wiederum leiten den Lymphstrom in die Lymphknoten, die über den ganzen Körper verteilt sind.

Das System ist sehr ähnlich dem Abwassersystem einer Stadt: Die Lymphgefäße stellen die Rohrleitungen dar und die Lymphknoten die Abwasserreinigung.

Die Fortbewegung des Lymphstroms erfolgt durch die Zusammenziehung der Muskeln bei körperlicher Bewegung; das Lymphsystem hat keine Pumpe, wie sie das Herz für den Blutkreislauf darstellt. Die Lymphe läuft auch nicht in einem Kreislauf, sondern nur in einer Richtung. Dieses Einwegsystem beginnt bei den kleinen Lymphgefäßen, die parallel zu den Kapillargefäßen laufen, und führt über größere Lymphbahnen in die Lymphknoten. Dort wird die Lymphe wie in einem Filter gereinigt und mit den Lymphozyten, einer Art Schutzpolizei, angereichert.

Die Lymphe sammelt sich dann in dem Hauptlymphgefäß und fließt in gereinigter Form am Halsanfang in den Blutstrom zurück. Es ist also ein kompliziertes und wichtiges System.

Es leuchtet ein, daß Krankheiten der Lymphknoten sehr ernste Folgen haben können.

Tuberkulose und Neubildungen sind die

1

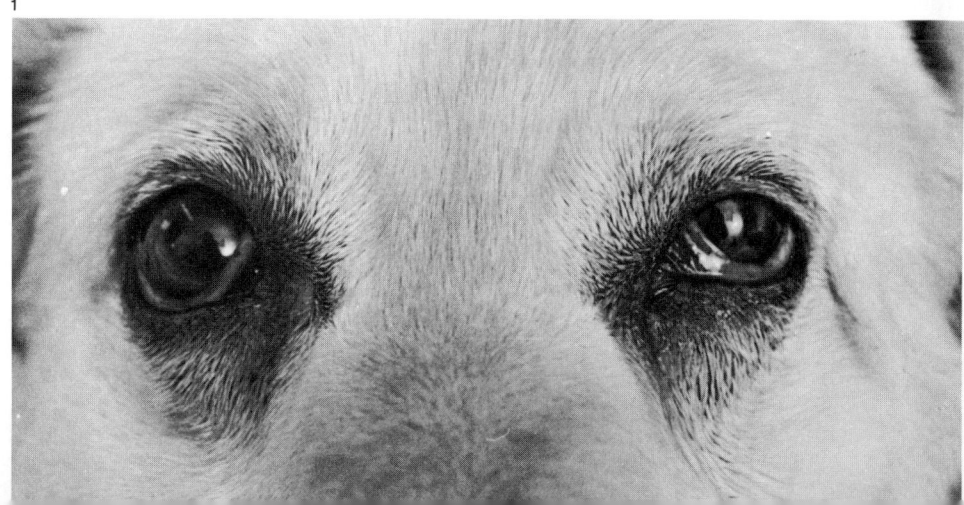

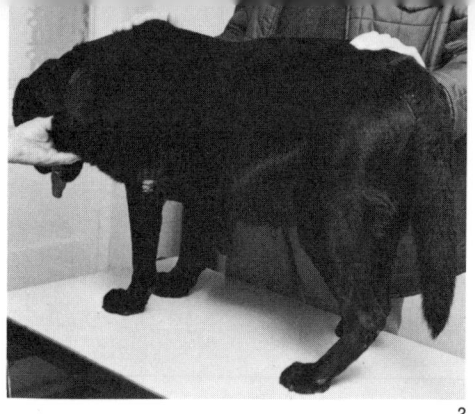

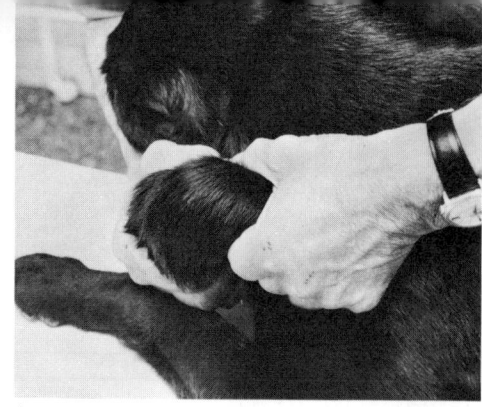

2   4

beiden gefährlichsten Erkrankungen, die sich mit Vorliebe über das Lymphgefäßsystem ausbreiten. Die Tuberkulose ist heute nahezu verschwunden, ihre Bedeutung haben Tumoren übernommen.

Tumoren des Blut- und Lymphsystems

Leukose

Diese Form von Neubildungen kann Hunde jeden Alters befallen. Im Verlauf der Krankheit werden nach und nach mehr Lymphknoten vom Tumorwachstum erfaßt (Abb. 2). Streng genommen handelt es sich um eine tumoröse Entartung von blutbildenden Zellen, namentlich der weißen Blutkörperchen, die am auffallendsten die Lymphknoten verändert, aber auch das Knochenmark einbezieht.

Krankheitserscheinungen
Der Hundebesitzer bemerkt zuerst einen oder mehrere Knoten an der Unterseite

3

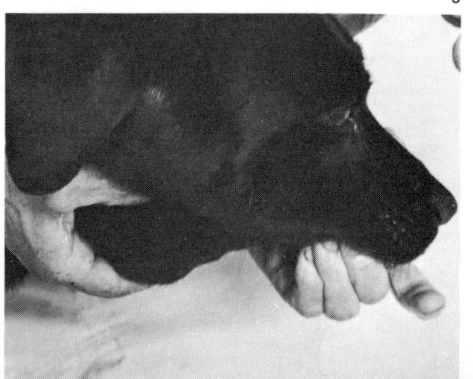

des Halses (Abb. 3). Sie sind verschieden groß, meist hart und nicht schmerzhaft. Im allgemeinen hört man als Vorbericht, daß, abgesehen von den Knoten, dem Hund nichts fehlt.
Diese Knoten sind tumorös entartete Lymphknoten.
Der Tierarzt wird beim Abtasten der anderen Lymphknoten noch mehr derartige harte Knoten fühlen (Abb. 4 und 5).

Behandlung
Es gibt keine spezielle Behandlung für Leukose beim Tier.
Da derartige Patienten sich oft noch eine ganze Weile gesundheitlich unverändert halten, rate ich den Besitzern, die Knoten nicht mehr zu beachten, bis der Hund anfängt, sichtbar zu leiden.
Dies ist der Fall, wenn das ganze Lymphsystem befallen ist. Der Patient wird apathisch, liegt müde herum und frißt nicht mehr richtig. Am besten wird er dann eingeschläfert.

5

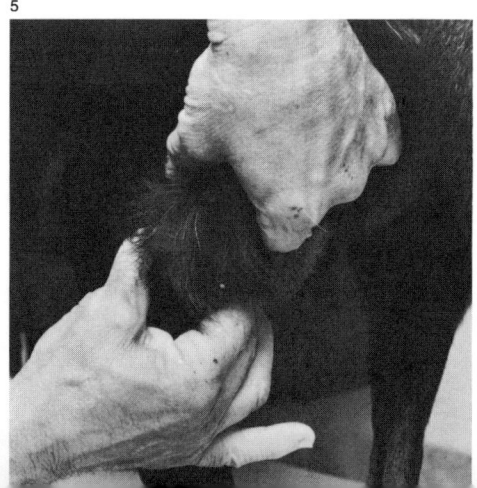

6

Lymphosarkomatose

Verhältnismäßig häufig beschränkt sich die leukotische Tumorentwicklung beim Hund auf die Darmlymphknoten, die im Gekröse des Darmes liegen (Abb. 6). Diese Erkrankung nennt man dann Lymphosarkomatose.

Krankheitserscheinungen

Schwellungen der Darmlymphknoten sind in ihrer klinischen Auswirkung oft nur schwer von Fremdkörpern im Darm abzugrenzen (siehe S. 174).
Erbrechen, Gewichtsverlust und Mattigkeit sind typische Symptome.
Die Diagnose erfordert sorgfältige tierärztliche Untersuchung. Im allgemeinen kann man einen oder mehrere der Knoten im Leib fühlen; durch Röntgenuntersuchung läßt sich die Ausdehnung des Befalls erkennen.

Behandlung

Probeweise Eröffnung der Bauchhöhle, um durch diese Operation zunächst einmal festzustellen, ob durch die Entfernung einzelner erkrankter Lymphknoten die Krankheit zum Stehen gebracht werden kann. Wenn der Tumor sich in der Bauchhöhle schon ausgebreitet hat, wird das Tier entweder gleich auf dem Operationstisch eingeschläfert, oder die Bauchwunde wird zugenäht (Abb. 7) und dem Hundebesitzer die Entscheidung überlassen. Er muß dann bestimmen, ob sein Hund so lange wie möglich am Leben erhalten werden soll, auch wenn dies kein normales Hundeleben mehr sein kann, oder schmerzlos einschlafen darf.

7

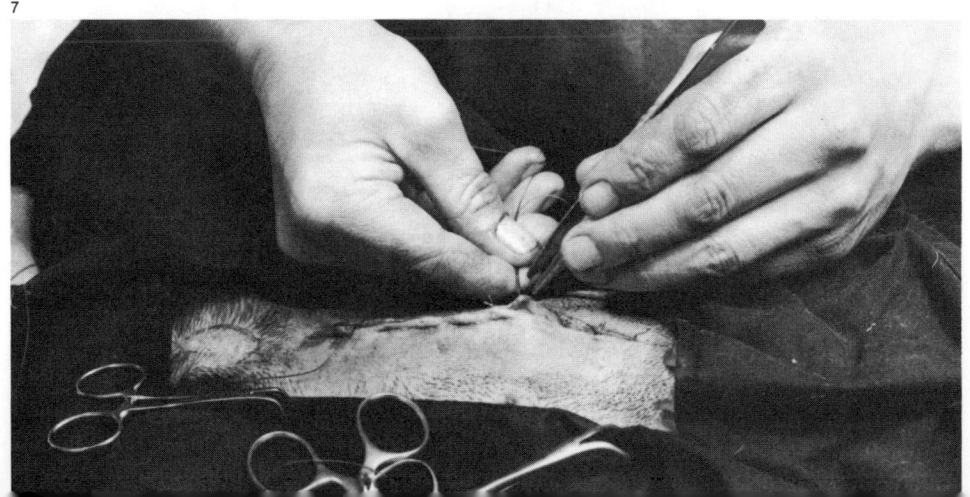

Die Bauchspeichel-drüse

Die Bauchspeicheldrüse ist bei allen Tieren wichtig, aber beim Hund nimmt sie eine besondere Stellung ein. Diese kleine Drüse sieht aus wie eine Speicheldrüse und liegt in der Schlinge des Zwölffingerdarms, also im ersten Abschnitt des Dünndarms.

Der größere Teil der Bauchspeicheldrüse erzeugt Enzyme, die für die Aufspaltung der Nahrung notwendig sind. Dieser Verdauungssaft wird durch zwei Ausführungsgänge in den Dünndarm geleitet.

Im Drüsengewebe sind wie kleine Inseln Zellen eingebettet, die Insulin produzieren und es direkt in den Blutkreislauf abgeben. Insulin steuert den Blutzuckerspiegel und die Zuckerausscheidung im Urin.

Erkrankung der Bauchspeicheldrüse

Es handelt sich um Erkrankungen des Drüsenteils, der die Verdauungssäfte erzeugt. Wenn diese nicht in ausreichendem Maße in den Darm abgegeben werden, ist die gesamte Verdauung gestört.

Krankheitserscheinungen

Abmagerung trotz großer Freßlust, stets vermehrter Durst (Abb. 1), häufig Durchfall (Abb. 2). Der Kot riecht ekelerregend, er kann Blut oder unverdaute, graue Fettanteile enthalten. Oft sind schon jüngere Hunde und dabei häufig Deutsche Schäferhunde betroffen.

1

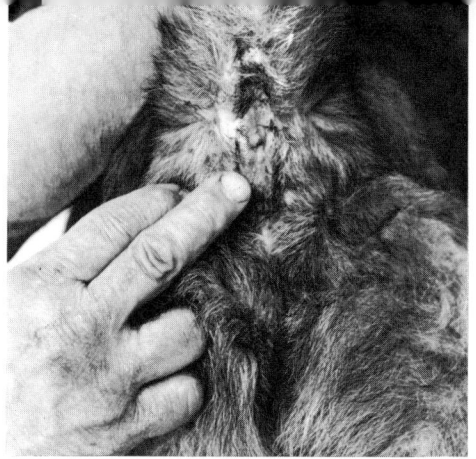

2   4

Behandlung

Der Tierarzt wird zunächst die Diagnose durch die Untersuchung des Kotes klären (Abb. 3). Es handelt sich dabei um einen einfachen Test, der innerhalb von 20-30 Minuten vorgenommen werden kann. Der Patient bekommt Kapseln oder Tabletten, die die fehlenden Enzyme in synthetischer Form enthalten und vor der Mahlzeit verabfolgt werden müssen. Die Behandlung muß mindestens 3 Monate fortgesetzt werden. Danach hat sich in manchen Fällen die Bauchspeicheldrüse soweit erholt, daß sie ihre normale Funktion wieder erfüllen kann. Manchmal müssen die zusätzlichen Enzyme jedoch das ganze Leben gegeben werden.

Diabetes

Man unterscheidet zwei Formen von Diabetes beim Hund: Diabetes mellitus, die Zuckerkrankheit, und Diabetes insipidus, die Wasserharnruhr.

Zuckerkrankheit

Sie ist eine Folge mangelhafter oder gänzlich fehlender Insulinproduktion. Der Zuckerstoffwechsel ist gestört; anstatt in den Geweben verwertet zu werden, wird der Zucker im Urin ausgeschieden.
Hündinnen erkranken nach meiner Erfahrung weit häufiger als Rüden.

Krankheitserscheinungen

Sie können verschieden sein, großer Durst ist aber immer vorhanden (Abb. 4) und damit zusammenhängend die Ausscheidung von ungewöhnlich viel Harn. Der Nachweis von Zucker im Harn kann mit im Handel befindlichen Teststäbchen vom Besitzer leicht durchgeführt werden.
Der Appetit ist gut, und dennoch wird der Allgemeinzustand rasch schlechter.
Wenn die Krankheit unerkannt bleibt, wird der Hund immer matter. Es entwickelt sich eine Bauchwassersucht, der Hund erbricht gelegentlich, und oft kann man schon in

3

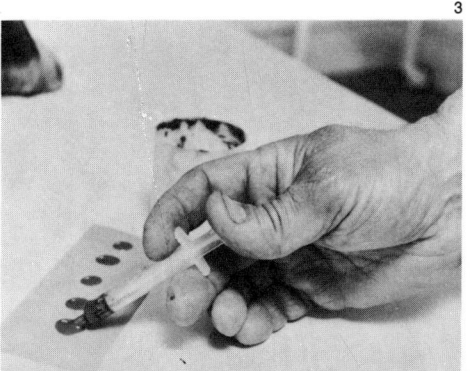

jüngeren Jahren ein- oder beidseitig eine Linsentrübung beobachten. Auch ein merkwürdiger Geruch der Atemluft stellt sich ein.

Behandlung

Wenn Ihr Hund unmäßig viel trinkt, gehen Sie mit ihm zum Tierarzt. Am besten nehmen Sie gleich eine Harnprobe mit (Abb. 5), die man mit einer untergehaltenen Plastikschüssel auffängt.

5

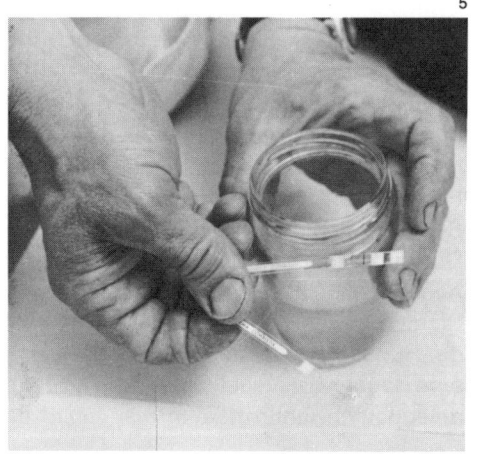

6

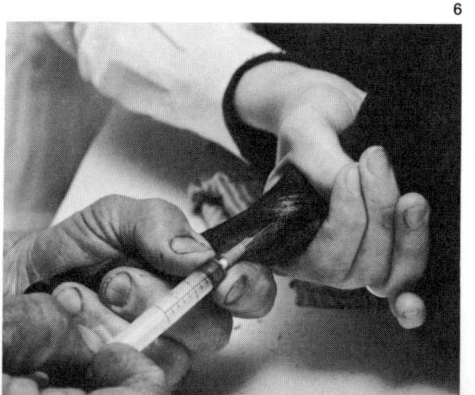

Der Tierarzt kann Zuckerkrankheit durch die Harnuntersuchung feststellen, vermutlich wird er aber noch eine Blutprobe entnehmen, um den Blutzucker zu bestimmen (Abb. 6).

Die Behandlung besteht in täglichen Injektionen von Insulin, dem einzig wirksamen Mittel. Während einer Versuchsperiode wird der Tierarzt die richtige Dosierung einstellen.

Sie beträgt nach meiner Erfahrung je nach Größe und Gewicht des Hundes zwischen 6 und 10 Einheiten (Abb. 7).

Ist die Behandlung erfolgreich?

Nicht unbedingt. Ich habe zwar eine Reihe von Patienten während einiger Jahre am Leben erhalten können, aber nur in einem Fall kam es nicht zur Linsentrübung.

Diabetisches Koma

Diese Bewußtseinsstörung entwickelt sich, wenn ein zuckerkranker Patient zuwenig Zucker im Körper zur Verfügung hat. Häufig tritt diese Komplikation bei

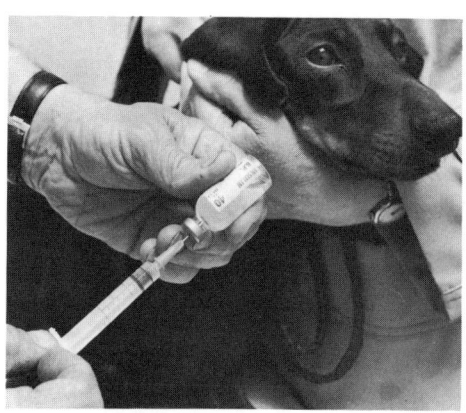

nicht erkannten Fällen auf, es kann aber auch während der Behandlung dazu kommen.

Krankheitserscheinungen
Das Tier fängt an zu schwanken und bricht dann bewußtlos zusammen (Abb. 8).

Behandlung
Traubenzucker oder Zuckerlösung eingeben.

Vorbeuge
Ich verwende immer Protamin Zinc Insulin.

Wasserharnruhr

Diabetes insipidus bedeutet »nicht süß schmeckender Diabetes«; der Harn enthält also keinen Zucker. Die Insulinproduktion ist bei diesen Fällen nicht gestört.

Krankheitserscheinungen
Rüden und Hündinnen werden etwa gleich

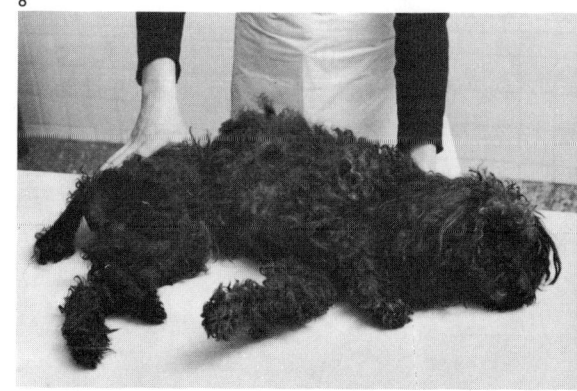

oft befallen. Die Hunde müssen sehr viel Urin lassen, obwohl sie nicht in allen Fällen übermäßig viel trinken. Man nennt diesen Zustand Polyurie (Abb. 9). Zucker ist nicht im Urin nachweisbar, der Appetit ist schlecht, das Haarkleid stumpf und oft sind solche Hunde während der Nacht unsauber.

Ursache
Wasserharnruhr beruht auf einer Hormonstörung; der Hypophysenhinterlappen scheidet zuwenig Hormon aus, um die Harnausscheidung zu regulieren. Auslösender Faktor kann Schock oder Angst sein, bei den meisten meiner Fälle ging aber eine akute Erkrankung voraus.

Behandlung
Bei großem Durst immer zum Tierarzt gehen. Steht die Diagnose fest, kann durch ein Hypophysenhormon der unmäßige Durst behoben werden. Eine Dauerlösung ist diese ersatzweise Zufuhr von Hormon jedoch nicht.

Empfehlenswert ist die Fütterung am Morgen. Versuchsweise können auch Trockenzellenpräparate gespritzt werden. Eine andere Möglichkeit ist die Verabreichung von Beruhigungsmitteln wie Acepromazin gegen die nächtliche Unsauberkeit, von Steroiden in niedriger Dosierung zur Appetitanregung und von einem Aufbaumittel.

In seltenen Fällen kann die Krankheit auch durch einen erneuten Schock verschwinden.

Wie sind die Aussichten?
Nach meinen Erfahrungen werden Hunde mit Wasserharnruhr wieder gesund, vorausgesetzt, es liegen keine zusätzlichen Erkrankungen vor. Allerdings muß der Besitzer viel Geduld aufbringen und den Hund sorgfältig pflegen.

9

194

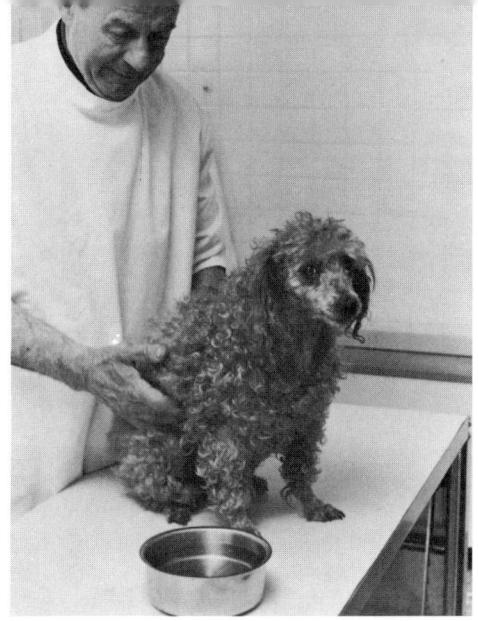

Nierenentzündung

Nephritis oder Nierenentzündung ist eine der häufigsten und bestimmt eine der am schwierigsten zu behandelnden Hundekrankheiten. Hauptsächlich leiden ältere Hunde daran (Abb. 1).

Krankheitserscheinungen

Das erste Anzeichen ist im allgemeinen unmäßiger Durst und entsprechend große Mengen von Harn. Der Atem des Hundes riecht meist unangenehm, obwohl in diesem Stadium nur selten Geschwüre im Maul zu finden sind (Abb. 2).

Trotz guten Appetits verliert der Patient schnell an Gewicht. Wenn die Krankheit unbehandelt fortschreitet, stellt sich Erbrechen ein, vor allem in der Frühe.

In schweren Fällen kommt es zu anhaltendem Erbrechen, besonders nach dem Trinken von Wasser. Die ausgeatmete Luft stinkt, im Maul entwickeln sich Geschwüre (Abb. 3), und der Hund frißt nicht mehr. Charakteristisch ist auch die immer auffallendere Mattigkeit.

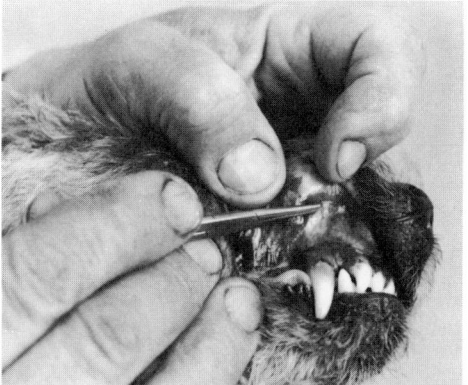

Ursache

Bakterielle Erreger; die eigentliche Ursache bleibt oft ungeklärt.
Die Empfänglichkeit für Nierenerkrankungen wird durch Erkältungen sehr erhöht. Man sieht Nierenentzündungen oft bei alten Pudeln, die während des Winters geschoren wurden. Ich bin ein Feind dieser dummen Mode, die sich durch die Gewohnheit eingebürgert hat und durch die Hundesalons gefördert wird.

Behandlung

Tierärztliche Behandlung ist dringend erforderlich, und je eher mit ihr begonnen wird, desto größer sind die Chancen.
Die Niere ist ein so kompliziertes Organ, daß eine Schädigung oft irreparabel ist. Ziel der Behandlung ist es, weitere Schäden zu verhindern, damit sich das verbleibende Nierengewebe erholen kann. Mit der Zeit wird es im günstigen Fall dann die Arbeit des ausgefallenen Nierengewebes mit übernehmen.
Bei Verdacht einer Infektion werden Breitbandantibiotika als Injektion und als Kapseln gegeben. Vorher wird der Tierarzt den Urin und auch das Blut untersuchen.
Eine wichtige Rolle spielt die Diät. Es gibt spezielle Diät-Fertigfutter, die sich vor allem für kleine Hunde anbieten. Bei größeren Hunden kann man nach Beratung mit dem Tierarzt das Futter selber zusammenstellen. Grundsätzlich soll man hochwertiges Eiweiß in Form von Rindfleisch, Hühnerei und Topfen (Quark), leichtverdauliche Stärke und Fett (möglichst als pflanzliches Öl) etwa zu je einem Drittel des benötigten Energiebedarfs geben. Wasser muß unbegrenzt zur Verfügung stehen.
Wenn keine Ödeme vorliegen, d. h. Bauchwassersucht oder Schwellungen am Hals oder der Unterbrust, muß die Zufuhr von Kochsalz über den normalen Bedarf von 1 g pro 10 kg Körpergewicht entsprechend der aufgenommenen Flüssigkeitsmenge gesteigert werden.

Können Nierenentzündungen ausheilen?
Wenn es sich um eine Infektion handelt, die einigermaßen rechtzeitig behandelt wird,

kann mit Hilfe der modernen Medikamente anscheinend eine vollständige Heilung erzielt werden.

Vorbeuge

Auf jeden Fall sollte die übliche Mode, Pudel alle sechs Wochen zu scheren, im Winter vollständig unterbleiben. Scheren bei Kälte ist kompletter Wahnsinn. Immer wieder kommen mitten im eiskalten Winter Pudel zu mir in die Sprechstunde. Die Besitzerinnen sind in warme Pelzmäntel gehüllt, aber die vor Kälte zitternden Patienten sind frisch geschoren. Kein Wunder, daß die armen Kerlchen unter beginnenden Nierenentzündungen, Magen-Darm-Störungen oder Rheuma leiden. Pudel sollten nie, nie, nie im Winter geschoren werden, ganz egal, wie ungepflegt sie aussehen.

Blasenentzündung

Diese auch *Cystitis* genannte Krankheit ist eine Entzündung der Blase (Abb. 1). Ich habe in meiner Praxis festgestellt, daß hauptsächlich Hündinnen daran leiden.

Ursache
Bakterien infizieren die Blase durch die Harnröhre, die in die Scheide mündet. Ebenso wie bei der Nierenentzündung spielen Erkältungen eine große Rolle.
Es kann sich aber auch um Blasensteine handeln (siehe »Blasensteine«, S. 200).

Krankheitserscheinungen
Das hervorstechendste Merkmal ist häufiges Wasserlassen und Unsauberkeit bei Nacht (Abb. 2). Die Hündin kann erhöhte Temperatur haben, der Appetit ist schlecht, und gelegentlich tritt Erbrechen auf. Im Urin kann Blut sein.

Behandlung
Sofort zum Tierarzt gehen, am besten auch hier eine Harnprobe gleich mitnehmen.

Der Tierarzt wird die Harnprobe zur Bestimmung des Erregers entweder wegschicken oder im eigenen Laboratorium untersuchen. Ich ziehe letzteres vor.
Die Behandlung richtet sich nach dem gefundenen Erreger und besteht in einem spezifischen Antibiotikum, gegebenenfalls kombiniert mit einem Mittel, um den Harn zu desinfizieren.
Blasensteine werden vor der Behandlung durch Röntgenkontrolle ausgeschlossen.

Vorbeuge
Im Winter nicht scheren.

Prognose
Blasenentzündung spricht im allgemeinen gut auf Behandlung an und läßt sich oft vollständig ausheilen.

1   2

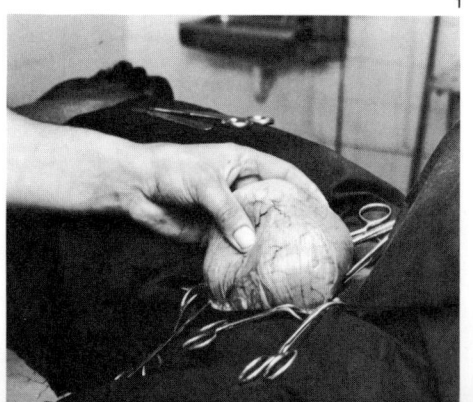 

Steine in den Nieren, der Blase und der Harnröhre

Nierensteine

Diese bestehen aus verschiedenen Mineralsalzen (Phosphaten, Uraten, Oxalaten, usw.), es ist jedoch noch nicht ausreichend geklärt, wie und warum sie entstehen (Abb. 1).

Krankheitserscheinungen
Nach meiner Erfahrung verursachen Nierensteine beim Hund nur in den seltensten Fällen Beschwerden; es kann aber auch sein, daß wegen der Schwierigkeit der Erkennung manche durch Steine verursachte Schmerzen nicht richtig gedeutet werden.

Bei den verhältnismäßig wenig Fällen aus meiner Praxis hatten die Hunde zeitweilig akute Schmerzen, die sich in lautem Aufjaulen äußerten.

Erkennung
Diagnose von Nierensteinen ist nur durch Röntgenuntersuchung möglich.

Behandlung
Die meisten Nierensteine werden auch ohne Behandlung früher oder später durch die Harnleiter in die Blase geschwemmt. Bei einem großen Stein, vor allem wenn er das Nierenbecken blockiert, kann dessen chirurgische Entfernung versucht werden. Genaue anatomische Kenntnisse sind allerdings eine Voraussetzung dafür.

1

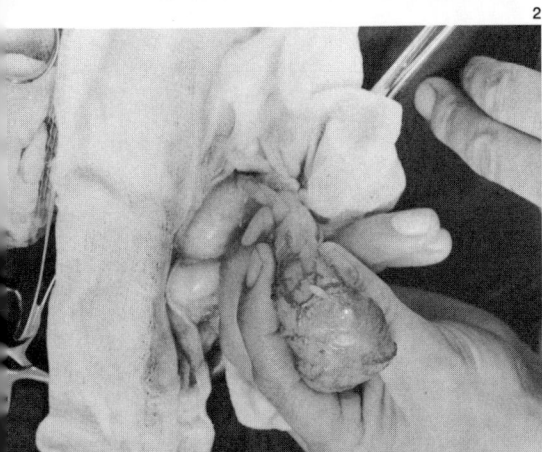

2

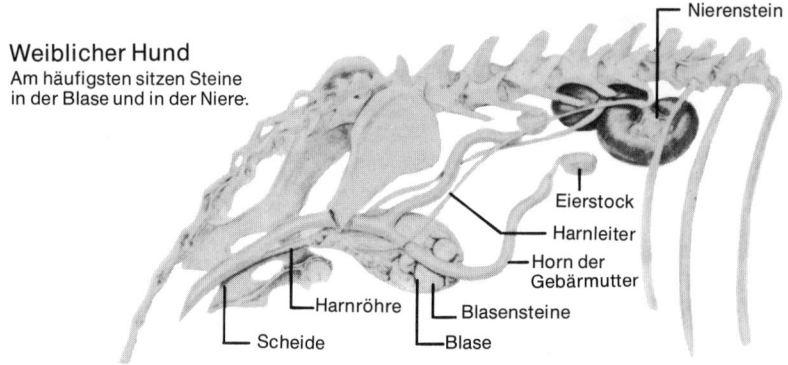

Weiblicher Hund
Am häufigsten sitzen Steine
in der Blase und in der Niere.

Nierenstein

Eierstock

Harnleiter

Horn der
Gebärmutter

Harnröhre

Blasensteine

Scheide

Blase

Blasensteine

Blasensteine verursachen am häufigsten Beschwerden (Abb. 2).

Krankheitserscheinungen
Die Symptome sind ähnlich wie bei Blasenentzündung, allerdings zeigt sich durch Steine oft Blut im Urin. Die Diagnose wird durch eine Röntgenuntersuchung gestellt.

Behandlung
Nur die chirurgische Entfernung der Steine verspricht Heilung. Diese Operation ist im allgemeinen ein voller Erfolg.

Vorbeuge
Leider läßt sich die Entstehung von Blasensteinen nicht vorhersagen, obwohl sie anscheinend in manchen Gegenden häufiger sind. Vermutlich hat dies etwas mit der verschiedenen Zusammensetzung des Wassers zu tun.

Nachdem aber einmal Blasensteine entfernt worden sind, ist es möglich, deren Zusammensetzung zu analysieren. Man kann dann durch einfache Medikamente vorbeugen.

Ein Beispiel aus der letzten Zeit ergab:

Ammoniumurat	10%
Oxalate	5%
Phosphate	85%

Zur Vorbeuge verschrieb ich täglich 5 g einer wäßrigen Lösung von saurem Natriumphosphat.

Steine in der Harnröhre

Hierbei handelt es sich um eine fast ausschließlich beim Rüden vorkommende Störung, weil die Harnröhre der Hündin sehr viel kürzer ist.
Die Steine wandern aus der Blase herunter und bleiben in der Harnröhre meist vor dem Ansatz des Penisknochens stecken (siehe Zeichnungen).

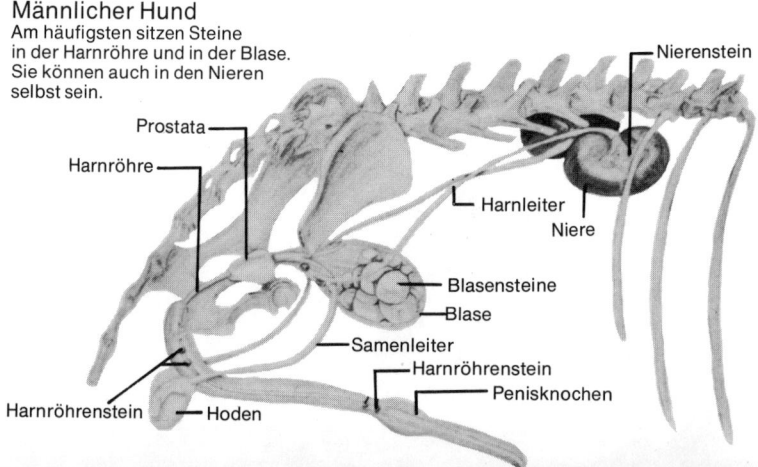

Männlicher Hund
Am häufigsten sitzen Steine
in der Harnröhre und in der Blase.
Sie können auch in den Nieren
selbst sein.

Prostata

Harnröhre

Nierenstein

Harnleiter

Niere

Blasensteine

Blase

Samenleiter

Harnröhrenstein

Penisknochen

Harnröhrenstein

Hoden

Krankheitserscheinungen

Der Hund läßt häufig Harn, entweder in kleinen Spritzern oder auch nur tropfenweise. In fortgeschrittenen Fällen versucht er ständig ohne Erfolg Wasser zu lassen (Abb. 3).

Behandlung

Die Operation eilt, bringen Sie den Hund deshalb so bald wie möglich zum Tierarzt. Er wird einen Katheter einführen, um festzustellen, wo der Stein sitzt. Unter örtlicher Betäubung oder auch am voll narkotisierten Hund schneidet der Tierarzt den Stein heraus. Dann wird er sich durch Einführen des Katheters bis in die Blase davon überzeugen, daß der Weg frei ist (Abb. 4).
Ich kläre durch eine Röntgenuntersuchung routinemäßig bei allen Fällen von Harnröhrensteinen, ob noch mehr Steine in Blase oder Niere sind. Meistens entferne ich dann in einem Operationsgang unter Vollnarkose sämtliche Steine.

Vorbeuge

Nach Blasenentzündungen und Steinerkrankungen ist es zweckmäßig, zur besseren Durchspülung der Niere das Futter schwach zu salzen, damit der Hund mehr trinkt.

3

4

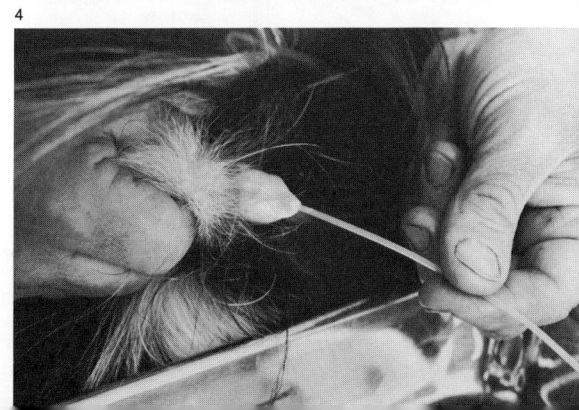

Das Auge

Die häufigsten Erkrankungen am Auge sind:

1. Bindehautkatarrh,
2. Entzündungen der Hornhaut,
3. Grüner Star,
4. Störung der Nickhautdrüse im dritten Augenlid,
5. Netzhautschwund,
6. Linsentrübung,
7. Erblindung,
8. (a) Einstülpung des Lidrandes,
   (b) Auswärtsstülpung des Lidrandes,
9. Verlegung des Tränen-Nasen-Kanals,
10. Vorfall des Augapfels.

Bindehautkatarrh

Lateinisch *Konjunktivitis* genannt, ist die Entzündung der Lidbindehaut (Abb. 1). Diese Schleimhaut kleidet das obere und das untere Augenlid aus. Sie überzieht auch den Augapfel als durchsichtige Hornhaut oder Cornea. Im Gegensatz zur gefäßfreien Hornhaut enthält die Lidbindehaut reichlich Blutgefäße und Nerven.

Ursachen
Verletzungen, Infektionen und Fremdkörper wie Sand, Pollen, Pflanzensamen, Kalk, Spreu, Fliegen usw.

Längsschnitt durch das Auge

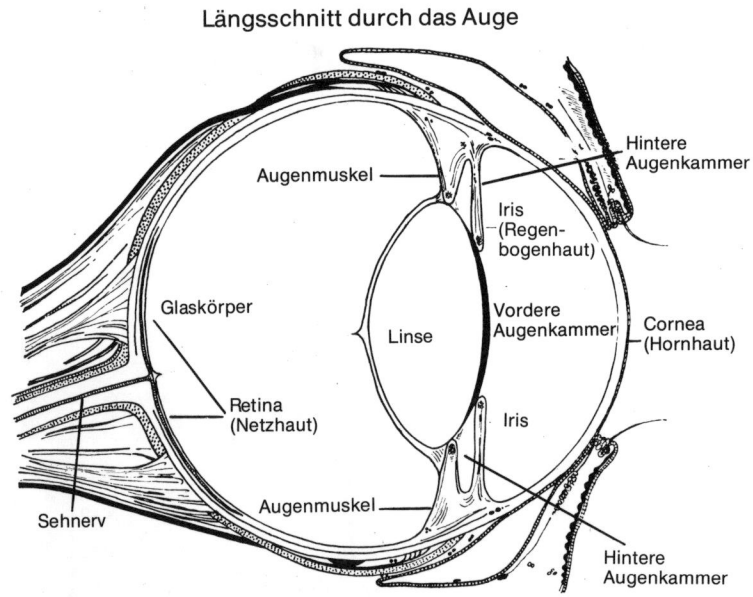

202

2

Die direkte Ursache der Entzündung sind dabei immer Krankheitskeime wie Bakterien oder Viren, die entweder zum Zeitpunkt der Schädigung bereits im Auge waren oder von außen eingebracht worden sind.

Krankheitserscheinungen

Bindehautentzündung beginnt im allgemeinen mit Tränenfluß und dem Drang, das Auge geschlossen zu halten (Abb. 2). Wenn man das Lid anhebt, ist die Bindehaut rot und geschwollen. Ohne Behandlung wird der Augenausfluß binnen 12 Stunden dickflüssiger, um dann am nächsten Tag in Eiter überzugehen. In den folgenden Tagen verkleben die Haare um die Augen herum, und die Haut wird gereizt.

Behandlung

Als erstes wäscht man die Umgebung des Auges mit etwas Watte und warmem Wasser. Es ist gut, wenn man dem Wasser pro Liter einen gestrichenen Teelöffel Salz zusetzt. Nach sorgfältiger Reinigung sucht

man nach einem eventuellen Fremdkörper im Auge. Das ist nicht immer einfach, und bei Schwierigkeiten geht man am besten gleich zum Tierarzt.

Wenn man den Fremdkörper nicht nur gefunden, sondern auch entfernt hat, sollte das Auge gründlich mit der warmen Salzlösung gespült werden. Dazu öffnet man das Auge und drückt über ihm den nassen Wattebausch aus. So wird das Auge ausgewaschen (Abb. 3).

Wenn sich die Bindehautentzündung nicht bessert, sollte man zum Tierarzt gehen. Sobald der Zustand einmal chronisch geworden ist, kann er zu sehr unangenehmen Entzündungen und sogar zur Erblindung führen.

3

1

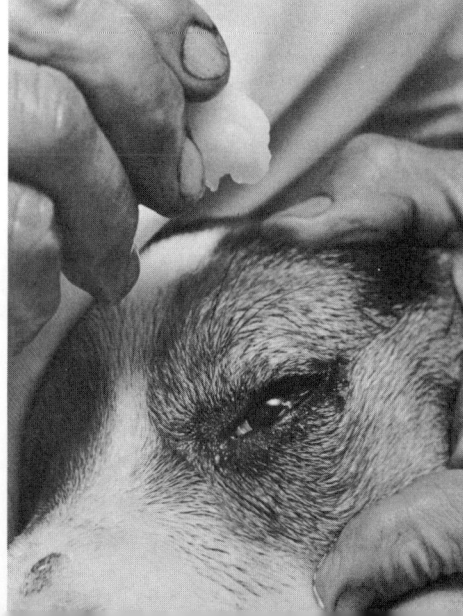

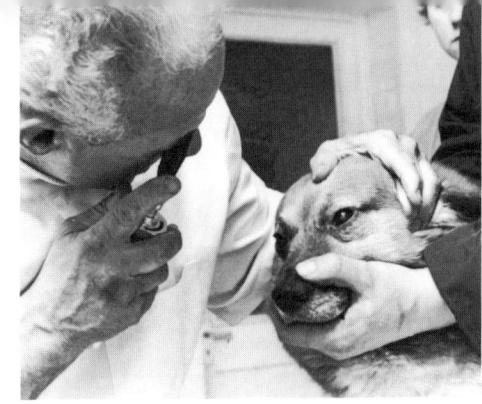

5

Entzündung der Hornhaut

Medizinisch spricht man von einer Keratitis (Abb. 4), während der Laie von einem »grauen Schleier« spricht. Die oberste Schicht der Hornhaut, also jener durchsichtigen Partie des Augapfels, durch die das Licht einfällt, wird milchig-trüb. Es handelt sich dabei um eine Koagulation der Lymphflüssigkeit. Während fast alle anderen Teile des Körpers durch kleinste Blutgefäße ernährt werden, enthält die Hornhaut des Auges kein Blut, um den Lichteinfall nicht zu beeinträchtigen. Zwischen den Zellen liegen dafür winzige Spalten, durch die klare Lymphflüssigkeit fließt.

Ursache

Die Entzündung der Hornhaut kann durch eine Reihe von Ursachen ausgelöst werden: Verletzungen, stumpfe Gewalt durch Stoß oder Schlag, Rennen gegen ein Hindernis, aber auch durch Fremdkörper wie bei der Bindehautentzündung. Es kann sich um die Larve eines Rundwurms im

der Überdruck abfließen kann. Wenn diese Operation keine Besserung bringt, muß eventuell das Auge entfernt werden.

Krankheitserscheinungen

In den ersten Stadien sind die Symptome von denen der Bindehautentzündung nicht zu unterscheiden. Es zeigt sich dann aber bald eine Trübung und ein blauer Schimmer auf dem Auge. Ohne Behandlung wird die Hornhaut undurchsichtig und der Augenausfluß eitrig (Abb. 5). In der weiteren Folge kommt es dann zu Hornhautdefekten.

Behandlung

Entzündungen der Hornhaut sind immer bedenklich und sollten von einem Tierarzt behandelt werden (Abb. 6). Er wird die Ursache ermitteln und die Behandlung einleiten.

Bei oberflächlichen Kratzwunden als Sofortmaßnahme eine antibiotische Augensalbe einbringen. Das gilt auch für Augenverletzungen von Welpen, denen man vor-

4   6

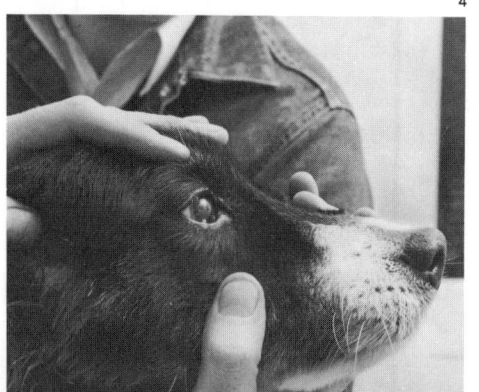

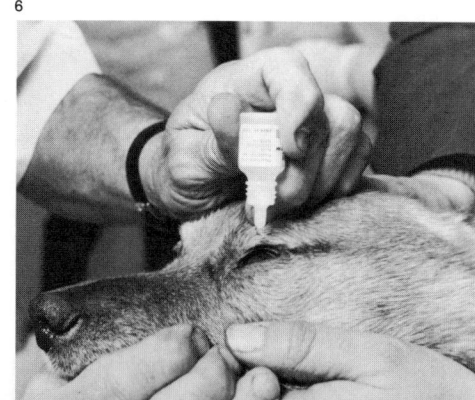

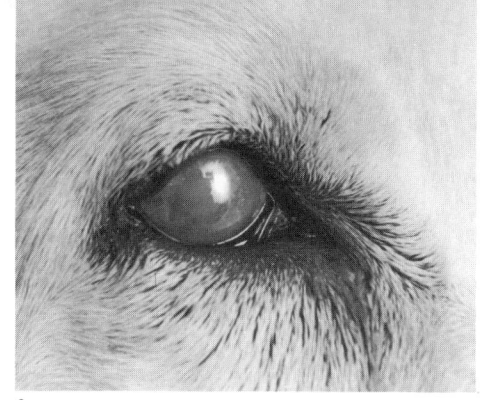

8

sichtshalber die äußerste Spitze der nadel-
feinen Krallen abschneiden kann.

Grüner Star

Grüner Star oder Glaukom entsteht durch
eine Störung im Abflußsystem des Auges
(Abb. 7). Der dadurch bedingte erhöhte
intraokulare Druck führt zur Spannung im
Augapfel.

Ursache
Sie ist unbekannt.

Krankheitserscheinungen
Auch hier sind die ersten Anzeichen ähnlich denen von Bindehautentzündung und
Hornhauttrübung. Der wesentliche Unter-
schied ist die Vergrößerung des Augapfels
und die Trübung der gesamten Augen-
oberfläche (Abb. 8).

Behandlung
Nur der Tierarzt kann hier noch helfen. Ich
operiere solche Fälle, indem ich in die
Hornhaut eine Öffnung mache, durch die

7

der Überdruck abfließen kann. Wenn diese
Iridektomie keine Besserung bringt, muß
eventuell das Auge entfernt werden.

Störung der Nickhautdrüse

Diese kleine Drüse liegt im vorderen
Augenwinkel im sogenannten dritten
Augenlid des Hundes. Wenn ihre Ausfüh-
rungsgänge verstopft sind oder eine Ver-
letzung vorliegt, wird die Funktion der
Drüse gestört, und sie schwillt an
(Abb. 9).

Krankheitserscheinungen
Eine rötliche Erhebung entwickelt sich im
Augenwinkel.

Behandlung
Man gibt versuchsweise zunächst eine
Woche lang kortisonhaltige Augentropfen,
die Sie von Ihrem Tierarzt erhalten. Wenn
die Schwellung nicht abklingt, muß die
entzündete Drüse chirurgisch entfernt
werden. Diese Operation ist einfach und
hinterläßt keine Narben.

9

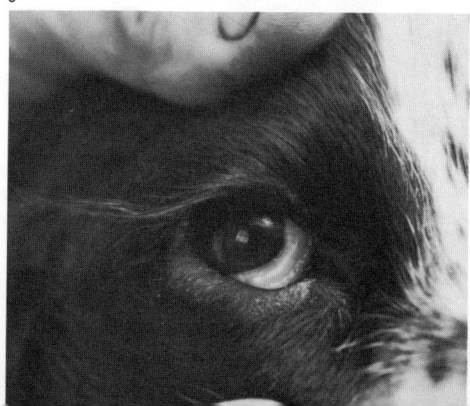

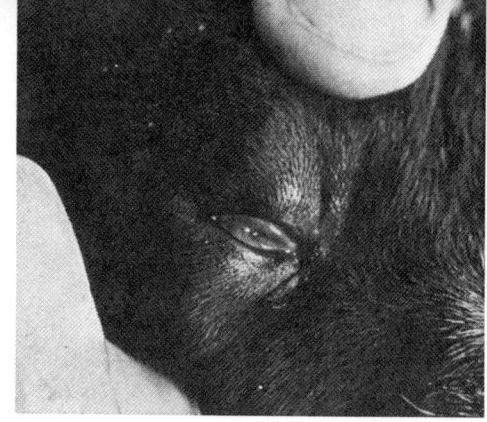

11

Schwund der Netzhaut

Der Schwund der Netzhaut ist auch als fortschreitende Retina-Atrophie oder »Nachtblindheit« beim Hund bekannt (Abb. 10).

Ursache

Es handelt sich um eine Erbkrankheit, die zuerst beim Irish Setter beobachtet wurde. Neuerdings tritt sie aber auch gar nicht selten bei anderen Rassen auf, unter anderem den Pudeln. Die Netzhaut, also der Teil des Auges, der das Bild von außen empfängt und an den Sehnerv weiterleitet, verödet. Dieser Schwund ist ein fortschreitender Prozeß, der nicht aufzuhalten ist und die Sehfähigkeit mehr und mehr beeinträchtigt.

Krankheitserscheinungen

Die Pupille öffnet sich selbst bei einfallendem Licht unnatürlich weit und verleiht dem Hund einen starren Ausdruck. Die Sehkraft ist offensichtlich beeinträchtigt; bei schlechtem Licht oder bei Nacht rennt der Hund gegen Hindernisse. Bei vollem Tageslicht scheint er noch recht gut zu sehen.
Die Krankheit entwickelt sich im allgemeinen im Alter von drei bis fünf Monaten.

Behandlung

Es gibt keine. Der Hund wird mit der Zeit vollkommen blind.

Austrocknung der Hornhaut

Durch ungenügende Tränenproduktion, verursacht durch Entzündung der Tränendrüsen oder Allgemeinstörungen, trocknet die Hornhaut aus.

Krankheitserscheinungen

Sie ähneln denen einer Bindehautentzündung mit klebrigem Augenausfluß und

10 12

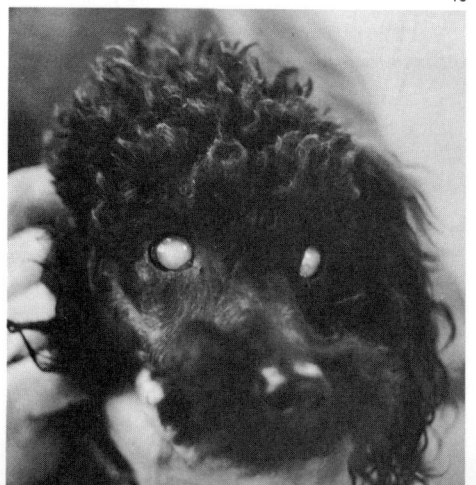

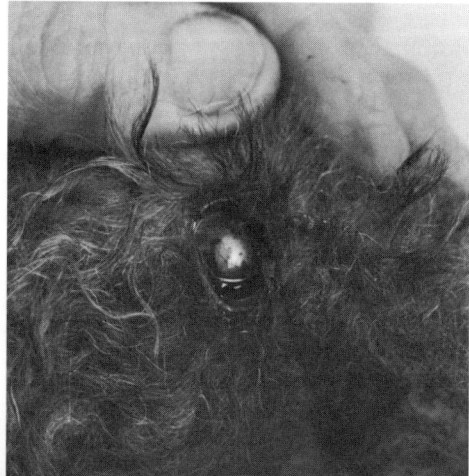

anschließender Trübung der Hornhaut (Abb. 11).

Behandlung
Künstliche Tränenflüssigkeit und antibiotische Augentropfen. Die Behandlung ist langwierig und verlangt vom Tierarzt fachliches Können und vom Hundebesitzer Geduld.

Linsentrübung

Linsentrübung, auch Katarakt oder Grauer Star genannt, bedeutet, daß die Linse nicht mehr durchsichtig ist (Abb. 12).

Ursache
Jede Störung in der Ernährung der Linse, wie zum Beispiel die Drucksteigerung beim Grünen Star, Verletzungen oder bei Zuckerkrankheit. Linsentrübung als Alterserscheinung macht sich ab dem 9. Jahr bemerkbar. Grauer Star kann auch angeboren sein.

Krankheitserscheinungen
Die Linsentrübung kann bei Welpen mit angeborenem Grauen Star bei der Untersuchung mit dem Augenspiegel festgestellt werden.

Behandlung
Die Entfernung der Linse als einzig mögliche Behandlung hat nur einen Sinn, wenn die Lichtwahrnehmung noch erhalten ist. Die Operation ist auch dann nicht immer ein Erfolg.

Erblindung

Blindheit kann beim Hund angeboren sein, im allgemeinen ist sie aber die Folge einer Erkrankung, Vergiftung oder Mangelerscheinung (Abb. 13).

Ursachen
1. Krankheiten der Netzhaut, des Sehnervs oder des Gehirns,

13

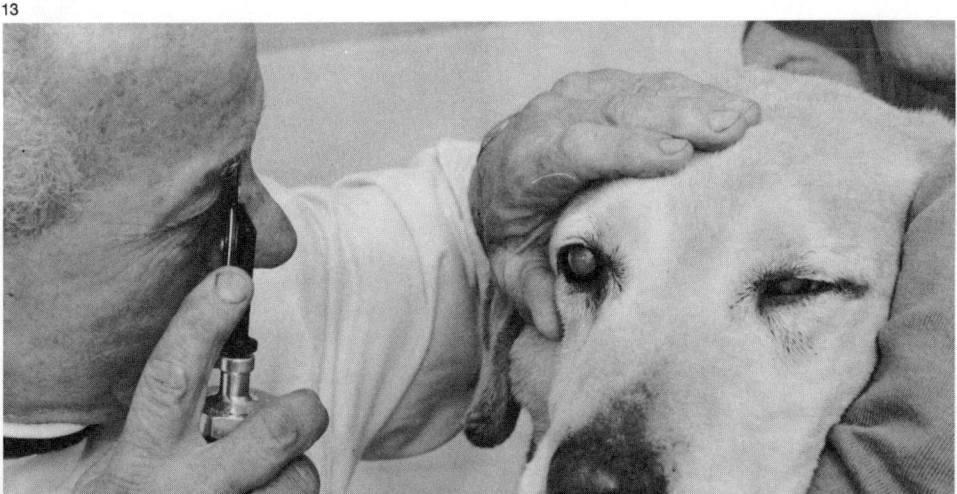

2. Vergiftungen durch Pflanzen oder chemische Stoffe.
3. Grüner und Grauer Star sowie Linsenverletzungen,
4. Vitamin-A-Mangel.

Behandlung
Nur eine genaue Diagnose bietet Aussicht auf eine erfolgreiche Therapie, und diese ist Sache des Tierarztes.

Einstülpung des Lidrands

Diese anatomische Besonderheit, lateinisch *Entropium* genannt, betrifft meistens das untere Augenlid (Abb. 14). Es kann sich dabei um einen Erbfehler handeln.

Krankheitserscheinungen
Durch den ständigen Reiz des nach innen gerichteten Wimpernrandes ist die Bindehaut entzündet. Der Hund blinzelt unbehaglich und hat meistens starken Tränenfluß. Wenn dieser Zustand nicht korrigiert wird, führt er zu Hornhautentzündung, Trübung und Hornhautgeschwüren.

Behandlung
Der Tierarzt kann durch eine verhältnismäßig einfache Operation die Lage des Augenlids berichtigen (Abb. 15).

Ausstülpung des Lidrands

Diesen Zustand nennt man medizinisch Ektropium. Hierbei schmiegen sich eines oder beide Lidränder dem Auge nicht an.

14 15

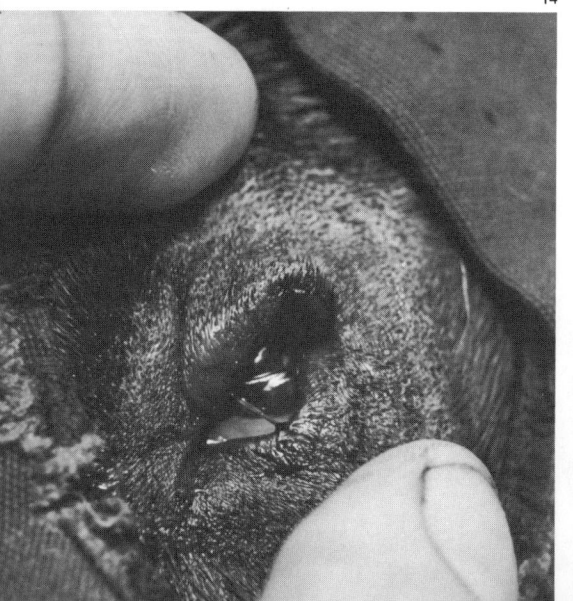 

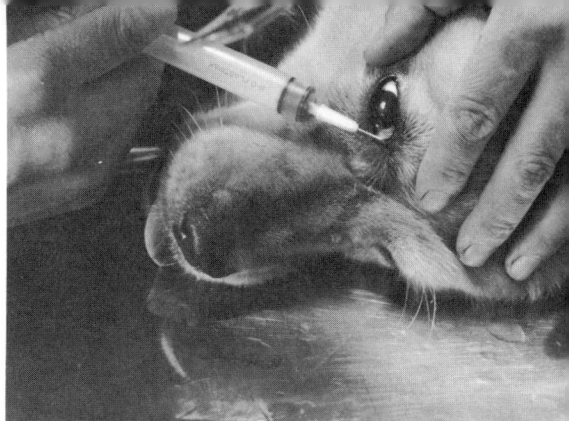

17

Durch die Auswölbung der Haut liegt die Lidbindehaut frei. Bei Bluthunden und Bernhardinern sieht man ein Ektropium am häufigsten.

Krankheitserscheinungen
Das Auge tränt meistens, und dadurch entsteht eine dunkle Rinne im Fell der Backe. Das Rosa oder Rot der entzündeten Lidbindehaut ist deutlich sichtbar.

Behandlung
Bei Bluthunden und Bernhardinern wird die Ausstülpung des unteren Lidrands als zum Bild der Rasse gehörig hingenommen, bei anderen Rassen sollte der Zustand jedoch operativ korrigiert werden. Hierbei wird zusammen mit Haut ein Keil aus der Bindehaut herausgenommen. Die Operation verläuft meist erfolgreich.

16

Übermäßiger Tränenfluß

Krankheitserscheinungen
Ständiges Tränenträufeln (Abb. 16). Bei weißen Pudeln ist dieser auch *Epiphora* genannte Zustand recht häufig.

Ursachen
Vermehrte Sekretion von Tränenflüssigkeit oder Abflußbehinderung durch Verlegung des Tränenkanals, der normalerweise die Tränenflüssigkeit in den Nasengang ableitet. Die Verlegung kann durch verschiedene Augenkrankheiten entstehen oder angeboren sein.

Behandlung
Im allgemeinen ist es möglich, den Kanal mit einem festen Nylonfaden gängig zu machen. Man kann auch versuchen, ihn

18

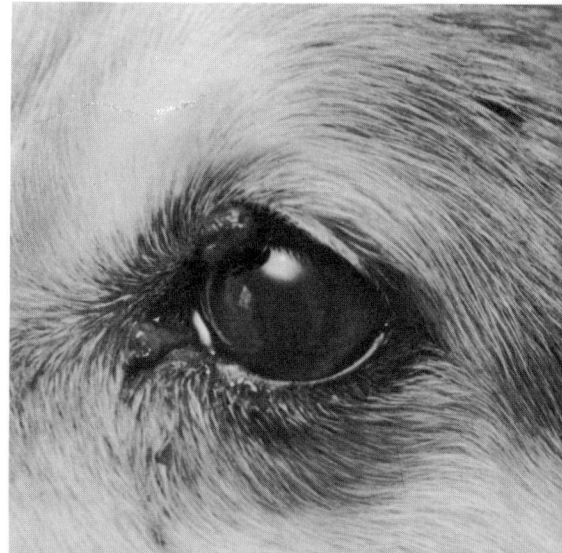

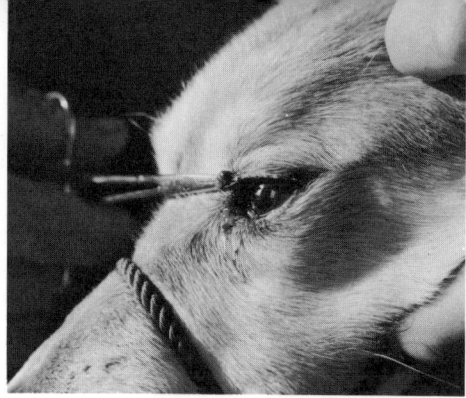

19

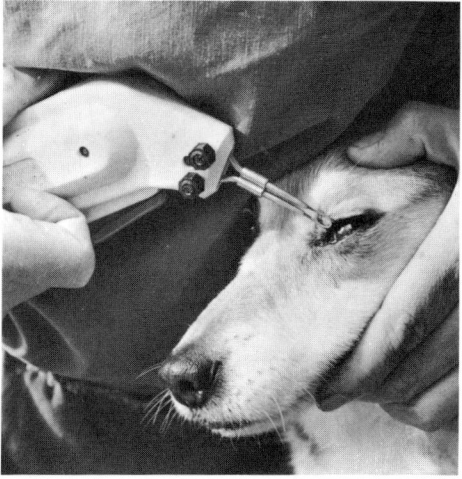

20

Wärzen am Augenlid

Sie sind gar nicht selten und irritieren mit der Zeit die Hornhaut, so daß eine Hornhautentzündung entstehen kann (Abb. 18).

Behandlung
Chirurgische Entfernung unter örtlicher oder allgemeiner Betäubung (Abb. 19). Anschließende Kauterisation der Warzenbasis verhindert meistens ein Nachwachsen (Abb. 20).

Vorfall des Augapfels

Das Hervortreten des Augapfels aus der Augenhöhle kommt am häufigsten bei Pekinesen vor (Abb. 21).
Meist ist dieser Zustand die Folge einer Rauferei, bei der ein anderer Hund den Pekinesen im Nackenfell packt. Der Vorfall kann aber auch durch grobes Zupacken des Hundebesitzers eintreten.

mit Druck durchzuspritzen (Abb. 17). Hierzu muß der Hund betäubt werden und schon deswegen kann nur ein Tierarzt diesen Eingriff vornehmen. Durch das Entfernen der Nickhautdrüse ist eine Behandlung auch möglich, wenn der Tränenkanal zu eng ist.

21

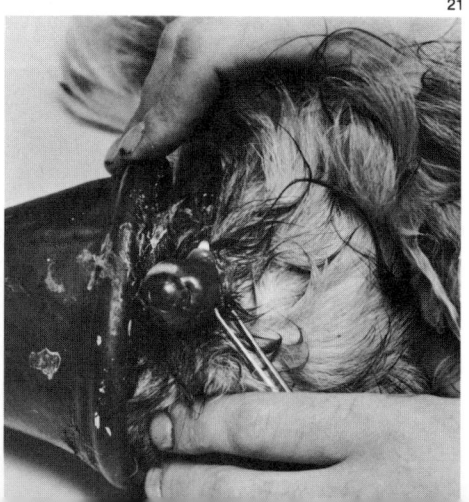

Behandlung

Hierbei handelt es sich um einen Notfall, bei dem höchste Eile geboten ist. Je schneller der Tierarzt den Hund zu Gesicht bekommt, desto größer ist die Chance, daß er den Augapfel wieder in die Augenhöhle drücken kann (Abb. 22). Die Augenlider werden anschließend vernäht und die Fäden nach 10-12 Tagen entfernt.

Wenn der Augapfel schon zu lange heraushängt oder das Auge beschädigt ist, muß er entfernt werden (Abb. 23).

22

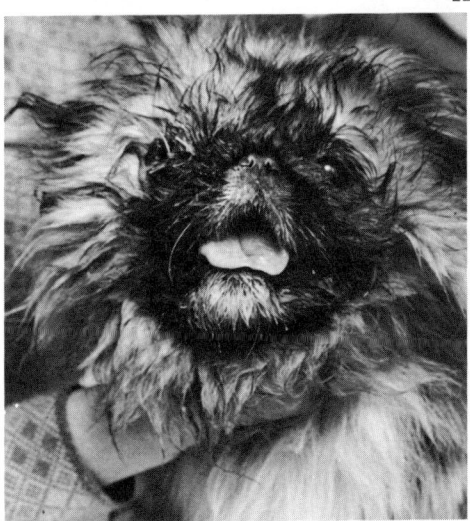

23

Das Ohr

Um die Krankheiten des Ohres richtig zu verstehen, muß man eine Vorstellung von dessen anatomischen Gegebenheiten haben. Die Zeichnung soll dabei helfen. Wichtig ist noch zu wissen, daß das ganze innere Ohr mit Schleimhaut ausgekleidet ist.

Krankheiten des Ohres

Praktisch alle Erkrankungen des Hundeohrs können erfolgreich behandelt werden, wenn dies frühzeitig geschieht (Abb. 1). Daher sollte schon beim kleinsten Anzeichen von Schmerzen oder Juckreiz ein Tierarzt befragt werden. Wenn eine Ohrentzündung erst einmal chronisch geworden ist, gestaltet sich die Behandlung oft langwierig und mühselig.
Manchmal ist überhaupt nicht mehr zu helfen, weil die Schleimhaut zerstört ist.

Ohrenzwang

Ohrwurm oder Ohrenzwang ist der gängige Name für die *Otitis externa,* also die Entzündung der Schleimhaut des äußeren Gehörgangs.

Ursachen
1. Zuviel Ohrenschmalz (Abb. 2);

Längsschnitt durch das Ohr

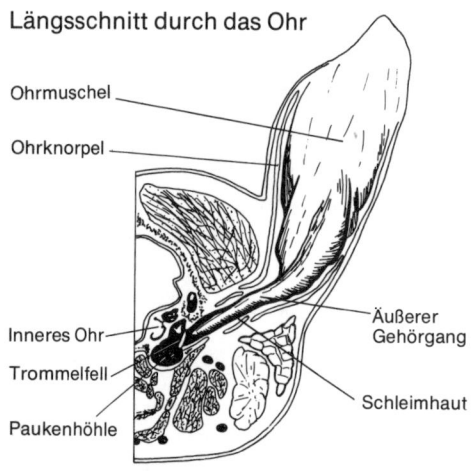

Ohrmuschel

Ohrknorpel

Inneres Ohr

Trommelfell

Paukenhöhle

Äußerer Gehörgang

Schleimhaut

1

2

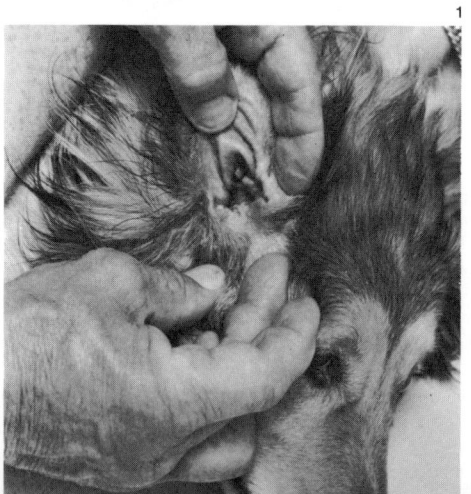

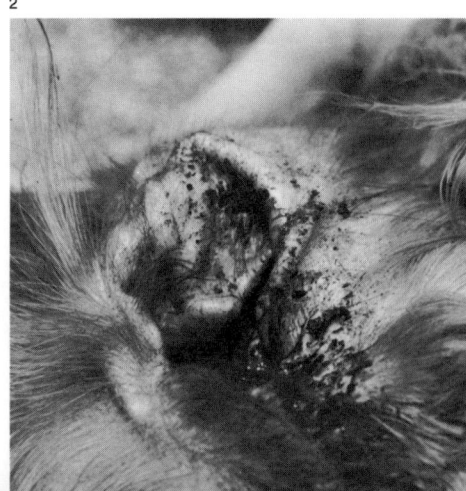

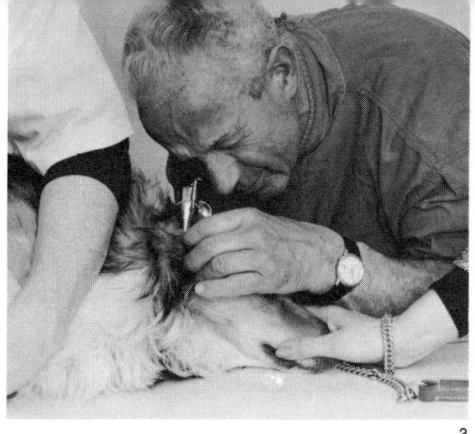 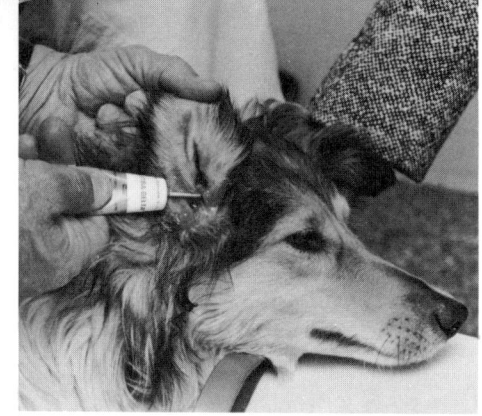

3   4

2. Rötung oder exzematöse Entzündung der Schleimhaut, häufig durch Verfütterung von zuviel stärkehaltigen Futtermitteln;

3. Sekundäre Infektion auf dem Boden eines Ekzems;

4. Parasiten (Ohrräude) (Siehe S. 76)

Krankheitserscheinungen

Das erste Anzeichen ist fast immer Schütteln oder Reiben des Kopfes. Besonders bei Ohrräude kratzen sich die Hunde heftig mit der Hinterpfote. Wenn man in das Ohr hineinsieht, bemerkt man braune Krusten oder eine entzündliche Rötung, fast immer auch einen unangenehmen Geruch. Durch eine Untersuchung mit dem Otoskop kann der Tierarzt die genaue Ursache klären (Abb. 3).

Behandlung

Da der Gehörgang sehr empfindlich ist, sollte die Behandlung durch einen Tierarzt eingeleitet werden.

Wenn die Entzündung durch zuviel Ohrenschmalz ausgelöst worden ist, wird der Tierarzt zunächst das Ohr gründlich säubern und dann eine keimtötende und entzündungshemmende Flüssigkeit oder Salbe verschreiben (Abb. 4).

In chronischen Fällen, vor allem wenn es schon zu Geschwüren gekommen ist, werden nach der gründlichen Reinigung diese mit einer fünf- oder zehnprozentigen Silbernitratlösung geätzt, ehe die eigentliche Behandlung beginnen kann.

Bei Ohrräude durch Milben werden die Schmarotzer mit einem der neuen, wirksamen Gammexanpräparate bekämpft.

Die Behandlung von Ohrentzündungen sollte zwar immer unter tierärztlicher Kontrolle erfolgen, der Hundebesitzer wird jedoch häufig die Nachbehandlung vornehmen müssen. Man reinigt das Ohr mit Paraffinöl (siehe S. 76), bei stark eiternden Entzündungen auch mit warmen Wasser, dem pro 1/2 Liter 2 Eßlöffel Natron zugesetzt werden. Das vom Tierarzt verordnete Medikament wird in das vorsichtig gereinigte und mit Watte schonend ausgewischte Ohr eingebracht. Anschließend knetet man den Ohrgrund von außen.

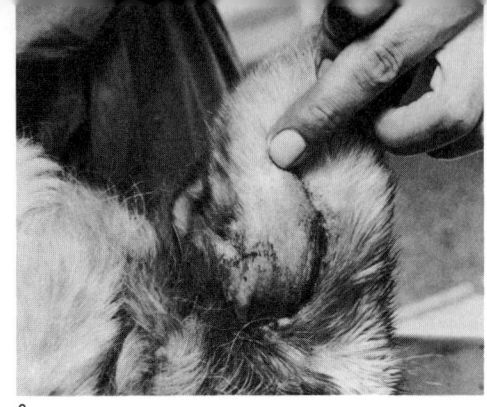

6

Vorsichtshalber bindet man unleidlichen Patienten gleich die Schnauze mit einem Band zu, ehe man bei einer Auseinandersetzung den kürzeren zieht. Gewarnt sei vor jeglichem Herumstochern mit Ohrstäbchen, auch die Watte darf man keinesfalls tief in den Gehörgang stopfen. Die Fasern reizen sonst die Schleimhaut und fördern eine Infektion. Puder sollte man nie für eine Ohrbehandlung verwenden.

Eitrige Ohrentzündungen sind oft sehr hartnäckig, man muß immer wieder das Medikament wechseln. Am besten ist es, wenn der Tierarzt durch ein Antibiogramm, also eine Resistenzbestimmung, das wirkungsvollste Präparat ermittelt. Bei chronischen Fällen, in denen trotz Behandlung die Entzündung immer wieder aufflackert, sollte man die chirurgische Erweiterung des Gehörganges vornehmen lassen (Abb. 5). Durch den besseren Zutritt von Luft können keine Entzündungen mehr entstehen.

Fremdkörper im Ohr

Vor allem bei kleinen Hunderassen können Pflanzenteile, Steinchen oder Splitter ins Ohr kommen.

Krankheitserscheinungen
Der Reiz im Ohr ist sehr unangenehm, und die Hunde werden manchmal vor Schmerzen buchstäblich »verrückt«.

Behandlung
Sie ist Sache eines Tierarztes, der mit dem Otoskop die Ursache klären und dann notfalls unter Narkose den Fremdkörper vollständig entfernen wird.

Blutohr

Das Blutohr oder Othämatom ist ein Hämatom, also ein Bluterguß, in der Ohrmuschel. Das gestockte Blut sammelt sich dabei zwischen Ohrknorpel und Haut (Abb. 6). Man sieht diese Schwellung vorwiegend bei den größeren Rassen.

5 7

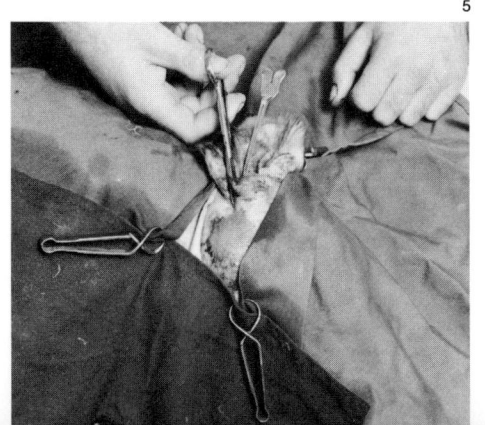

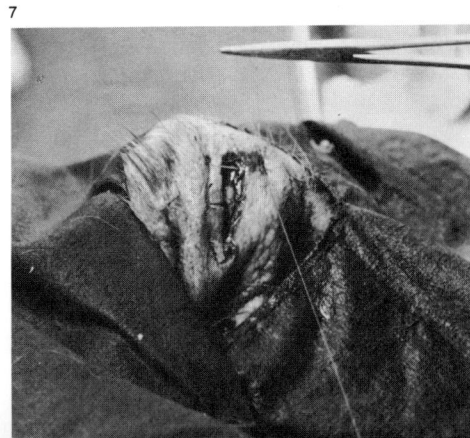

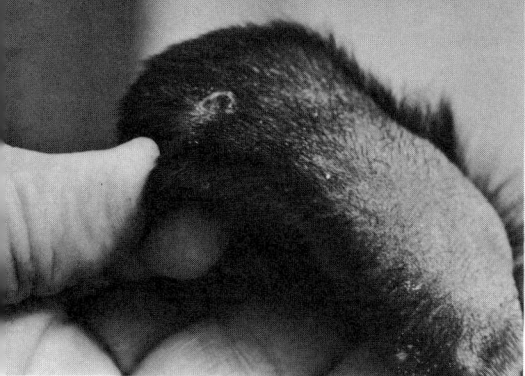

8

Ursache
Meistens entsteht der Bluterguß durch Kratzen beim Ohrenzwang, er kann aber auch die Folgeerscheinung einer Verletzung sein.

Behandlung
Auch hier muß der Tierarzt helfen. Er wird den Bluterguß durch einen langen Schnitt eröffnen, die Wundhöhle ausräumen und dann die Haut wieder so zusammennähen, daß keine neuerliche Blutansammlung möglich ist (Abb. 7).

Verletzungen am Ohr

Sie sind meist schwierig zu behandeln, weil durch das ständige Schütteln die Wunde nicht zur Ruhe kommt und weil durch die verhältnismäßig schlechte Blutversorgung dieser Hautpartien die Heilungstendenz sowieso gering ist (Abb. 8). Es dauert lange, bis solche Verletzungen heilen.

Ursache
Im allgemeinen ein Hundebiß oder ein Riß durch Stacheldraht. Auch Glasscheiben können häßliche Wunden erzeugen; einer der schwersten Fälle, die ich in der letzten Zeit behandelt habe, war durch einen Sprung aus einem Treibhausfenster entstanden.

Behandlung
Als erste Hilfe legt man eine dicke Schicht Mull oder Watte auf die Wunde und macht einen Verband über die flach zurückgelegten Ohren (Abb. 9). Dann fährt man mit dem Hund zum Tierarzt, der die Wunde wahrscheinlich nähen oder kauterisieren wird.

Neubildungen
Im Verzug von langwierigen Infektionen können warzige Neubildungen oder auch Tumoren an der Ohrmuschel entstehen. Sie sollten möglichst frühzeitig chirurgisch entfernt werden.

9

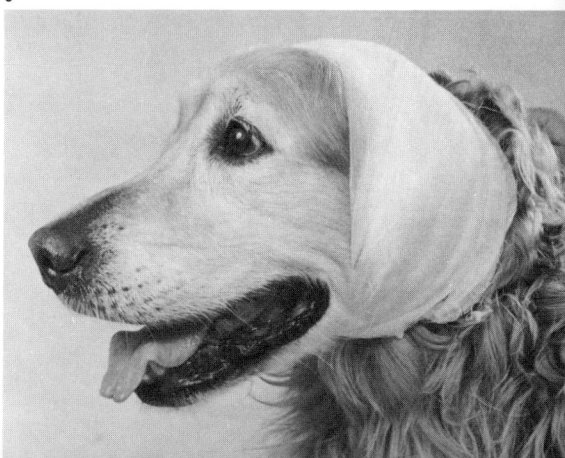

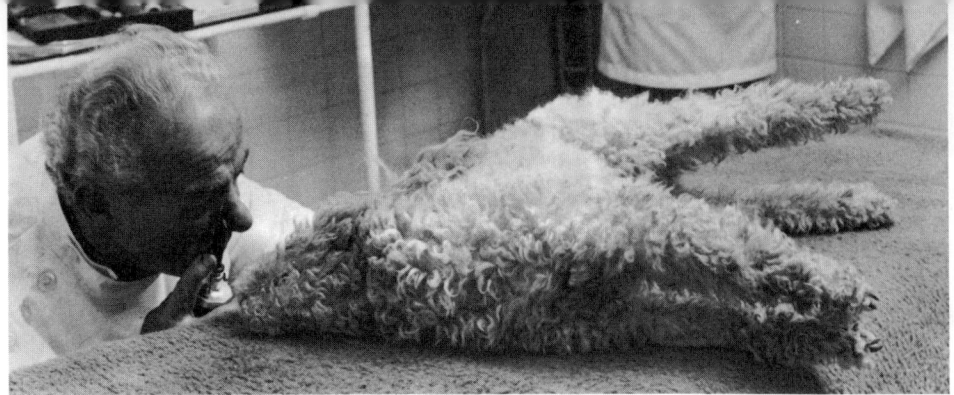

1

Das Nervensystem

Wie beim Menschen ist auch beim Hund das Nervensystem ein komplizierter und störanfälliger Apparat, bei dem jeder noch so geringfügige Schaden sich sofort auswirkt. Die Ursache von nervösen Störungen sind meist schwierig zu ermitteln, deshalb sollen im folgenden nicht Krankheiten, sondern die häufigsten Krankheitsbilder erörtert werden.

Krampfanfälle

Zuckungen, bei denen der liegende Hund mit den Füßen strampelt, Schaum vor dem Maul hat und anscheinend bewußtlos ist (Abb. 1). Solche Krämpfe dauern manchmal nur ein paar Sekunden und ereignen sich oft während des Schlafs.

Ursachen

Es gibt bei Hunden ein ähnliches Krankheitsbild wie bei der Epilepsie des Menschen. Die eigentliche Ursache ist noch nicht geklärt. Erstmalig werden Krämpfe bei Hunden beobachtet, wenn die Zähne durchbrechen, also im Alter von zwei bis sechs Monaten. Auch zwischen schwerem Wurmbefall mit Rund- oder Bandwürmern und Krampfanfällen besteht ein Zusammenhang. Daher haben krampfanfällige Junghunde meist einen aufgetriebenen Bauch (Abb. 2).

Beim ausgewachsenen Hund können Aufregung und Streß Krampfanfälle auslösen, z. B. Angst, sexuelle Erregung, Schmerz oder Schock. Sie können aber auch bei Hündinnen nach der Geburt oder nach Operationen auftreten.

Große Portionen von Leber und plötzliche

2

Temperaturveränderungen können ebenfalls Anfälle zur Folge haben.
Die schwierigsten und undankbarsten Fälle sind solche Hunde, bei denen es nicht gelingt, den äußeren Anlaß für einen Anfall zu finden. Hier kann es sich um eine erbliche Anlage oder um die Folge einer Hirnverletzung handeln.
Krämpfe treten auch als Folgeerscheinung von nervöser Staupe auf (siehe »Staupe«, S. 92).

Behandlung
Man bringt einen von Krämpfen befallenen Hund am besten in ein ruhiges, dunkles Zimmer, legt ihn auf eine Decke und läßt ihn dann absolut in Ruhe.
Nachdem der Hund sich erholt hat, bringt man ihn zum Tierarzt, der versuchen wird, die Ursache zu ergründen und eine entsprechende Behandlung zu finden.

Chorea oder Veitstanz

Darunter versteht man krampfhafte Bewegungen oder Zuckungen bei erhaltenem Bewußtsein. Sie treten häufig als Folge von Staupe ein, nachdem die Hunde die ersten Stadien der Erkrankung überwunden haben.

Ursachen
Schäden am Nervensystem durch eine Infektion. Muskelzuckungen bei Eklampsie, siehe S. 48.

Krankheitserscheinungen
Anhaltende und dem Willen nicht unterworfene Zuckungen von einzelnen Muskeln oder ganzen Muskelgruppen. Die ersten Anzeichen bemerkt man im allgemeinen am Kopf oder an einem Bein (Abb. 3).
Der Zustand kann sich verschlechtern und in Zuckungen am ganzen Körper oder auch in Krämpfe übergehen. Das Endstadium ist dann oft eine Lähmung der Muskeln.

3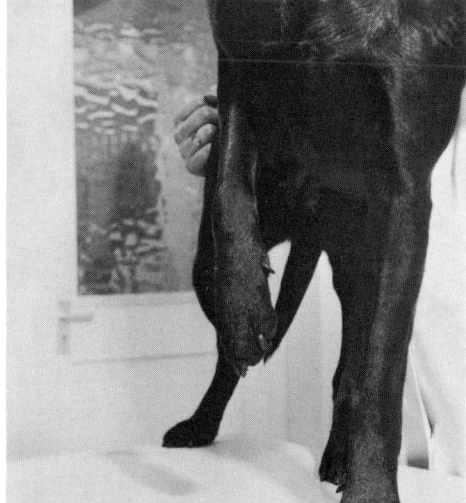

Behandlung

Jede Form von Zwangsbewegungen stellt eine sehr ernste Erkrankung dar, bei der man eigentlich nur hoffen kann, daß der Zustand sich nicht verschlimmert.

Man sollte sich darauf konzentrieren, den Allgemeinzustand durch erstklassige Fütterung und viel Vitamine zu heben. Der Tierarzt wird Calciumpräparate, Nebenschilddrüsenhormon und unter Umständen beruhigende Medikamente verschreiben. Ich habe viele Fälle von »Veitstanz« behandelt, bei denen das Tier wieder einigermaßen gesund geworden ist. Die nervösen Zuckungen sind aber den Hunden ihr Leben lang geblieben.

Wenn Krämpfe oder Lähmungserscheinungen einsetzen, kann man keine Besserung mehr erhoffen und sollte das Tier einschläfern.

Hirnblutungen

Entspricht dem Schlaganfall und kommt hauptsächlich bei alten Hunden vor.

Ursache

Zerreißen von einem der kleinen Blutgefäße im Gehirn.

Krankheitserscheinungen

Lähmung von einem oder mehreren Beinen. Der Hund kann auch vollkommen gelähmt, aber bei Bewußtsein sein. Manchmal taumeln solche Hunde oder brechen immer wieder zusammen. Der Kopf hängt dann kraftlos zur Seite (Abb. 4).

Behandlung

Der Versuch einer Behandlung ist keinesfalls aussichtslos. Sie erfordert aber viel Geduld und Ausdauer vom Hundebesitzer, der meistens beides nicht im notwendigen Maße aufbringt. Ich habe allerdings einmal mit der Hilfe eines kooperativen Mannes einen achtjährigen Schäferhund geheilt, der 14 Wochen vollständig gelähmt war.

4

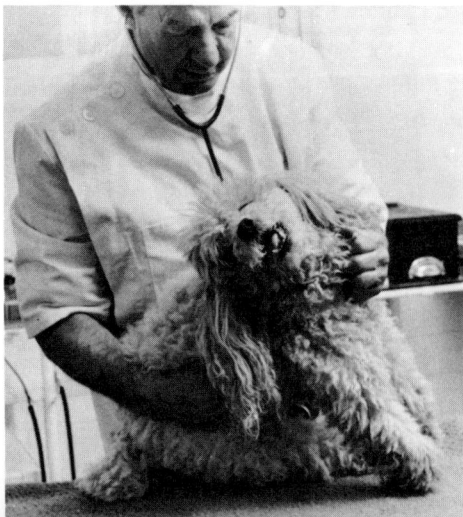

Hier war der Erfolg wirklich nur dem Hundebesitzer zu danken, der dem Patienten jeden Tag stundenlang die Beine massierte, um den Schwund der Muskeln zu verhindern, und der ihn fütterte wie ein Kind.

Der medizinische Teil der Behandlung besteht in gerinnungshemmenden Mitteln, Steroiden, Vitaminen und vor allem der Hoffnung, daß keine neuerlichen Blutungen im Gehirn auftreten.

Im Grunde hängt alles von der Natur ab, die das Blutgerinnsel abbauen muß.

Nervenentzündung

Hierunter versteht man die Entzündung der peripheren Nerven, also der Nervenendigungen (Abb. 5).

Ursache
Oft unbekannt, eine Nervenentzündung kann sich jedoch im Anschluß an eine Verletzung, eine Brandwunde oder ein Ekzem entwickeln.

Krankheitserscheinungen
Sie bleiben örtlich begrenzt, das zentrale Nervensystem ist anscheinend nicht gestört.

Der Hund beißt sich pausenlos in das erkrankte Hautgebiet, meist eine Stelle am Fuß oder am Bein. Mit der Zeit entzündet sich die Haut.

Behandlung
Beruhigungsmittel und Bestreichen der kranken Körperpartie mit einer unangenehm riechenden und schmeckenden Substanz. Ich habe gute Erfahrungen mit einem gefärbten Chloramphenicol-Spray gemacht (Abb. 6).

Manchmal bleibt nichts anderes übrig, als die kranke Hautstelle herauszuschneiden.

Hysterie

Heutzutage ist Hysterie beim Hund verhältnismäßig selten. Vor 35 Jahren kamen mindestens ein Dutzend Fälle am Tag in

5

6

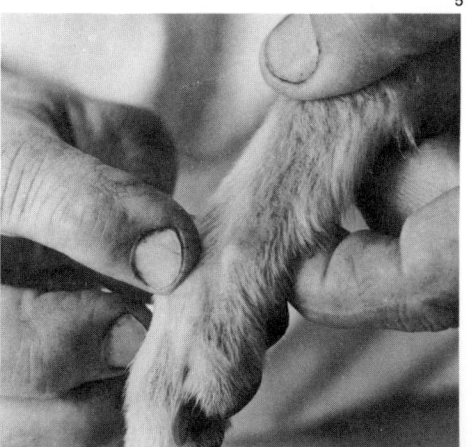
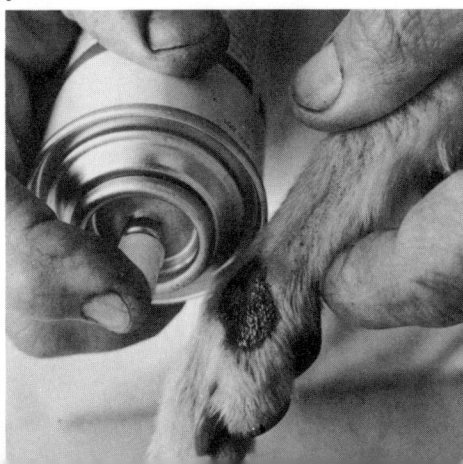

7

die Klinik in Glasgow, in der ich während meiner Studienzeit arbeitete.

Ursache

Seinerzeit hing die Hysterie beim Hund mit der Verfütterung von Hundekuchen und Hundemehl aus chemisch behandeltem Mehl zusammen. Von dem Moment an, wo derartiges Mehl nicht mehr für Hundefutter verwendet wurde, gingen die Fälle von Hysterie schlagartig zurück.
Heutzutage scheint die Hauptursache von Hysterie Mangel an Vitamin B_1 zu sein.
Ich habe auch einmal einen Fall gesehen, bei dem vermutlich Ohrmilben Hysterie verursacht hatten.

Krankheitserscheinungen

Ein plötzliches Geräusch oder eine Aufregung lösen den Anfall aus. Der Hund wird buchstäblich verrückt; er rennt planlos umher und jault dabei. Alle Beruhigungsversuche scheitern.
Der Anfall kann einige Minuten bis zu einer halben Stunde dauern, am Schluß bricht der Hund unter Krämpfen zusammen (Abb. 7).

Behandlung

Den Hund sofort in einen dunklen, ruhigen Ort bringen, wo er sich und die Einrichtung möglichst wenig verletzen kann; z. B. ein Badezimmer oder eine Garage. Und dann den Tierarzt anrufen.
Er wird dem Hund eine starke Beruhigungsspritze geben und versuchen, die Ursache zu klären.

Vorbeuge
Die Fütterung umstellen. Wenn der Hund viel Hundekuchen bekommen hat, soll er jetzt Fleisch und grünes Gemüse fressen. Nach ein bis zwei Wochen, in denen vielleicht noch beruhigende Medikamente notwendig sind, müßte die Futterumstellung zusammen mit zusätzlich gegebenen Vitamin-B_1-Tabletten weitere Anfälle verhindern.

8

9

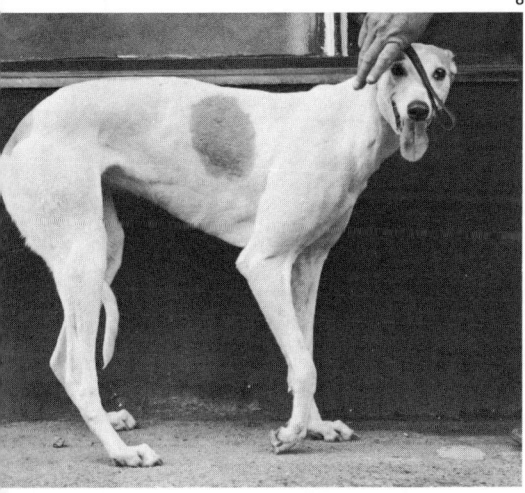

Radialislähmung

Ursache
Verletzung des Radialisnervs, der das Vorderbein versorgt (Abb. 8). Der Nerv läuft durch den Schulterteil, der bei Unfällen besonders gefährdet ist.

Krankheitserscheinungen
Der Ellenbogen wird sichtlich tiefer getragen, und der Hund schleppt seine Vorderpfote über den Boden. Oft ist die Haut über den Zehen aufgeschunden (Abb 9).

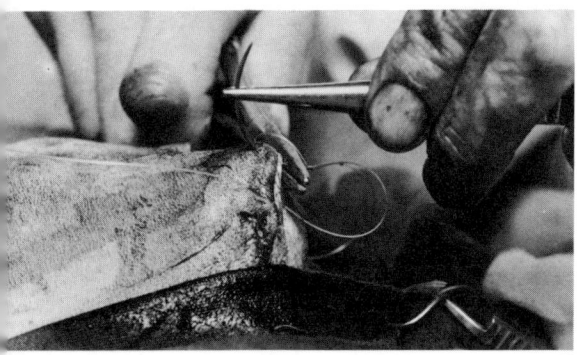

10

Behandlung

Nur die Zeit kann einen beschädigten Nervenstrang heilen. Die Behandlung muß sich darauf beschränken, die Pfote vor Verletzungen zu schützen. Man wird Verbände, eventuell mit Gips oder mit einer Schiene, anlegen.

Wenn die Lähmung nicht besser wird, muß unter Umständen das Bein abgenommen werden. Das ist eine Operation, die ohne Bedenken vorgenommen werden sollte und zu der ich sehr rate (Abb. 10).

Fazialislähmung

Ursache

Beschädigung des Fazialis oder des Trigeminus. Diese Nerven versorgen die Kiefermuskeln, die Lefzen und die Zunge.

Krankheitserscheinungen

Einseitige Lähmung der Kaumuskulatur, die entweder teilweise oder vollständig ist, schiefe Maulstellung und manchmal Heraushängen der Zunge (Abb. 11).

Behandlung

Geduld und Zeit. Die Aussichten sind recht gut.

11

Vergiftungen

Es liegt auf der Hand, daß hier nicht alle für Hunde giftige Stoffe besprochen werden können. Es sollen im folgenden daher nur solche Vergiftungen behandelt werden, die häufig vorkommen.

Grundsätzlich wäre zu sagen, daß die sofortige Magenspülung durch den Tierarzt die sinnvollste Behandlung ist. Selber sollte man außer Tierkohle nichts eingeben, im Gegensatz zu Milch oder ähnlichen Hausmitteln kann Tierkohle nicht schaden.

Rattengifte auf Dicumarolbasis

Ursache

Viele Rattengifte wie Warfarin, Tomorin usw. onthalten eine Substanz, die die Blutgerinnung blockiert und zum Tod durch innere Verblutung führt. In den kleinen Mengen, die in den Rattenködern enthalten sind, sollen diese Rattenvertilgungsmittel für Hunde nicht schädlich sein. Nimmt ein Hund davon aber nur ein wenig mehr auf, kann er sehr krank werden oder sterben.

Krankheitserscheinungen

Blutungen aus der Nase, dem Maul und dem After. Dazu Erbrechen und Mattigkeit unter den Anzeichen ausgeprägter Blutarmut. Die Lidbindehäute und die Maulschleimhaut sind weiß und das Zahnfleisch fühlt sich eiskalt an. Es besteht Untertemperatur. Diese Erscheinungen treten erst nach einigen Tagen auf, bei Verdacht sofort zum Tierarzt, auch wenn der Hund noch gesund erscheint.

Behandlung

Wenn der Hund sofort nach dem Aufnehmen des Rattengifts zum Tierarzt gebracht wird, hat es noch einen Sinn, den Mageninhalt durch künstlich ausgelöstes Erbrechen herauszubefördern. Am wichtigsten ist die Injektion von Vitamin K, weil dadurch die innere Blutung verhindert werden kann. Wenn es bereits zu Blutungen gekommen ist (sichtbar aus Darm und Blase), hilft neben Vitamin K noch Vitamin B_{12} und vielleicht ein Eisenpräparat. Sorgfältige Pflege ist für eine erfolgreiche Behandlung unbedingt erforderlich.

Vorbeuge
Aufpassen, daß der Hund kein Rattengift erwischen kann.

Strychninvergiftung

Ursache
Knochen von Schädlingen, die mit Strychnin vergiftet worden waren.

Krankheitserscheinungen
Krämpfe.

Behandlung
Beruhigungsmittel. Der Erfolg einer Behandlung hängt von der Menge des aufgenommenen Giftes ab.

Bleivergiftung

Ursache
Beißen oder Lecken an einem Stück Holz mit einem bleihaltigen Anstrich (Abb. 1).

Krankheitserscheinungen
Der Hund speichelt (Abb. 2), zeigt Schwäche in den Beinen und Durchfall. Der Allgemeinzustand wird schnell schlechter. In akuten Fällen kommt es zu Krämpfen oder blindem Herumwanken. Im späteren Verlauf ist Erblindung ein typisches Symptom.

Behandlung
Das Gegenmittel bei Bleivergiftung ist Natrium- oder Magnesiumsulfat.
Man gibt zweimal täglich einen Teelöffel einer 25%igen Lösung. Da man mit einer Vergiftung in jedem Fall zum Tierarzt gehen sollte, wird dieser die Diagnose und Therapie übernehmen.

Arsenvergiftung

Ursache
Arsenverbindungen werden vielfach noch im Gartenbau oder in der Landwirtschaft verwendet; Hunde können daher leicht

mit diesem Gift in Berührung kommen (Abb. 3).

Krankheitserscheinungen

Da Arsen ein die Schleimhaut stark reizendes Gift ist, sind die Vergiftungserscheinungen sehr ausgeprägt. Vor allem die Symptome der Magen-Darm-Entzündung äußern sich in heftigem Erbrechen, Leibschmerzen und schweren Durchfällen. Sowohl im Erbrochenen wie im Stuhl kann Blut sein.

Wenn die Behandlung nicht sofort einsetzt, kommt es zu Krämpfen und baldigem Tod.

Behandlung

Der Tierarzt wird wahrscheinlich als Gegenmittel eine intravenöse Injektion von Natrium-Thiosulfat geben.

Zusätzlich wird er durch Beruhigungsmittel das Erbrechen zu verhindern suchen, um dann gegen die Entzündung der Magen- und Darmschleimhaut Milch, Tierkohle oder Bolus alba zu geben.

Ich habe allerdings die Erfahrung gemacht, daß Hunde mit Arsenvergiftung fast immer sterben.

Nachweis von Vergiftungen

Wenn ein Hund plötzlich stirbt, wird nur zu oft angenommen, daß eine Vergiftung vorliegen muß. Verhältnismäßig häufig handelt es sich dabei um Tod durch Darmverschlingung, schwere Leber- oder Nierenschäden oder Herzversagen. Ohne Sektion und den oft recht kostspieligen Giftnachweis kann die beweiskräftige Diagnose »Vergiftung« nicht gestellt werden.

3

Stichwortverzeichnis

Fundiertes Wissen über Hunde – von BLV

BLV Bestimmungsbuch

Anna Gondrexon

Hunderassen der Welt

Selbst der Hundekenner kann in diesem Bestimmungsbuch neue Entdeckungen machen: insgesamt 341 Hunderassen aus aller Welt sind hier erfaßt. Zu jeder Rasse werden genaue Angaben über Ursprung, Gebrauch und äußerliche Kennzeichen gemacht, das Wesen des Hundes wird charakterisiert. Über 300 der wichtigsten Rassen sind lebens- und farbecht abgebildet. Neben jedem Bild stehen die genauen Maß- und Färbungsangaben. Zusätzliche Kapitel über Anschaffung, Aufzucht und Haltung ermöglichen es dem künftigen Hundebesitzer, den passenden „Begleiter" für sich auszuwählen.

4., durchgesehene Auflage, 256 Seiten, 302 farbige Zeichnungen

BLV Naturführer 129

Manfred und Maria Baatz

Hunde

Dieses Taschenbuch stellt die beliebtesten Hunderassen vor, gegliedert nach ihren Aufgabengebieten als Dienst- und Gebrauchshunde, Begleithunde, Jagdhunde und Windhunde. Jede Rasse ist durch ein Farbfoto und einen informativen Text über Abstammung, Geschichte, Wesen und äußere Merkmale repräsentiert. Interessantes Hintergrundwissen vermittelt die Einführung zur Abstammung des Hundes und zur Entstehung der Rassen. Wertvolle Ratschläge zur Hundehaltung vervollständigen diesen praktischen Naturführer.

127 Seiten, 117 Farbfotos, 17 Zeichnungen

Manfred und Maria Baatz

Der richtige Umgang mit dem Hund

Die Autoren, beide erfahrene Hundeführer und -ausbilder, informieren Sie über alle wichtigen Regeln der Hundehaltung, wie allgemeiner Umgang, Ernährung, Pflege und Auslauf, geben Ratschläge zum richtigen Verhalten gegenüber dem alten und kranken Hund. Im Mittelpunkt des Buches steht ein praxisbewährtes Trainingsprogramm: Schritt für Schritt können Sie damit Ihren Hund ausbilden, seine Anlagen fördern und den Gehorsam systematisch aufbauen.

143 Seiten, 118 Fotos, 1 Zeichnung

BVL Verlagsgesellschaft München